Favela Monte Azul

Favela Monte Azul

Hoffnungen, Ziele, Erfahrungen.
Sozialarbeit in São Paulo.
Herausgegeben von Ute Craemer

Verlag Freies Geistesleben

CIP-Kurztitelaufnahme der Deutschen Bibliothek

Favela Monte Azul: Hoffnungen, Ziele, Erfahrungen; Sozialarbeit in São Paulo / hrsg. von Ute Craemer. – Stuttgart: Verlag Freies Geistesleben, 1987.

ISBN 3-7725-0896-0

NE: Craemer, Ute [Hrsg.]

Einband: Martin Diethelm
Gesamtherstellung: Clausen & Bosse, Leck

Dieses Buch möchte ich all den Menschen widmen, die in der Associaçao Comunitária Monteazul arbeiten.
Auch denen, die in den Favelas Monte Azul und Peinha leben und da insbesondere denen, dank derer ich besser verstanden habe, was es heißt, in einer Favela zu leben –
mancher Kinder wie Sergio, Divino, Cesar, Wagner, Lauro, Carlinho
mancher Frauen wie Geni, Helena, Dona Alice
mancher Männer wie Silvio, Isalino, Paulo do Seu Milton.
Aber auch denen, die es in der sogenannten Ersten Welt so schwer haben, ihren Weg zu finden.

Inhalt

Vorwort

Mein erster Besuch in Monte Azul beantwortete eine Frage, die mich schon lange beschäftigt hatte: Wie könnte der Erziehungsimpuls, den Rudolf Steiner durch die Waldorfpädagogik ins Leben gerufen hat, so erweitert werden, daß er auch die armen Menschen umfaßt? Ich war an der Gründung einer Waldorfschule in Buenos Aires beteiligt. Die ersten Jahre ihrer Existenz wurden von den großen finanziellen Schwierigkeiten bestimmt, die mit solchen Anfängen verbunden sind. Im Laufe der mehr oder weniger normalen Entwicklung wurde es aber eine Schule für die Mittel- und obere Mittelschicht – mit einigen Ausnahmen. Die Anzahl der armen Kinder, die wir aufnehmen konnten, wurde begrenzt durch die wirtschaftlichen Verhältnisse und das Widerstreben der Armen, mit den Wohlhabenden zu verkehren, sogar dann, wenn sie in derselben Gegend wohnten.

Dies schien mir aus zwei Gründen ein unvermeidlich tragischer Widerspruch zu sein. Die von Steiner eingeführte und in den Waldorfschulen auf der ganzen Welt praktizierte Erziehungsmethode ist nicht nur für die Wohlhabenden geeignet, sondern genauso für die Unterprivilegierten. Vielleicht sogar mehr für die letzteren, da diese Schule die menschlichen Aspekte des Lernens betont, wie zum Beispiel das intensive künstlerische Arbeiten im Erziehungsprozeß, kein Leistungsdruck, die religiöse, aber nicht konfessionell gebundene Atmosphäre, der engagierte Einsatz der Lehrer und anderes, was die Schwachen mehr benötigen als die Starken. Der zweite Grund ist eher Ironie denn Widerspruch: Die erste Waldorfschule, die 1919 in Deutschland gegründet wurde, war für die Kinder der Arbeiter in einer Zigarettenfabrik gedacht. Seitdem hat sie sich ganz anders entwickelt. Meine Erfahrungen, die ich beim Besuch dieser Schulen in vielen Ländern gewonnen habe, zeigen, daß sie alle in denselben Widerspruch verwickelt sind, sogar diejenigen, die vom Staat unterstützt werden.

Während des Frühlings 1979 besuchte ich die große Waldorfschule in São Paulo. Vorher hatte mir ein Freund berichtet, daß eine Lehrerin dieser Schule dabei ist, eine Waldorfschule in einer Favela aufzubauen. So fragte ich, ob ich mit dieser Lehrerin, Ute Craemer, sprechen könnte. Sie unterrichtete zwar noch in der Waldorfschule São Paulo, aber mit ihrem Herzen war sie in ihrer ungefähr 10 km entfernten Escolinha in der Favela, die fälschlicherweise «Monte Azul» (Blauer Berg) genannt wurde. Diese Schule befand sich nicht auf einem Berg, sondern an einem schlammigen Abhang; auch war sie nicht blau, sondern grau-braun. Aber Namen sind etwas Mysteriöses und dieser paßte trotzdem irgendwie. Es war keine richtige Waldorfschule. Es war eigentlich überhaupt nicht das, was man sich im allgemeinen unter einer Schule vorstellt. Die Escolinha war ein baracken-ähnliches Gebäude hoch auf einem Stück Land, nahe der Favela gelegen. Sie war in kleine Räume aufgeteilt, in denen verschiedene Aktivitäten stattfanden: Tanzen, Malen, Theaterspielen, Kochen und Nähen. Außerdem gab es eine Tischlerei, einen Kindergarten und ein Spielzimmer. Die Kinder waren zwischen drei und sechzehn Jahren alt und besuchten, abgesehen von den Kindergartenkindern, die Escolinha vor oder nach ihrem regulären Schulunterricht. Sie waren die Ärmsten der Armen. Natürlich konnten sie keine Schulgebühren bezahlen. «Wie finanziert Ihr das alles?» fragte ich Ute Craemer. «Tja, das ist ein Problem», antwortete sie mit ihrem typischen Lachen. Sie erzählte, wie sie die ersten Kinder bei sich zu Hause unterrichtet hatte, und daß ein Mäzen in Deutschland von ihrer Arbeit gehört hatte und ihr daraufhin 10000 DM spendete. Von diesem Geld baute sie die Baracke, die Escolinha.

Seit dieser Zeit ist die Escolinha beträchtlich gewachsen. Die alte Baracke wird zwar noch benutzt, aber die Tischlerei ist erweitert worden. Die Hütte, die als Ambulatorium diente, ist verschwunden. An ihrem Platz steht ein dreistöckiges Haus mit Beratungsräumen, Büro und sogar einer zahnärztlichen Abteilung. Die Ärzte arbeiten ohne Bezahlung, und die medizinische Versorgung für die Favelabewohner ist frei. Räume für neue Kindergartengruppen, eine Krabbelstube und die Kinderkrippe wurden errichtet. Über zwei Drittel der jetzigen Mitarbeiter kommen aus der Favela: Mütter und «Graduates».

Finanziert wird das alles durch Schenkungen und mit Unterstützung der Stadt São Paulo. Das zur Verfügung stehende Geld, abzüglich der Baukosten, beträgt momentan monatlich 30000 DM. Zwei Drittel der Kosten werden von privaten Spendern, Patenschaften sowie der Kindernothilfe abgedeckt und ein Drittel von der Stadt São Paulo. Baukosten werden ausschließlich durch private Spenden bestritten.

Was wir in Monte Azul sehen, ist etwas Neues. Es ist noch keine «Waldorfschule». Die Frage, ob eine richtige Schule entstehen soll, ist noch nicht endgültig beantwortet. Die Kinder kommen noch immer freiwillig vor oder nach ihren normalen Schulstunden.

Monte Azul ist eine Art Sozialentwicklungsprojekt, das für alle gut ist: Für die Kinder und Erwachsenen aus der Favela ebenso wie für die Lehrer, die freiwilligen Helfer und die weit entfernten Spender, die die Schule noch nie gesehen haben. Die Favela Monte Azul ist für diejenigen, die Augen haben zu sehen, umgewandelt worden von einem sinnlosen Slum in eine Gemeinschaft der Hoffnung. Die Arbeit hat sich bis zu einer benachbarten Favela ausgedehnt. Ein Grundstück auf dem Land wurde erworben, um Waisenkinder zu versorgen und zu erziehen und Gemüse biologisch anzubauen.

Im Jahre 1981 wurde Ute Craemers Tagebuch unter dem Namen «Favela Kinder» veröffentlicht. Es beschrieb ihre ersten Jahre als Sozialarbeiterin und Lehrerin in Brasilien, sowie den Beginn ihrer Aktivitäten in Monte Azul. Es war eine direkte, einfache Beschreibung der inneren und äußeren Ereignisse. Nicht jeder hat das Glück, seine Lebensaufgabe zu finden und sich ihr ganz stellen zu können, wenn sie ihm begegnet. Ute Craemer hat ihren Lebensweg gefunden und verfolgt ihn, wie es in ihrem Tagebuch beschrieben wird. Viele ihrer Mitarbeiter sind in derselben Situation.

«Favela Kinder» erschien in mehreren Auflagen und die Leser waren an einer Fortsetzung interessiert. Aber Ute hat anderes zu tun, als Bücher zu schreiben. Sie notierte jedoch einen kurzen, bewegenden Bericht über ihre Beziehung zu zwei Favela-Kindern, die mit ihr in ihrem Hause leben. Sie wurde gebeten, diesen Bericht zu einem Buch zu erweitern. Aber der Monte-Azul-Impuls ist nicht mehr der Bereich nur einer Person, weshalb Ute die Mitarbeiter bat, sich ebenfalls an dem Buch zu beteiligen. Das Ergebnis davon beginnen Sie gerade zu lesen.

Dieses Buch ist weder ideologisch noch intellektuell. Es ist die wahre Geschichte der Arbeit, die in Monte Azul getan wird und wie diese Arbeit Leben und Seele aller daran Beteiligten berührt: Der Unterschied zwischen Gebenden und Empfangenden beginnt sich aufzulösen.

Die Bedeutung von Monte Azul besteht außerdem in der Verwirklichung des anthroposophischen Sozialimpulses, und zwar in einer Gegend, in der er vorher noch nicht erprobt worden ist. Dieser Ansatz wird sich weiter entwickeln und Menschen als Anregung dienen, die diesen neuen Weg in anderen Gegenden gehen wollen. Dieses Buch soll dazu dienen, Sie zu informieren und zu inspirieren.

Frank T. Smith

Neben Menschen, die es gewohnt sind, ihre Erlebnisse und Eindrücke aufzuzeichnen, schrieben hier auch Menschen, die zum erstenmal mit ungelenker Schrift etwas aufs Papier brachten, das ihr Leben betrifft und durch diese Aufforderung, ihr Leben zu schildern, diesem auch einen Wert beimessen, den sie ihm bis jetzt nie gegeben haben: die Krippenmutter, die ihren «Umzug» vom Land in die Großstadt und in die Favela beschreibt, ein Mädchen aus der Favela, das den leidvollen Lebensweg ihrer Mutter aufschreibt; ein Hilfsarbeiter, der auf Tonband schildert, wie seine Hütte unter Wasser stand und er dank einer Geldanleihe von Monte Azul sein Häuschen bauen konnte und zum erstenmal in seinem Leben sagen konnte: Ich wohne in einem Steinhaus, ich bin Maurer, nicht nur Hilfsarbeiter, denn ich habe es ganz allein gebaut, abends und an den Wochenenden. Noch viele andere Berichte entstanden, und mühelos hätte sich damit ein ganzes Buch füllen lassen. Wir haben einige wenige als Beispiel ausgewählt. Auch was die Arbeit in den Favelas betrifft, konnten wir nicht Vollständigkeit anzielen: Unberücksichtigt blieb die Chacara, der Therapiebereich, die Rechtsbeihilfe. Viele kleine Initiativen, die das alltägliche Leben bestimmen und angenehm machen, konnten ebensowenig dargestellt werden, obwohl sie sehr wichtig sind.

Einen Dank möchte ich denjenigen aussprechen, die mitgeholfen haben, die Fülle der Berichte, Fotos und Briefe zu einem lesbaren Ganzen zu ordnen: Renate E., Regina, Johannes, Renate I. und dem Verlag.

U. Craemer

Monte Azul

Es war einmal eine Quelle, deren köstliches, klares Wasser inmitten von Gras und Kräutern entsprang. Jede Nacht kamen die Zwerge, um hier zu spielen und sich im Wasser zu spiegeln. Einer pflegte zum andern zu sagen: – Wie klar ist doch dieses Wasser, wie köstlich! – Und dann tranken sie einige Tröpfchen.

Die Tropfen vereinigten sich einer mit dem anderen, und so begann sich ein kleines Bächlein zu bilden, das sich seinen Weg mitten durchs Unkraut suchte. Wie groß war aber seine Überraschung, als er ein anderes Bächlein sah, das von dort oben herunterkam.

– Komm, wir wollen uns verbinden, sagte das Quellenbächlein, so werden wir stärker sein. Vielleicht können dann Fische in unserem Wasser schwimmen. –

– Ja, verbinden wir uns, sagte das andere Bächlein, das aus einer Höhle in der Nähe der Bananenstauden kam. –

Das Bächlein, aus dem jetzt ein Bach geworden war, wurde mächtiger. Bald entdeckten das die Fische und tummelten sich darin. Des Nachts kamen die Zwerge und fischten die welken Blätter heraus und reinigten den Bach von allem Schmutz, der tagsüber hineingefallen war.

So vergingen Wochen, Monate und Jahre.

Eines Tages aber geschah etwas Außergewöhnliches. Man hörte laute Stimmen, ungewohnten Lärm und das Geräusch von schweren Schritten.

– Kann das sein, daß die Zwerge plötzlich einen solchen Lärm machen? fragte ein Fisch. – Die Stimmen kamen näher, und das Fischlein sah, daß es Riesenzwerge waren. – Könnten das die Menschen sein? –

– Ich habe schon sagen hören, daß es Wesen gibt, die viel größer als die Zwerge sind. Wesen, die sehr gut oder sehr schlecht sein können, sagte ein anderes Fischlein. –

Da hörte es eine Stimme sprechen: – Ich bin müde vom vielen Laufen. Wir kommen von so weit her, dort aus dem Sertão von Pernambuco. Tag und Nacht sind wir gegangen, wir haben Gestrüpp, Büsche und Steppen durchquert, bis wir endlich zu diesem erfrischenden Ort kamen. Schau nur, Antonio, was für schöne Eukalyptusbäume und hör nur das Rauschen der Blätter. Was für ein wunderbarer Schatten! Laß uns hierbleiben! –

– Eine gute Idee! Wir sind schon mehr als genug gegangen. Und am Schlimmsten war es hier in der Stadt. Sie nennen diese Stadt hier São Paulo, nach dem Heiligen, der Jesus auf seinen Wanderungen begleitet hat. Wir sind auch Wochen gewandert, bis wir in São Paulo angekommen sind. –

São Paulo scheint ein einziger Wahnsinn zu sein, sagte eine tiefe Stimme. Diese Stadt scheint überhaupt nicht mehr aufzuhören. Meilen um Meilen diese geteerten Straßen; Häuser, die so hoch sind, daß sie den Himmel zu erreichen streben. Und Tausende von Leuten, keiner beachtet den anderen, alle in Eile, niemand hört zu, wenn man um Wasser und ein Stück Brot oder eine Unterkunft bittet. –

– Wie herrlich, rief da ein Junge. Er hatte den Bach entdeckt und mit einem Satz sprang er hinein, tauchte in das erfrischende Wasser und lachte vor Freude. Bald darauf sprangen alle Kinder in das Wasser, jauchzend, kreischend, sich waschend.

– Kommt jetzt raus aus dem Bach, Kinder! Wir wollen Brennholz suchen, ein Feuer machen und etwas zu essen richten. –

– Hier gibt es Taioba, sagte eine Frau. Und wilde Cará. Und mit jenen Blättern dort kann man einen guten Tee kochen. –

Die Kinder sammelten die trockenen Zweige des Eukalyptus, und bald brannte das Feuer, und das Essen war fertig. Sie aßen und wuschen dann die Teller und Töpfe im Wasser des Baches. Einen Augenblick lang war das Wasser weniger sauber, aber bald reinigte es sich wieder. Die Fischlein mochten die neue Gesellschaft und waren neugierig, was wohl am folgenden Tag passieren würde.

Am nächsten Tag sagte Antonio – das war der Name des Mannes

aus Pernambuco – zu seiner Frau: Laß uns alte Bretter in jenem Neubau suchen, den wir an der Straße gesehen haben. Wir wollen unsere Hütte hier in der Nähe der Quelle bauen. Wir werden einen Garten anlegen mit Coentro, Salat, Zuccini, Maniok, Mais und ganz hinten Bananenstauden pflanzen. Und ein bißchen Tabak für meine Pfeife. Mit dem Wasser der Quelle können wir alle Pflanzen gießen. – Es ist wahr, sagte Maria, die Erde scheint gut zu sein, und Lust zur Arbeit haben wir auch genug. – Aber zuerst bauen wir unser Hüttchen, meinte Antonio. Er rief die Jungen Raimundo, Maurício, Lusmaro und die Mädchen Marilda und Jacira. Sie gingen zu dem Neubau an der Straße, einem riesigen Bauwerk, das da errichtet werden sollte. Sie baten den Baumeister um Bretter, alte Nägel, Latten und Holzstangen. Die Jungen trugen alles in die Nähe der Quelle; Antonio und Raimundo begannen die Hütte zu bauen.

– Und die Dachziegel?

– Die Ziegel – tja, das weiß ich auch nicht, da müssen wir woanders fragen, Gott wird helfen, daß es heute nacht nicht regnet. –

Nachts, als sie um das Feuer saßen, sagte der alte Pernambucaner:

– Wir wollen diesem schönen Ort einen Namen geben. Wir wollen ihn Monte Azul nennen. –

Es vergingen einige Monate – der Gemüsegarten war schon recht schön –, als sich oben auf dem Hügel eine Familie bemerkbar machte: ein Mann, eine Frau, viele Kinder, ein Hündchen und ein Berg von Säcken. Der Mann stieg hinab zur Quelle, sah Antonio im Garten arbeiten, die Hacke in der Hand, und fragte: Ist dies dein Land?

– Nein, ich glaube, es gehört der Stadt. Aber niemand hat sich darüber beschwert, daß wir hier wohnen.

Gibt es auch noch einen kleinen Platz für uns, fragte der Neuangekommene.

– An Platz fehlt es nicht. Du kannst deine Hütte hier errichten. Woher seid ihr gekommen?

– Aus Minas. Es herrscht dort eine schreckliche Trockenheit, wir haben die ganze Ernte verloren. So sind wir hierher gekommen, nach São Paulo. Aber wir haben keine Verwandten hier, und man geht in dieser Stadt verloren. Es ist noch ein Glück, daß wir diesen Platz gefunden haben. –

Dies war die zweite Familie, die sich in der Nähe der Quelle niederließ. Bald folgte die dritte, die vierte, die fünfte.

– Die Trockenheit in Minas ist fürchterlich, sagten sie. Und es kamen immer mehr Leute, jeden Tag neue. Bald war am Ufer des Baches und an den Hügeln alles voll mit Baracken. Das Leben wurde schwieriger. Am Anfang war es eine Familie mit 10 Personen, jetzt gab es 100 Familien mit mehr als 500 Leuten.

An der Quelle stand immer eine Schlange von Frauen und Kindern, die Wasser holten, die vollen Wasserbüchsen auf dem Kopf balancierend. Um die Wasserstelle war alles aufgewühlt und lehmig, der Bach wurde jeden Tag schmutziger, und die Leute warfen sogar Abfall in das Bachbett.

Der alte Pernambucaner, dessen Vater Indio war, sagte zu den anderen:

– Paßt auf, Leute, ihr verschmutzt das Wasser, das ihr selbst wieder benutzen wollt. Mein Großvater, der Indio war, sagte: Wer den Wassergott nicht respektiert, der mißachtet seine eigene Gesundheit. Wenn ihr aber auf die Sauberkeit des Wassers achtet, werdet ihr nie krank werden. –

Doch der alte Pernambucaner warnte vergeblich, niemand wollte auf ihn hören. Wer allein ihn hörte, waren die Zwerge. Sie alle waren erschöpft von der allzu vielen Arbeit. Früher mußten sie nur ab und zu ein welkes Blatt aus dem Bachbett fischen, aber jetzt versuchten sie, in jeder Nacht allen Schmutz herauszuangeln: Papier, alte Büchsen, Holzstücke, Scherben und noch vieles mehr bis hin zu Speiseresten. – Sie werfen Essen weg, sagte ganz irritiert das Zwerglein, das unter der Bananenstaude wohnte und das sich verantwortlich fühlte für die Anpflanzungen. Welche Sünde!

Die Fische flohen aus dem Bach. Sie flüchteten sich in den Pinheiros-Fluß. Danach mußten sie auch aus dem Pinheiros fliehen und suchten Schutz im Tiêté-Fluß. Aber unglücklicherweise war der Tiêté noch schlimmer. Große Fabriken entleerten ihren Abfall, und das Wasser wurde schmutzig und stank. Einige Fische konnten sich noch in den Paraná retten, wo das Wasser noch sauberer war.

Aber die Menschen schienen sich darum überhaupt nicht zu kümmern. Fortwährend sammelte sich mehr Abfall im Bachbett an, in den Gassen, vor der Quelle, überall. Immer mehr Leute ließen sich hier nieder: aus Minas, aus Ceará, aus Pernambuco, aus Paraíba, aus Paraná, aus dem Mato Grosso. Der Hügel füllte sich mit Hütten. Auch am Ufer des Bachbettes wurden Hütten gebaut. Selbst noch in dem Sumpf, dort, wo der Bach immer Überschwemmungen verursachte, begannen sie, Baracken zu errichten, da sie sonst keinen Platz mehr zum Bauen fanden. Der Zé baute sogar ganz gefährlich, er errichtete Hütten auf Pfählen, die in der Luft schwebten.

Es kam der alte Gregório aus Bahia, er segnete die Kranken. Es kam António aus Machacalis, der die Folia de Reis sang. Es kam die Vovózinha (= Großmütterchen), die alle wilden Heilkräuter kannte. Es kam Dona Nêga mit dem kranken Roberto, es kam der alte Dido mit seiner riesengroßen Familie, es kamen Seu Ivo und Cirani, Zé, Maria, Antonio, João, Pedro, Auróra, Francisca, Sonja, Islaino, Ifigenia, Dona Quitéria, Sebastião, der Zé Maccarão, der Negão, Giovania, der Baixinho und viele, viele andere. Es kamen ungefähr 3000 Männer, Frauen und Kinder.

Eines Tages begannen Iracema, Maria und Tonilda von einer Frau zu erzählen, die dort oben in der Nähe des Samstagmarktes wohnte. Sie lebte allein mit einem Haufen Kinder und war Lehrerin.

– Wißt ihr, erzählte Iracema, sie lehrt uns stricken. Sie und ihre Schüler unterrichten Stricken und Malen. Wir lernen und spielen, und dann bekommen wir ein Vesper. Etwas ganz Komisches.

– Was ist es denn? fragten die Mütter.

– Sie sagt, es sind Haferflocken. Am Anfang mochten wir das nicht, aber jetzt haben wir uns daran gewöhnt und wollen es immer haben. Es schmeckt gut mit Milch.

– Und wir können dort auch was lernen? fragte Helena, eine der Mütter.

– Ich glaube schon.

Am nächsten Tag kam ein Haufen Kinder mit Helena. Als sie in die Rua Aristodemo Gazzotti einbogen, sahen sie die Kinder vor dem blauen Tor. Einige hatten schon den Garten erobert und schaukelten an einem Seil. Da kam Ute heraus, und sie fragten, ob sie hier etwas lernen könnten.

– Klar, wenn ihr Lust habt, könnt ihr euch hier einschreiben.
– Muß man was zahlen?
– Falls ihr es habt, zahlt 100 Cruzeiros, dann ist's in Ordnung.

So versammelten die Kinder sich fast an jedem Nachmittag hier. Sie lernten Theater zu spielen, zu sticken, mit Buntstiften und Wachskreiden zu malen, zu nähen. Oft machten sie einen Ausflug auf ein Sítio oder zur Schule, in der Ute unterrichtete. Sie sahen dort das Weihnachtsspiel oder nahmen am Johannifest und am Bazar teil.

Und noch jemand begann Unterricht zu erteilen: Cido.

Eines Tages erzählte Francisco seiner Mutter: Ute wird eine Escolinha (= kleine Schule) für uns machen. Bei ihr zu Hause ist es sehr eng geworden. Es wird eine Escolinha aus Brettern sein, aber sie wird trotzdem toll sein!

Die Kinder waren sehr zufrieden bei der Vorstellung und die Mütter auch, daß ihre Kinder wenigstens nicht mehr auf der Straße herumlungerten.

Im Internationalen Jahr des Kindes wurde die Escolinha eingeweiht. Und noch mehr Menschen begannen, die Kinder zu unterrichten: Renate, Paulo, Marjan, Aglaia, Lia, Cris, Eva und viele andere. Es begann der Kindergarten für die Kleinen und die Schreinerei für die größeren Jungen.

– Anfangs gab es in der Schreinerei noch nicht mal eine Maschine. Seu Paulo unterrichtete beim Licht einer Gaslampe. Es gab eine Hobelbank, ein paar Sägen, Hämmer und Feilen. Das war alles, erinnern sich die Jungen aus der Schreinerei.

Die Lehrerin ging fast an jedem Sonntag in die Favela, unterhielt sich mit den Müttern, trank Cafézinho in den Hütten. Und die Mütter erzählten ihren Kummer:

– Mein Sohn ist krank. Er ist voll mit Würmern.
– Mein Sohn auch. Er hustet jede Nacht.
– Es wäre so gut, wenn man einen Arzt hätte, sagte Maria Aparecida.
– Das stimmt. Aber wo könnte er die Kranken behandeln?
– Das ist schwierig, ich weiß auch nicht.
– Wie wär's, wenn wir ein Holzhäuschen für ihn bauen würden.

Wir könnten uns alle zusammentun und eine Hütte errichten. Jeden Sonntag machen wir das in Gemeinschaftsarbeit.

Am nächsten Sonntag begannen die Leute, sich nahe der Quelle zu versammeln, und wählten einen Ort aus, um das Ambulatório zu errichten. Nach einem halben Jahr war es fertig, und viele Kinder und Mütter wurden dort behandelt.

Andere Häuschen entstanden: Das der Kinderkrippe und des Kindergartens, die Bäckerei, die Ziegelei. Die Gäßchen bekamen Namen: Straße des Friedens, Straße der Vereinigten Personen, Straße der Freude. Die Leute hatten diese Namen ausgewählt auf der Suche nach Frieden, Einheit und Freude. Andere Gäßchen hießen Straße der Vovózinha, Straße São Geraldo, Straße Zuina, in Erinnerung an die Personen, die da lebten. Alles wurde nach und nach immer schöner. Aber der Bach, was passierte mit ihm?

Der Bach wurde schmutziger und schmutziger. Es war unvorstellbar. Die Zwerge schafften es nicht mehr, ihn zu reinigen. Sie brauchten die Hilfe der Kinder und Erwachsenen. Eines Tages sagte deshalb Sebastião: «Wir wollen eine Gemeinschaftsarbeit zur Säuberung machen. Wir werden den Bach reinigen.»

Der Tag wurde vereinbart, der Sonntag vor Tiradentes. Um 8 Uhr kam Zé mit der Schaufel in der Hand. Dann trafen die Kinder ein: Evaldo, Julinho, Sérgio, Lauro und viele andere. Es kamen mehr Männer mit Spaten, Hacken, einige mit Handkarren. Sie rissen das Unkraut heraus, stellten sich in das faulige Wasser des Baches und holten den Schmutz heraus: Plastik, Büchsen, Glasscherben, altes Holz. Karren über Karren voll Schmutz! Um die Quelle herum pflanzten sie Büsche und «Schwerter des heiligen Georg». Ademário, Geraldo, Tião und Luiz bauten eine Brücke aus Eukalyptusstämmen.

Nachts gab es ein Fest. Es kamen Tó und Isalino und Del, um zur Gitarre zu singen. Kinder und Erwachsene tanzten, und es herrschte die allergrößte Freude. An diesem Tag gaben sie sich das Versprechen, niemals mehr den Ort zu verschmutzen, wo sie lebten. –

Diese kleine ‹pädagogische› Geschichte wurde im Rahmen einer Schulepoche über die Favela erzählt; sie ist sozusagen ein bildhafter Beitrag zur Heimatkunde.

Das Leben in der Favela

Ein Baum braucht, um Früchte zu tragen
Luft, gute Erde, Sonne und Wasser.

Ein menschliches Wesen benötigt,
um sich zu öffnen und zu entfalten,
Nahrung, Schutz und ein offenes Herz,
welches ihm Liebe gibt, und einen anderen Menschen,
welcher ihm hilft zu wachsen.

U. C.

Nur der Geist, der über den Lehm haucht,
kann den Menschen erschaffen.

Antoine de Saint-Exupery

São Paulo

São Paulo ist die größte Stadt Südamerikas mit etwa 15 Millionen Einwohnern, ein Monstrum von Reichtum und Armut. Wer die Stadt von weitem betrachtet, mag sie mit irgendeiner anderen amerikanischen Großstadt verwechseln. Aber das ist falsch. São Paulo wurde aufgebaut von tausenden von Leuten, von denen viele aus anderen Staaten kamen und die keinen Vorteil von ihr haben. Diese Großstadt, die ungefähr 8 % der Gesamtbevölkerung des Landes beherbergt, ist voll von Kontrasten.

Augenblicklich ist São Paulo das größte geschäftliche und finanzielle Zentrum des Landes; es besitzt die größten Industrien Südamerikas und ist der größte brasilianische Import- und Export-Markt, eine Fabrik von Wunderdingen. Alle träumen davon, eines Tages hier zu wohnen. In der Wildnis des weitentfernten Nordostens denken die Leute, São Paulo ist für sie die Rettung. Jedes Jahr verlassen tausende von Leuten die Gegend, in der sie leben, um zu versuchen, hier zu wohnen. Jeder einzelne hat in seinem Gepäck einen Traum, oder besser gesagt, viele kleine Träume, die für viele nichts weiter bedeuten, als ein Dach über dem Kopf zu haben oder eine Schule fürs Kind.

Aber São Paulo ist gar nicht so freundlich. Wohnen, lernen und essen sind sehr teuer. Eine Stellung zu finden ist sehr schwer; wenn man angestellt ist, ist das Gehalt nie ausreichend. Wenn es nicht die Miete ist, so ist es die Abzahlungsrate beim BNH (Banco Nacional de Habitação = Staatliche Bank zur Erwerbung von Wohnungen), die tausende von Paulistanern auf die Straße setzt. Was kann man da tun? Ein paar Bretter zusammensuchen und eine Hütte auf irgendeinem leeren Grundstück aufstellen. Aber damit ist die Geschichte nicht zu Ende. Oft kann man nicht mal in der Hütte wohnen. Wenn man es am wenigsten erwartet, kommt ein Räumungsbefehl. Irgendwer, ein Unbekannter behauptet, der Grund und Boden gehöre ihm, und gleich müssen wieder alle raus und auf die Straße.

Nach und nach wird São Paulo seine Krallen zeigen und seine Zerstörungskraft, aber gleichzeitig funktioniert es wie eine unheilbare Krankheit. Wenige gehen dahin zurück, wo sie hergekommen sind. Und so wächst die Stadt immer mehr und damit die Gegensätze. Es gibt eine Menge Straßen, auf deren einer Seite riesige, luxuriöse Häuser stehen, während auf der andern die Favelas sich ausbreiten. In São Paulo ist nichts langsam, nach und nach oder planmäßig geschehen. Alles kam ganz plötzlich, alle Veränderungen sowohl auf politischem als auch auf ökonomischen Gebiet, alles unvernünftig.

Im vorigen Jahrhundert war die Stadt der Wohnort der reichen Kaffeebarone. Dies Produkt zog die ökonomischen Aktivitäten aufs Land, wo die Arbeitskräfte billig waren, beinah wie Sklaven. Im zwanzigsten Jahrhundert fingen verschiedene Industrien an, in der Stadt zu funktionieren. Das war der Anfang eines der intensivsten Prozese der städtischen Umgestaltung in der Geschichte des ganzen Landes. Man bedenke, 1920 hatte São Paulo ungefähr 600000 Einwohner, 1940 waren es schon 13020000. Und von den siebzigern Jahren ab betrachteten Städtebautechniker die Entwicklung als undurchführbar wegen des übertriebenen Bevölkerungszustroms und des zu schnellen und unorganisierten Wachstums.

Rede von *M. Covas*, ehemaliger Bürgermeister von São Paulo
(Aus der Zeitschrift *Confluência*, Oktober 1985)

Die Lebensgeschichte von Helena Rodrigo dos Santos

Ich werde ganz genau erzählen, wie ich bis jetzt gelebt habe und was ich jetzt tue!

Als Kind war ich weinerlich und dickköpfig und erreichte alles, was ich wollte, weil meine Mutter mich abgöttisch liebte und mir nie etwas abschlug. Ich spielte mit richtigen Eßwaren, machte Kleider für meine Puppen und hatte meine eigene kleine Küche in einem kleinen Häuschen, wo Maniokmehl hergestellt wurde. Meine Mutter wurde nur böse mit mir, wenn ich zuviel Fäden verbrauchte, die sie selbst nötig hatte, um die Sachen von meinen Geschwistern zu flicken. Sie hatte sehr viel zu tun; und natürlich hatte sie recht. Alle Tage sagte sie: «Du mußt lernen, Fäden zu spinnen.» Eines Tages habe ich es gelernt. Das machte mir viel Spaß, aber die Fäden, die ich produzierte, waren viel zu dünn und nicht so wie die von meiner Mutter. Trotzdem habe ich angefangen zu nähen, obwohl der Faden immerzu abriß. Schließlich schaffte ich es, eben weil ich so hartnäkkig bin. Manchmal wollte ich die ganze Hausarbeit machen, sogar kochen, aber es war mir nicht möglich, weil ich den Kochtopf nicht vom Holzofen runterziehen konnte. Ich haßte es, Kaffee zu rösten und zu mahlen. Aber als ich acht Jahre alt war, gelangen mir diese Dinge schon besser. Ich kochte für zwei Brüder, die schon junge Burschen waren. Sie arbeiteten auf einem kleinen Gut, das mein Vater weit weg von dort, wo wir wohnten, gekauft hatte. Ich blieb die ganze Woche dort, um für die beiden zu kochen, und das machte mir Spaß. Aber ihnen paßte es nicht, denn ich war ihnen zu sparsam. Mit einem Kilo Speck kam ich die ganze Woche aus.

Dann hat mein Vater das Land, auf dem wir wohnten, verkauft. Wir sind auf ein anderes kleines Gut umgezogen, und ich wollte weiterhin für meine Brüder kochen. Aber Mutter hat es nicht erlaubt, denn es wäre zu viel Verantwortung für mich. Da habe ich eine neue Küche eingerichtet in dem Haus, wo das Maniokmehl hergestellt wurde. So blieb ich nah bei der Mutter und konnte sie immerzu sehen. Das war eine feine Küche. Sie hatte einen winzigen Holzofen und einen Platz, wo man das Geschirr, das aus Ton war, aufheben konnte. Alle Leute, die meine Mutter besuchten, wollten auch meine Küche sehen und fanden sie wunderbar, denn ich war sehr vorsichtig mit meinen Sachen, putzte den Herd alle Tage mit weißem Ton und wollte nicht, daß irgendwer ihn schmutzig machte.

So verging die Zeit, ohne daß ich jemals zur Schule gehen konnte, denn in der Nähe gab es keine; und die, die es gab, war zu weit weg. Schließlich fand mein Vater eine Frau, die in ihrem eigenen Haus unterrichtete. Er schickte mich, meinen Bruder und meine Schwester zu ihr hin. Aber auch das war sehr weit weg und man mußte viel laufen. Es war aber trotzdem schön, denn wir amüsierten uns, weil einige Schulkameraden mit uns gingen, und wir rannten fast die ganze Zeit und trieben Blödsinn. Ich war die, die am wenigsten vertrug und heulte immer gleich los. Dorthin gingen wir ungefähr sechs Monate lang. Ich lernte das ABC und wollte die Bücher, aus denen die Lehrerin unterrichtete, lesen. Ich las sie aber nicht, sondern sagte nur auswendig alles vor mich her, denn Druckbuchstaben hatte die Lehrerin uns nicht beigebracht. Diese Lehrerin hatte keine Uhr. Sie richtete sich nach der Sonne.

So lebten wir. Zu dieser Zeit ging es meinem Vater schon ganz gut. Er hatte einigen Besitz, hatte eine kleine Schnapsbrennerei und einige Tiere. Aber er hatte kein Interesse daran, die Kinder etwas lernen zu lassen, vor allem nicht die Mädchen; die galten ihm weniger als die Jungs. Damals gab es Eltern, die es ihren Töchtern nicht erlaubten, zur Schule zu gehen, damit sie nicht lesen und schreiben lernten, um Liebesbriefe an ihre Freunde schreiben zu können. Es war noch gut, daß mein Vater nicht so dachte. Damals war ich ungefähr zehn Jahre alt und wollte immer gern etwas lernen. Schließlich beschloß mein Vater, das Stück Land zu verkaufen und ein anderes nah bei einem kleinen Städtchen, Isnaldelandia, das gerade erst gegründet worden war, zu kaufen. Wir waren sehr zufrieden, daß wir wieder etwas lernen konnten. Vater verkaufte das Land, indem er es

gegen Vieh austauschte und kaufte anderen Grund und Boden, indem er Vieh dafür hergab. Einen Teil des Viehs behielt er. Wir zogen also in diese kleine Stadt um und fingen an, in die Schule zu gehen. Das war 1966. Mein Vater hatte das Stück Land, ein Haus, ein paar Kühe, Schafe, Schweine und Ziegen. In diesem Jahr gingen wir in die 1. und die 2. Klasse, und am Ende des Jahres wurden wir in die 3. Klasse versetzt. Dann kam das Pech, daß die Kühe starben, eine nach der andern, und auch die Schweine. Schluß! Ein paar Schafe blieben übrig. Mein Vater ging wieder aufs Land, um Feldarbeit zu leisten, und mußte sehr viel arbeiten, aber die Situation wurde immer schlimmer. Trotz alledem konnten wir weiter in die 3. Klasse gehen. Weiter ging der Kurs in dieser kleinen Stadt nicht. Wenn man die 4. Klasse besuchen wollte, mußte man in eine andere Stadt gehen. Am Tage, als die Zeugnisse verteilt wurden, fragte ein Freund meinen Vater, ob er uns nicht ins 4. Jahr schicken wollte, aber mein Vater sagte: «Ihr viertes Schuljahr heißt Hacke.» Die Antwort darauf war: «Gürteltiere sterben eben im Loch!» Mein Vater, der sowieso schon gereizt war wegen der ganzen Situation, wurde noch nervöser. So gingen wir also nach Hause und fingen an, mit meinem Vater zusammen zu arbeiten. Nach Monaten, 1968, verheiratete sich meine Schwester, die mit mir zusammen zur Schule gegangen war. So blieb ich also mit nur einer Schwester und meinem kleinen Bruder, meinem Vater, meiner Mutter und noch einem Kind, das wir angenommen hatten, weil dessen Mutter gestorben war, als es noch ganz klein war.

Mein Vater pflanzte viel Zuckerrohr, auch Reis, Bohnen und Maniokwurzeln. Aber all das reichte nicht zum Leben. So beschloß er, wieder Schnaps zu brennen. Meine Schwester und ich mahlten das Zuckerrohr, mein Bruder machte den Schnaps, und mein Vater kümmerte sich um die Pflanzungen. So konnten wir wenigstens leben. Aber ich wollte so schrecklich gerne weiter lernen. Eines Tages beschloß ich: Ich gehe wieder in die Schule. Mutter sagte: «Wie willst du zur Schule gehen? Dein Vater kann dir nicht helfen.» – «Ich werde tagsüber in einem Haus als Dienstmädchen arbeiten und abends zur Schule gehen.» Sie hatte große Angst, daß das schief gehen könnte; aber ich bin nun mal so'n Dickkopf und bin in eine Stadt, die Rio Pardo heißt, gegangen, habe eine Stellung gefunden und bin abends zur Schule gegangen. Das war sehr schwierig und schwer. Ich schleppte mehr als acht Eimer Wasser auf dem Kopf, kochte, räumte das Haus auf und verdiente zehn Cruzeiros um Kleider, Schuhe und einige Sachen, die in der Schule nötig waren, zu kaufen. Aber es reichte natürlich nicht. In der Schule hatte ich eine Kollegin, die mir Hefte gab, und das half, und so konnte ich weitermachen. Aber die Zeit verging so langsam, und ich hatte große Sehnsucht nach meiner Mutter, denn ich war ja niemals richtig von zu Hause weg gewesen und wollte zurück und nah bei den Eltern bleiben. Das war im Jahr 1972.

Mein Lehrer war sehr gut und half mir viel. Eines Tages war ich dabei, ein Buch des 4. Schuljahres zu lesen und fand ein Gebet: «Lieber Gott, gib mir die Weisheit, um Schwierigkeiten ins Auge zu fassen, und den Mut, sie zu überwinden!» Das habe ich dreimal hintereinander durchgelesen, faßte Mut und habe bis zum Ende des Jahres durchgehalten und ein Zeugnis bekommen. Das war ein großes Fest. Ich war sehr glücklich, denn ich hatte das beste Zeugnis in der Klasse. Ich sollte ein Stipendium bekommen, damit ich das Gymnasium besuchen könnte. Die Schuldirektorin wollte, ich sollte bleiben, aber ich konnte mich nicht dazu entschließen, weil ich so gern nach Hause wollte. Und so kam es. Ich verabschiedete mich mit Tränen in den Augen von meinen Freunden und Freundinnen und bin schließlich heil und gesund zu Hause angekommen. Gott sei Dank.

Damals war ich 18 Jahre alt. Ich vergaß das Studium und fühlte mich sehr schwach, denn mein Vater plante schon wieder mal umzuziehen. Im Januar 1973 zogen wir in eine andere kleine Stadt, Santa Helena. Dort blieb ich bis Januar 1974 und sah ein, daß es so nicht weiter ging. Ich hatte einen jungen Mann aus armer Familie kennengelernt und hatte ihn sehr gern, aber er war in São Paulo. Ein Bruder von ihm ging mit seiner ganzen Familie nach São Paulo und fragte mich, ob ich nicht mit seiner Familie mitkommen wollte. Ich fragte meinen Vater, ob er mich fahren ließe. Er erlaubte es und gab mir Geld für die Reise. So fuhren wir also mit einem Kombi nach São Paulo. Eine Schwester von meinem Freund kam auch mit. Sie war krank und wollte nach São Paulo, um sich behandeln zu lassen. Unterwegs redete sie immerzu von Gott und von der Mutter Gottes. Ich sagte, daß ich an keine Mutter und an gar nichts dächte, nur daran, daß ich ganz allein in diese neue Welt fahre, wo ich niemanden und nichts kannte.

In Volta Redonda wäre der Kombi beinah mit einem Lastwagen zusammengestoßen. Der Lastwagenfahrer hatte zwei kleine Kinder und eine Frau, die im achten Monat schwanger war. Sie ist so erschrocken, daß sie ohnmächtig wurde. Der Fahrer brachte sie ins Universitätshospital, aber als sie dort ankam, ging es ihr schon besser. Trotzdem mußte sie vom Arzt untersucht werden und ich blieb draußen mit den beiden kleinen Kindern, und dachte: Was wird bloß werden, wenn sie interniert wird. Was würde ich mit den beiden kleinen Kindern machen, da ich nichts und niemanden kannte. Aber Gott hat geholfen und wir konnten weiterfahren bis zur Favela Peinha. Ich wußte nicht mal, was eine Favela ist. Auf der Straße war so ein feiner Sprühregen, und Miguel, der Junge, den ich so gern hatte, wartete auf uns mit einem Regenschirm, um die Kinder zu schützen. Mein Herz machte drei starke Schläge, und wir fingen an, in die Favela runterzugehen. Als ich die Hüttchen dort sah, kriegte ich einen großen Schreck und fragte: «Hier wohnst du?» Er sagte ja, denn es kostete ihn nichts. Es war schon beinahe Nacht. Ich setzte mich hin und sagte gar nichts, dachte nur nach, was ich bloß tun sollte. Geld hatte ich keins, ich kannte nichts, und alles um mich war düster. Als es Tag wurde, wußte ich nicht einmal, aus welcher Richtung wir gekommen waren. Ich guckte mich überall um und erkannte nichts wieder. Ich erinnerte mich nur, daß wir über eine Holzbrücke gefahren waren, und daß ich große Angst gehabt hatte, runterzufallen.

Dann fragte ich Miguel, woher wir gekommen seien, und er zeigte es mir. Dann mußte er zum Markt in São Luis. Als ich dort ankam, fühlte ich mich schon besser, habe Mittagessen gemacht und mit allen geteilt und fühlte mich bereit, den Lebenskampf zu beginnen. Am nächsten Tag mußte ich Dokumente in Ordnung bringen, bekam eine Arbeitskarte, einen Wahlschein und das Gesundheitszeugnis. Dann am nächsten Tag fing ich an, Stellung zu suchen. Ich lief überall herum. Als ich in die Rua Laguna kam, sah ich einen Mann, der hielt ein Schild, auf dem stand, daß Arbeiterinnen gesucht würden. Es handelte sich um eine kleine Firma. Die Girassol. Der Mann nahm meine Arbeitskarte und sagte: «Sie können hier von zwei Uhr nachmittags bis abends zehn Uhr arbeiten.» Und so habe ich angefangen und einen Monat gearbeitet. Dann wurde ich krank, fehlte drei Tage. Als ich zurückkam, hat er mich weggeschickt, denn ich hatte kein ärztliches Attest mitgebracht. Ich sagte ihm, daß ich krank gewesen war, aber es hatte keinen Zweck. Ich ging sehr traurig zurück. Was sollte ich bloß anfangen! Als ich bei der Familie, wo ich wohnte, ankam, fühlte ich mich miserabel, weil ich die Stellung verloren hatte, und die Leute wollten auch nicht, daß ich weiterhin mit Miguel lebte. Alle Tage sagte mir sein Bruder, daß sie nicht wollten, daß ich den Miguel heiratete. Ich blieb stumm.

Schließlich erhielt ich meine Arbeitskarte zurück und suchte eine andere Stellung. Bin tagelang rumgelaufen, bis ich endlich einen Platz in der Chácara Santo Antônio fand, eine Fabrik, die Naufal heißt, und wo ich wieder von zwei Uhr nachmittags bis zehn Uhr abends arbeiten mußte. Ich hatte große Angst, nachts allein in die Favela zurückzukommen. Außerdem gab es jeden Tag Krach mit den Brüdern von Miguel. Ich überlebte irgendwie, aber eines Tages sagte Miguels Schwägerin zu mir, ich sollte ihn auf keinen Fall heiraten und bestimmt nicht mehr bei ihr oder in ihrer Nähe wohnen. Da ich doch aber so dickköpfig bin, sagte ich zu Miguel: «Kauf doch die kleine Baracke da.» Aber wir hatten nichts reinzustellen, denn was wir verdienten, reichte knapp zum Essen. Miguel baute darum ein Bett und ich machte eine Matratze aus Bananenstroh, legte sie auf das Bett und fing an, dort allein zu schlafen, denn Miguel arbeitete nachts. Von da an wurden die Intrigen seiner Geschwister immer schlimmer, und sie zankten sich mit mir. Ich sagte zuerst gar nichts, aber eines Tages wurde es mir doch zuviel, und ich hatte es genug, mir Frechheiten immerzu gefallen zu lassen. Es gab eine scheußliche Streiterei. Ich wollte die Schwägerin verkloppen, aber er hielt mich fest. Das war sehr häßlich, was ich tun wollte, aber ich wußte wirklich nicht mehr, was ich tun sollte. Ich war so mager, daß alle dachten, ich sei krank. Es war aber keine Krankheit, sondern nur Sorge. Eines Tages dachte ich, ich werde von hier wegziehen und sagte es Miguel, der damit einverstanden war. So sind wir in die Favela Monte Azul gekommen, wo wir ein sehr häßliches, runtergekommenes Hüttchen fanden. Miguel kaufte es für 700 Cruzeiros im April 1976. Am Samstag kam er und riß alles runter und baute es neu auf. Aber die Dachziegel reichten nicht aus, ein großer Regen kam und hat alles überschwemmt. Es blieb nur Schlamm übrig. Und ich war schwanger. Am nächsten Tag zogen wir in das Hüttchen voller Schlamm. Aber es war wie ein Schloß für uns, denn wir hatten unsern Frieden und waren glücklich, denn wir liebten uns sehr.

Nach fünf Monaten Schwangerschaft verlor ich das Baby. Ich war sehr traurig, denn ich habe Kinder so gern. Aber Gott hat es so gewollt. Dann bin ich nach Minas zurückgefahren und zwei Monate geblieben. Dann bin ich nach São Paulo zurückgekommen und Baé und Lia kamen mit. Ich wollte sie nicht mitbringen, denn mein Hüttchen war so klein, und sie wußten nicht, was eine Favela ist. Ich konnte es aber nicht verhindern. Lia war seit sechs Monaten schwanger, sah aber aus wie ein Kind von neun Jahren.

Dann hat Miguel das Hüttchen ein bißchen vergrößert, und so sind sie dort geblieben, bis sie für sich selbst ein Hüttchen finden konnten. Als sie es hatten, zogen sie um, und ich blieb da mit Miguel und meinem Bruder. Dann wollte ich schrecklich gern etwas lernen und hörte, daß es da eine Deutsche gibt, die Stricken lehrt. So bin ich ungefähr dreimal hingegangen und habe ein bißchen gelernt, dann bin ich aber nicht mehr hingegangen und habe alles wieder vergessen. Ich wurde wieder schwanger. Am 13. Juni 1977 bekam ich ein Mädelchen, Olga. Dann wollte Miguel weg, zurück nach Minas. Ich war einverstanden. Wir verkauften die Hütte und fuhren los. In Minas angekommen, blieben wir ungefähr drei Monate bei meiner Mutter. Wir fingen an, ein Häuschen zu bauen, hatten aber nicht genug Geld, um es fertigzustellen. Arbeit gab's dort keine. Wir hatten keinen Platz zum Wohnen, keine Arbeit. Aber wir hatten Freunde in der Favela, die eine Hütte für uns besorgten und wo wir bleiben konnten, bis wir einen anderen Platz fänden.

Miguel fand eine Stellung und fing an zu arbeiten. Ich blieb zu Hause. Ich war bereits wieder schwanger. Am 4. Oktober 1978 wurde ein kleiner Junge, José Orlando, geboren. Ich war sehr glücklich, daß ich ein Mädchen und einen Buben hatte. Unsere Hütte war schon viel besser, als José Orlando vier Monate alt war. Ich hörte auf, ihn zu stillen, um die Pille zu nehmen. Aber ich wußte nicht, wie man sie nehmen muß, und niemand hat mir geholfen, so daß ich es so tat, wie ich dachte, daß es richtig sei. Es war aber alles verkehrt. Ich wurde wieder schwanger. Aber ich war nicht böse. Ich bat nur den lieben Gott, er solle mich gesund erhalten und mir die Kraft geben, um alles durchzustehen. Am 22. November 1979 wurde Katia geboren. Sie war sehr klein, wie ein

Püppchen. Ich war sehr glücklich mit meinen drei Kindern. Ich wollte gern noch einen kleinen Jungen. Miguel wollte wieder zurück nach Minas. Ich erklärte: «Ich gehe mit, aber nur, um definitiv dorthin zurückzuziehen. Wenn es nicht klappt dort, komme ich nicht hierher zurück.» Also sind wir wieder nach Minas umgezogen. Nochmals haben wir alles verkauft. Wir blieben sieben Monate da und beendeten den Bau des Hauses. Aber das Geld wurde alle, denn dort gibt man nur welches aus und verdient keins. Ich sagte, ich wollte doch nach São Paulo zurück. So haben wir das Haus für 50000 Cruzeiros verkauft und sind nach São Paulo zurückgekommen. Wir kamen an und blieben 14 Tage in der Favela Cachoeirinha bei meiner Schwester. Aber Miguel gefiel es dort nicht. So kam er nach Monte Azul und kaufte eine Hütte für etwa 20000 Cruzeiros. Dann hat er eine Stellung in derselben Firma, in der er vorher gearbeitet hatte, gefunden und hat weiter dort gearbeitet. Und ich war schon wieder schwanger. Fábio wurde am 13. April 1981 geboren. Ich war sehr glücklich mit vier Kindern, zwei Buben und zwei Mädel. Als der Fábio sechs Monate alt war, kamen eines Sonntags ein junger Mann und eine junge Frau zu uns. Der Mann war der Zeca, der als Pfleger im Ambulatorium der Favela arbeitete. Er fragte mich, ob ich Kinder in der Freizeitschule von Ute hätte. Ich sagte nein, denn ich hätte keine großen Kinder. Meine älteste Tochter war erst vier Jahre alt. «Die kannst du aber in den Kindergarten tun. Geh mal morgen hin. Es gibt freie Stellen vormittags und nachmittags.» Am Montag schickte ich meine Schwester rauf, um zu fragen, ob ein Platz am Vormittag frei sei, aber es gab keinen. Nach dem Mittagessen haben die Kinder geschlafen, und als sie wieder aufwachten, zog ich mit den vier Kindern los bis rauf zur «Escolinha». Die einzige Person, die ich dort kannte, war Maria Gorda, «die Dicke», eine Frau, die auf die Kinder aufpaßte, damit die Mütter arbeiten gehen können. Ich fragte sie, wo der Kindergarten sei, und sie hat ihn mir gezeigt. Ich bin hingegangen, um mit der Lehrerin zu sprechen. Das war Renate, eine sehr gute Person. Da hat sie gleich ein Formular ausgefüllt und mir gesagt, ich sollte das Kind gleich dalassen. In derselben Woche, am Donnerstag, hielt die Renate ein Seminar für die Favelafrauen ab, damit sie mehr über Kinder lernen.

Ich war sehr interessiert und bat Maria Gorda, mit Renate zu reden, damit ich daran teilnehmen könnte. Aber sie wollte nicht; sie sagte, die Renate nimmt keine Frauen, die vier Kinder haben, damit sie arbeiten. Da ich aber dickköpfig bin, bin ich selbst hingegangen, um mit ihr zu sprechen. Sie hat es mir erlaubt, und ich konnte an dem Kindergartenseminar teilnehmen.

Nachdem ich einen Monat an dem Seminar teilgenommen hatte, arbeitete ich einen Monat in der Kinderkrippe. Dann aber wollte ich nicht mehr. Da hat man mir versprochen, eine Krippe für mich zu bauen, wo ich arbeiten könnte. Ich nahm an dem Seminar ein Jahr und drei Monate teil, bis die Krippe gebaut war. Ich fing am 1. Januar 1983 an zu arbeiten. Im Anfang war es sehr schwierig, denn ich hatte ja keine Erfahrung mit der Arbeit mit Kindern. Ein Kind redete den ganzen Tag, ohne aufzuhören und war überhaupt nicht zum Schlafen zu kriegen. Und ich wußte nicht, was ich tun sollte. Renate blieb zwei Wochen bei mir, um mir den Rhythmus beizubringen. Danach ging es ein bißchen besser. Aber das kleine Mädchen redete weiter ununterbrochen und schlief überhaupt nicht. Eines Tages kam eine Frau aus Holland. Sie hieß Joana. Sie war Pädagogin. Ich habe ihr von dem kleinen Mädchen erzählt, und es geschah ein richtiges Wunder. Die Kleine hörte auf, in einer Tour zu reden, und wenn Schlafenszeit kam, war sie die erste, die einschlief.

Ich habe fünf Monate in der Krippe gearbeitet, und am 30. Mai 1983, es war ein Montag, goß es in Strömen. Um sieben Uhr ging ich zur Krippe und um acht Uhr kam eine Mutter mit ihrem Kind und fragte mich, was mit den Frauen, die in der andern Krippe arbeiteten, passiert wäre. Sie hätte gehört, daß es heute keine Krippe gäbe. Ich kriegte einen Riesenschreck, denn dort arbeitete Lia, meine Freundin, deren jüngster Sohn mein Patenkind ist. Ich war sehr besorgt, denn sie hatte sich vor sechs Monaten von ihrem Mann getrennt, der mit der Trennung überhaupt nicht einverstanden war. Die Mutter, die mich aufgesucht hatte, ging weg, und ich war sehr besorgt. Schließlich kam meine Kollegin und erzählte, daß der Baé die Lia umgebracht hätte. Ich war wie vom Schlag gerührt, und das Wort blieb mir in der Kehle stecken. Schließlich fing ich an zu weinen mit dem Gedanken: «Was soll bloß aus den Kindern werden!» Zu Gení sagte ich: «Bleib hier, ich muß dahin gehen und nachsehen», und im stärksten Regen lief ich los, bis ich dorthin kam. Lia lag tot auf dem Boden. Die Polizei war schon angekommen und hatte ein Stück Papier gefunden, das für meinen Mann war, und auf dem stand, er möge sich um die Kinder kümmern. Die Polizisten fragten, wer Miguel sei. Ich sagte, das sei mein Mann. «Werdet Ihr die Kinder behalten oder nicht?» Ich dachte nach und sagte, ich würde die drei behalten, denn niemand würde die drei aufnehmen, und ich hatte keinen Mut, nur mein Patenkind aufzunehmen und die Mädels aufzugeben. So behielt ich also alle drei. In Wirklichkeit wußte ich nicht, was ich tun sollte, denn schließlich arbeitete ich doch in der Krippe in der Favela. Das würde sehr schwer, wenn man zu Hause sieben Kinder alle von fast gleichem Alter hat. Ich nahm die Kinder mit und dachte nach, und dachte nach... Der traurige Tag verging und noch ein weiterer, und ich bin nicht in die Krippe gegangen. Am Abend sagte ich den Kindern, daß ich sie am nächsten Tag mit in die Krippe nehmen würde. Dann erzählte ich ihnen eine Geschichte und legte sie schlafen. Aber um neun Uhr abends kam meine Kollegin und sagte, die Renate ließe mir sagen, daß ich am nächsten Tag nicht arbeiten gehen sollte, sondern daß sie herkäme, um mit mir zu sprechen. Ich bin früh aufgestanden am andern Tag und gleich nach dem Kaffee kam sie und sagte, daß es zu schwer sein würde für mich, mit sieben Kindern arbeiten zu gehen und daß ich zu Hause bleiben sollte. Aber ich sagte, daß ich arbeiten wollte, um etwas zu verdienen. Mit dem bißchen, das mein Mann verdiente, wäre es nicht möglich, sieben Kinder aufzuziehen. Aber sie sagte, daß ich dasselbe verdienen würde, als wenn ich in der Krippe arbeitete. Das machte mich sehr zufrieden.

So blieb ich also in meiner Hütte mit den sieben Kindern, war aber immer sehr besorgt, denn die Leute vergaßen nicht, was passiert war, und kamen immerzu, um die Kinder auszufragen.

Vor einem Monat hatte Ute ein Stück Land (die Chácara) gekauft. Sie fragte mich, ob ich dort wohnen möchte. Ich nahm ihren Vorschlag dankbar an, denn es war gut, einen Platz für uns alleine zu haben, was in der Favela sehr schwierig war. Bald darauf sind wir aufs Land umgezogen. Für mich war das etwas sonderbar, denn ich hatte niemals im Haus von andern Leuten gewohnt. Ich hatte in einer Hütte gelebt, aber die Hütte war meine. Eine Zeitlang hatte ich den Eindruck, daß ich auf Reisen sei und bald nach Hause zurückkäme. Eine von den Freiwilligen blieb bei mir und hat mich sehr unterstützt, aber leider mußte sie nach Deutschland zurück. Ich blieb allein und bat den lieben Gott, mitzuhelfen und mir Kraft und Ausdauer zu geben, denn die Kinder brauchten es sehr. Nach sechs Monaten zog meine Schwägerin auch raus aufs Land (auf die Chácara). Zuerst hat mich das sehr aufgemuntert. Ich wollte gern eine gute Arbeit leisten mit den sieben Kindern. Meine Schwägerin hatte auch sieben Kinder (drei eigene und vier Pflegekinder), und eine Freiwillige arbeitete immer eine Woche bei mir im Hause und eine Woche bei meiner Schwägerin. Aber meine Schwägerin war sehr mutlos und sagte, daß es sehr schwierig sei, fremde Kinder zusammen mit den eigenen zu erziehen. Es ist wirklich sehr schwierig, aber ich gab mir Mühe, es durchzuführen, und tat alles, was nötig war. Kindergartenspiele und andere Sachen, und sie tat es auch. Aber sie wurde täglich deprimierter, bis eine neue Freiwillige kam, so daß eine bei ihr und eine bei mir bleiben konnte. Sie war schwanger und kämpfte alle Tage, um durchzuhalten. Ich sprach mit Ute und Renate und erzählte alles, was so vor sich ging. Sie animierten mich und ich versuchte, den Kopf wieder hoch zu kriegen und machte weiter. Aber ich dachte immerzu daran, was wohl passieren würde, wenn meine Schwägerin sich entschließen würde, wegzuziehen. Sie hatte sehr viel nachgedacht und war zu dem Schluß gekommen, daß es unmöglich für sie wäre, auszuhalten und alle Kinder solange zu versorgen, bis sie groß wären. Ich wußte nicht, was ich beschließen sollte, denn es war sehr schwierig für mich. Die Kinder haben keine Mutter, und ich bin die Mutter. Ich wußte überhaupt nicht, wo mir der Kopf stand und wurde schrecklich nervös. Eines Tages ging mein Mann und sprach mit Ute und Renate. Er sagte ihnen, daß sie auf die Chácara kommen sollten, um mit mir zu sprechen. Und sie kamen. Wir hatten eine Art Versammlung und ich sagte, daß ich viel nachgedacht hätte und zu dem Entschluß gekommen sei, nicht mehr auf der Chácara zu bleiben. Ich würde die Kinder in der Associação lassen, denn ich sei einfach nicht imstande, für sie zu sorgen. Da fragte mich der Paulo, bei wem ich die Kinder lassen wollte, bei Ute oder bei Renate. Ich sagte, die Ute würde jemanden finden, der für sie sorgte. Ich war zu nervös, als daß ich im Moment irgendwas beschließen könnte. Das Problem kam dann später. Ich dachte nach und dachte nach und sah ein, daß ich die Kinder nicht aufgeben könnte, daß ich keinen Frieden haben und nur weinen würde. Ich stand auf und weinte den ganzen Tag.

Miguel war verzweifelt über meine Heulerei. Am nächsten Tag ging er nach Monte Azul und erzählte Ute, was los war. Die schrieb mir einen Brief, in dem sie sagte, daß sie mich verstünde. Sie fand, ich solle von der Chácara wegziehen nach Campinas, wo ich ein kleines Grundstück habe und wo ich wohnen sollte. In Wirklichkeit war es das, was ich am liebsten tun wollte, denn im Grunde fand ich, daß ich Ute und Renate schlecht behandelte, denn sie hatten mir so viel geholfen, und ich wollte sie nicht verletzen. Ich bekam ein schlechtes Gewissen, weil ich all das gesagt hatte, daß ich sie verlassen wollte, und wegen allem, das vorgefallen war. Schließlich beschloß ich, der Ute zu schreiben, um ihr zu sagen, daß ich die Kinder nicht verlassen und sie mitnehmen würde, wo immer ich hinging.

Aber ich dachte weiter nach, denn der Vater von den Kindern sagte immer, daß er sie mir wegnehmen würde, sobald sie groß genug seien, damit sie bei ihm wohnten. Eines Tages kam er an. Ich sagte ihm, daß ich nach Campinas umziehen würde. Da sagte er, daß er auch dahin ziehen würde. Ich hielt den Mund, aber ich dachte; wenn er nach Campinas zieht und nah bei uns wohnt, dann wird die Geschichte noch schwieriger, denn nichts ist schlimmer, als wenn verschiedene Personen dieselben Kinder erziehen. Das gibt nur Probleme.

Am nächsten Tag sagte ich zu Miguel, er solle hingehen und ihm sagen, daß wir ihm die Kinder überlassen würden, wenn er es wollte. Es war an der Zeit. Und wenn er es nicht wollte, so würden wir mit Ute sprechen und sie in der Associação lassen. Er solle am 11. Januar zum Jugendrichter gehen. Er sagte, er würde darüber nachdenken und ging weg. Aber im Grunde wollte ich das gar nicht. Ich war sehr besorgt und wollte das Problem weder Ute noch Renate zuschieben. So habe ich bis zum 11. Januar ausgehalten.

Dann sind Miguel und ich zum Richter gegangen. Wir sind erst zur Favela gegangen, um zu sehen, ob er da war. Wir sagten ihm, er solle mit uns zum Richter gehen, aber er sagte, er ginge auf keinen Fall zum Richter. Er wolle die Kinder gar nicht haben. Ihr könnt mit den Kindern tun, was Ihr wollt. Was immer Ihr tut, es ist richtig.

Wir verabschiedeten uns und gingen weiter. Beim Richter waren zu viele Leute. Es war nichts zu machen an dem Tage. So gingen wir wieder nach Hause, und ich dachte viel nach. Diese Kinder haben keine Mutter, und jetzt hat der Vater die Courage zu sagen, daß er sie gar nicht haben will. Sie haben nur mich, und zu mir haben sie Vertrauen. Wenn ich sie weggebe, zu wem werden sie Zutrauen haben? Ich kann das nicht machen.

Ich habe viel nachgedacht, und wir sind nach einer Woche wieder hingegangen und haben einen Vertrag für noch ein Jahr gemacht. Ich hoffe mit Gottes Hilfe, dann in der Lage zu sein, die Vormundschaft zu übernehmen.

Ich wollte so gern nah bei Ute und Renate bleiben, solchen wunderbaren Menschen, die uns so geholfen haben und noch helfen, und ich wollte auch helfen. Aber um helfen zu können, brauche ich mehr Courage, muß offener zu allen sein und zufrieden mit mir selbst. Aber ich fühle, daß ich nicht gerecht bin, weder den andern gegenüber, noch mit mir selbst. Deshalb werde ich es nicht mehr lange hier aushalten. Ich wünschte, daß alle meine Freunde und Freundinnen, die dies hier lesen, verstehen mögen, wie ich es meine.

Ich bitte auch alle, mir zu helfen, damit ich meine Kinder glücklich machen kann. Und möge Gott allen helfen, die mir helfen mit meinen Kindern.

Nêga erzählt

Nêga (Negerin) – viele Menschen werden so genannt, einige, weil sie schwarz sind, andere erhalten diesen Namen als freundlichen Spitznamen oder auch als Kosewort. Mir persönlich bringt dieser Name eine sehr liebenswerte Frau in Erinnerung, die ich in der Favela Peinha in der Stadt São Paulo in Brasilien kennenlernte, als ich dort arbeitete.

Ihr wirklicher Name ist Hélia Maria de Jesus. Sie wurde am 16. Dezember 1959 in einer kleinen Stadt im Innern des Bundesstaates Minas Gerais geboren.

Nêga ist eine Führernatur. Sie leitete die kleine Batikgruppe, die dort in der Favela von den Sozialhelferinnen der Gemeindevereinigung «Monte Azul» ins Leben gerufen wurde.

Eines Tages, als die Batikgruppe sich in ihrer Hütte versammelte, fing sie plötzlich an, aus ihrem bewegten und erschütternden Leben zu erzählen.

«Meine Mutter hatte drei lebende Söhne und eine früh gestorbene Tochter. Meine Eltern wollten mich gar nicht haben. Ich glaube, weil ich ein Mädchen war. Man erzählte mir später, daß meine Mutter, als sie mich erwartete, sich oft mit einem Holzlöffel auf den Bauch schlug, um mich loszuwerden. Wissen Sie, was mein Vater bei meiner Geburt sagte? Noch ein Mädchen in der Welt! Gleich nach meiner Geburt zogen meine Eltern nach Medina, einer kleinen Stadt im Innern von Minas Gerais.

Bis zu meinem zweiten Lebensjahr wurde ich von meiner Mutter immer mißhandelt. Als ich ein Jahr und sieben Monate alt war, zerbrach sie mir ein Bein, zerriß mir den Mund – sehen Sie die große Narbe hier? Sie zog mich dauernd an den Haaren. Eines guten Tages gab sie mich einer anderen Frau. Diese wollte mich aber auch nicht behalten und gab mir gekochtes Ochsenfett zu essen, setzte mich auf die heißen Steine des Bürgersteiges, damit ich Magenkolik bekommen und sterben sollte. Sie wissen ja wohl, daß die Hitze der Steine das Fett im Magen zum Kochen bringt. Mir wurde danach sterbenselend. Als meine Mutter das gewahr wurde, nahm sie mich gleich mit zum Arzt. Der sagte ihr, sie solle gleich den Sarg und die Sterbekleider kaufen, denn ich würde mit Sicherheit nicht davonkommen.

Meine Mutter tat das auch und kaufte den Sarg und das Sterbegewand. Aber ich bin doch nicht gestorben. Meine Mutter machte einen Tee von Waldkräutern. Drei Monate lang lebte ich fast nur von solchem Kräutertee und sie badete mich auch darin.»

– Erstaunt fragte ich: «Das ist aber doch komisch, erst macht sie alles, um dich loszuwerden, und dann wieder tut sie alles, damit du nicht stirbst.»

– «Ja», meinte Nêga nachdenklich», «genau so war es. Bis heute verstehe ich das nicht. Manchmal wollte sie mich töten, und manchmal hütete sie mich wie ihren Augapfel. Kurz und gut, durch den Tee wurde ich wieder gesund.

Meine Mutter gab meinen vier Brüdern und meinem Vater immer zuerst zu essen. Was übrig blieb, bekam ich. Sie tat alles, damit ich zu weinen anfing und sie mich dann verprügeln konnte.

Als ich sieben Jahre alt war, ging meine Mutter nach São Paulo. Einer meiner Brüder lebte dann bei seiner Patentante, der andere bei der Oma und der dritte lief in der Welt umher, bis er starb. Nach drei Jahren kam sie wieder zurück. Aber vorher hatte sie etliche Briefe geschrieben, sie wäre gestorben. Ich war so etwa acht Jahre alt, als sie uns Geld schickte. Wir fuhren dann nach São Paulo: Ich, mein Bruder Francisco, genannt ‹Nêgo›, und mein Vater. Meine Mutter arbeitete als Köchin in einem Stadtteil von São Paulo. Mein Bruder Nêgo und ich sammelten Alteisen.

Mein Vater arbeitete im Hafen. Vor fünf Jahren ist er an Gastritis gestorben. Ich habe diese Krankheit auch und manchmal komme ich fast um vor Schmerzen.

In Minas Gerais ging ich nur ein Jahr zur Schule, mein Vater arbeitete und meine Mutter war nach São Paulo gegangen, dann mußte ich die Schule aufgeben und zu Hause Wäsche waschen und auf unserem Holzherd das Essen für meinen Vater kochen. Da konnte ich gar nicht mehr zur Schule gehen. Ich machte nicht einmal das erste Schuljahr zu Ende. Hier in São Paulo ging ich wieder zur Schule, zusammen mit meinem Bruder Nêgo. Mit 13 Jahren besuchte ich dann einen Alphabetisierungskurs der Regierung, aber meine Mutter ließ mich bald nicht mehr dahin gehen, weil sie Angst hatte, mich dicht zu den Männern zu lassen; sie dachte, da müsse so allerhand passieren.

Mit 15 Jahren fing ich an, bei einer Familie zu arbeiten. In Minas Gerais hatte ich schon mit acht Jahren bei einer Familie gearbeitet. Nach sechs Monaten holten mich meine Eltern aber wieder dort weg, da die Hausfrau mir die Haare abgeschnitten hatte. Sie schlug mich auch oft. Danach mußte ich in einem Steinbruch arbeiten, wo wir Steine für den Bau der Brasil-Bank in meiner Stadt brachen. Dort fiel ich mal um, d. h., ein Stein fiel mir auf den Kopf. Ich stürzte und verletzte mich. Nun arbeitete ich dort ohne irgendwelche Arbeitspapiere, keine Versicherung – nichts. Deswegen schickten sie mich einfach fort.

Zu der Zeit war mein Vater als ‹Vaqueiro› (Hirt) beschäftigt und zähmte wilde Esel. Meine Brüder Adelino – zehn Jahre alt – und Nêgo – sechs Jahre – arbeiteten auch im Steinbruch. Ich konnte bei meiner Tante wohnen, wo auch Nêgo untergekommen war. Adélio lebte bei seiner Patentante.»

Ich frage dazwischen: «Was war in deiner Erinnerung schön und gut in Minas, Nêga, und was mochtest du gerne dort?»

Nêga antwortet: «Nichts, dort habe ich mächtig gelitten. São Paulo war für einige Zeit viel besser für mich. Ich arbeitete gern in Familien, und die Hausfrauen hatten mich gern. Aber nach einiger Zeit gab ich diese Arbeiten auf, um zu Hause zu bleiben. Meine Brüder wollten nicht, daß ich außer Haus arbeitete. Meine Eltern und Brüder arbeiteten alle, und wir wohnten zusammen. Der älteste Bruder (Célio) heiratete dann, d. h. Sie wissen ja, wie das bei uns so geht, tat sich mit einem Mädchen zusammen. Seine Frau wurde dann ermordet: Sie hat ihm ganz schön Hörner aufgesetzt. Sie hatten zwei Kinder, eins davon gab meine Mutter einer armen Frau, und das andere wurde dem Jugendrichter übergeben.

Mein anderer Bruder, Adélio, tat sich auch mit einem Mädchen zusammen. Wissen Sie, in unserer Familie ist nur meine Mutter verheiratet gewesen, und das auch nur, weil sie dazu von ihrer Mutter gezwungen wurde. Meine Großmutter sagte einfach eines Tages zu meiner Mutter: Geh dich baden, wasch dir die Füße... Warum denn?... Du wirst heute heiraten! Tja, so war das.

Mit 15 Jahren hatte ich meine erste Liebschaft. Die ersten fünf Monate konnten wir das verheimlichen, aber dann kam meine Mutter dahinter. Sie hätte mich fast mit dem Knüppel totgeschlagen, als sie erfuhr, daß ich mit dem Jungen geschlafen hatte. Da hörte das dann plötzlich auf, aber nach kurzer Zeit tat ich mich doch mit demselben Burschen zusammen. Ich dachte, es würde mir besser gehen. Wenn meine Familie nicht gewesen wäre, hätte ich ihn wahrscheinlich laufen gelassen, aber alles war für mich besser als meine Familie. Was meine Mutter mir antat, lag daran, daß mein Vater sie ständig verprügelte, und ihre Wut ließ sie dann an mir aus. Na ja, was wußte ich schon mit meinen 15 Jährchen? Mir war auch überhaupt nicht bewußt, was ich da tat. Als ich 16 wurde, kam Cristiana zur Welt, am 25. Mai 1975. Wenig später wurde ich wieder schwanger, aber das Kindchen – Carlito – starb nach der Geburt. Danach bekam ich wieder einen Buben, Cristiano, der aber mit fünf Monaten auch starb. Allerdings weiß ich nicht genau, ob er gestorben ist. Wir besuchten die Familie meines Mannes in Minas Gerais. Ich war damals so ungefähr 18 Jahre alt. Carlito, mein Mann, meinte, ich solle doch den Kleinen bei seiner Mutter lassen, dort in Minas. Wir wohnten und arbeiteten ja in São Paulo. Nach einem Monat bekam ich einen Brief, in dem Carlitos Mutter schrieb, das Kind sei gestorben. Ich glaube aber ganz sicher, daß sie das Kind ins Krankenhaus gebracht hatte und es dort gestohlen worden war. Ich fuhr hin und wollte die Sterbeurkunde haben, aber meine Schwiegermutter sagte, sie hätte keine, der Doktor hätte keine ausgestellt. Der Junge muß jetzt etwa sieben Jahre alt sein.

Nach diesen Vorfällen nahm ich Verhütungsmittel. Carlito durfte das aber nicht wissen. Als er es doch zufällig entdeckte, schlug er mich ganz fürchterlich und schrie mich an, daß nur Huren die Pille benutzen würden.

Als ich neuerlich im dritten Monat schwanger war, stritt ich selber mit ihm, denn er lief den Huren nach. Er schlug mich bei dem Streit und stach mich mit einem Messer ins Bein. Ich mußte ins Krankenhaus...

Zweimal fuhr ich noch, ohne mich anzumelden, nach Minas, um zu versuchen, meinen kleinen Sohn zu finden, aber es war vergeblich. Ich blieb dann doch mit Carlito zusammen und am 13. März 1980 wurde Cleonice geboren. Ich blieb nun zu Hause, während Carlito in einer Fabrik arbeitete. Er war ein guter Arbeiter.

Als Cleonice zwei Jahre alt war, lief ich Carlito davon und zog zu meiner Mutter. Er kam dann dorthin und drohte mir, wenn ich mit einem anderen Mann zusammenleben würde, würde er mich töten. Der Grund, warum ich weglief, war sehr schlimm. Er hatte versucht, unser eigenes Töchterchen Cristiana zu vergewaltigen, während ich gerade zur Bäckerei gegangen war. Als ich zurückkam, dauerte es ziemlich lange, bis er die Tür aufmachte, und dann stand er da und knöpfte sich die Hose zu. Nachher sagte er, er hätte das getan, weil er Marihuana geraucht hätte. Dann sagte er, er wolle jetzt auf Nimmerwiedersehen verschwinden. Das tat er auch. Er nahm nur den Plattenspieler mit und ließ mir alles andere. Cristiana war damals fünf Jahre alt. Sie erzählte es Diquinha, meiner Cousine. Ich gab alles bei der Polizei an. Die kam auch zu uns, aber Carlito war verschwunden. Nachher habe ich die Kleine zum Arzt gebracht, aber es war nichts passiert.

Nach längerer Zeit bat Carlito mich, ob er nicht zu mir zurückkommen könnte. Ich hatte mir in der Zwischenzeit eine Hütte gebaut und auch Arbeit gefunden. Eines Tages stand er in meiner Hütte und drohte mir wieder einmal, mich zu erstechen. Im November versuchte er es auch wirklich.

Ich war zu einem Tauffest einer Freundin, Guiomar, gegangen, und kam danach nach Hause, um zu schlafen. Als ich schon schlief, kam er ins Haus – es war schon spät, etwa halb elf, und er kam von der Arbeit – und fragte mich, ob ich im Tanzsalon getanzt hätte. Ich sagte nein. Da lief er dorthin, kam zurück und fiel direkt über mich her und wollte mich erdrosseln. Ich riß aus und lief zum Haus meiner Freundin, bei der die Taufe gewesen war, erzählte ihr von dem

Vorfall und daß Carlito mich töten wollte. Plötzlich kam dieser auch dorthin, zog das Messer und wollte mich umbringen, weil ich doch getanzt hätte. Die Leute sagten alle, ich hätte nicht getanzt, aber sein Bruder, der betrunken war, hatte es behauptet. Ich konnte noch eben rechtzeitig ausreißen, erwischte ein Taxi und fuhr auf die andere Seite der Stadt, zur Ceasa (Gemüsemarkt). Dort arbeitete ein Japaner, der mich schon von klein auf kannte. Der lieh mir Geld, so daß ich dort ein Haus mieten konnte. Ich blieb drei Tage dort versteckt und wagte mich endlich wieder in meine alte Hütte zurück. Dort traf ich Carlito, der mir schwor, daß er mich nie wieder schlagen würde. Aber ich glaubte ihm nicht. Als er auf der Arbeit war, nahm ich alle meine Sachen, und zusammen mit einer Freundin fuhren wir in das von mir gemietete Haus zurück. Aber Carlito entdeckte irgendwie meinen Schlupfwinkel. Als ich eines Tages einkaufen gegangen war, kam er dorthin und schlug alles kurz und klein. Als ich nach Hause kam, schrie er mich an: Du hast mich verlassen, und dafür wirst du jetzt sterben. Die Nachbarn riefen die Polizei, aber er entkam noch so grade. Im Morgengrauen kam er nochmals wieder, brach die Tür auf und schwor, er würde bei mir bleiben, denn ich gehöre ihm und sollte zu ihm zurückkommen. Ich Dussel kehrte wirklich zu ihm zurück und wurde schwanger mit meinem Söhnchen Cleiton. Nach zwei Monaten riß ich ihm wieder aus in eine andere Favela. Meine Cousine Diquinha immer mit mir. Danach ging Carlito nach Minas zurück und schrieb mir, er hätte geheiratet. Darauf zog ich, schon im achten Monat meiner Schwangerschaft, zu meiner Mutter zurück.

Eines Tages kam Carlito wieder zurück und das erste, was er tat: er prügelte mich grün und blau. Er fand immer einen Grund, mich zu prügeln. Ich dachte nur: Ich warte, bis das Kind geboren ist, und dann haue ich ab, so weit wie möglich.

Ich glaube, ich habe schon zehn Hütten gebaut, immer dann, wenn ich vor ihm ausreißen mußte, baute ich mir eine neue. Und dann ging ich doch wieder zu ihm zurück und ließ die neue Hütte im Stich – verrückt, nicht? Ich sammelte Altmaterial und bettelte. Als das Kind geboren werden sollte, soff Carlito wie ein Loch. Nach der Geburt von Cleiton ging ich wieder arbeiten und Diquinha paßte auf die Kinder auf. Cleiton wurde im Februar 1983 geboren. Kurz danach kam mein Bruder Nêgo aus Minas Gerais, und ich suchte ihn auf. Während ich bei ihm war und ihm alles erzählte, tauchte plötzlich Carlito auf, um mich von dort fortzuführen. Nêgo sagte: Jetzt spricht sie mit mir. Aber Carlito wollte nicht hören, und schon ging die Keilerei los. Nêgo verteidigte mich und danach zog ich in eine andere Hütte. Es war bitterkalt und Cleiton kriegte Lungenentzündung und Durchfall. Ich hatte praktisch nichts mehr, aber ich baute trotzdem wieder eine Hütte auf und Nêgo half mir. Dort wohnte ich dann mit meinen Kindern. Die Tochter der Nachbarin half mir, die Kinder zu hüten. Nêgo und ich arbeiteten. Carlito kam hin und wieder hierher, um in seiner Wut alles in Stücke zu schlagen. Schließlich mußte ich meinen Bruder Adélio bitten, mir zu helfen, und der suchte Carlito auf und drohte ihm, ihn zu erstechen, wenn er mich nicht in Ruhe ließe. Wie oft mußte ich in der Nacht vor diesem Untier im Nachthemd fliehen, wenn er ankam und bei mir schlafen wollte. Einmal mußte ich sogar zur Unfallstation gebracht werden.

Alle meine Bekannten und Freunde rieten mir, mich mit einem anderen Mann zusammenzutun. Ich kannte schon lange Zeit einen mit Namen Carioca, den ich gerne mochte, aber ich hatte nie engeren Kontakt mit ihm gehabt. Ich war so weit, daß ich nur noch wünschte, tot zu sein. Ich dachte sogar daran, mich selbst zu verbrennen.

Eines Tages jedoch ging ich zur Arbeit und traf Carioca. Seit sechs Monaten war ich von Carlito fort. Carioca fragte mich, wie es mir ginge und ob ich allein leben würde. Er meinte: Ich komme mal vorbei und trinke einen Kaffee bei dir, wozu ich ihn auch ermunterte. Zwei Monate kam er nun regelmäßig zu mir. Ich wußte, daß er mich gern hatte, aber er sagte es nie. Er behandelte mich immer voller Respekt.

Eines schönen Tages sprach er mit meiner Mutter. Er erzählte ihr, daß er von seiner Frau getrennt lebe und gerne mit mir zusammenleben möchte. Im Juni 1984 zogen wir auch wirklich zusammen. Im August wurde ich wieder schwanger.

Carlito kam hierher und fing Streit an mit Carioca. Der sagte ihm aber, daß er gerne seiner, Carlitos Kinder Vater sein wolle. Jetzt lebe ich eben mit Carioca zusammen.»

Hier endete der Bericht der Nêga.

Einige Tage nach diesem Gespräch reiste Nêga mit den drei Kindern, die sie von Carlito hatte, und der kleinen Erica, deren Vater Carioca war, in den Staat Goiás. Rosa, die Nachbarstochter, die immer auf die Kinder aufgepaßt hatte, als Nêga noch mit Carlito zusammenlebte, fuhr auch mit. Rosa – 20 Jahre alt – hat ein wunderhübsches, wenige Monate altes Töchterchen, das sie bei ihrer Mutter zurückließ.

Der Grund, warum Nêga nach Goiás reiste, war der, daß Carioca dort bei einer Straßenbaufirma arbeitete.

Nêga war schon seit zwei Monaten allein. Carioca, der ein verantwortungsbewußter Mann ist, hatte zuvor bei der Firma in São Paulo gebeten, sein Gehalt nicht nach Goiás zu schicken, sondern seiner «Frau» (Nêga) auszuhändigen. Die Firma drängte Nêga jedoch anhaltend, doch nach Goiás zu Carioca zu ziehen. Für sie war das sehr schwer, denn hier in São Paulo lebten ja alle ihre Verwandten und Freunde in der Favela Peinha.

Ich selbst bin sehr mißtrauisch dieser Firma gegenüber, denn sie gab ihre Adresse in Goiás gar nicht an, und auch nicht den Arbeitsort von Carioca. Alles wurde mit Nêga telefonisch vereinbart, und man holte sie von ihrer Hütte ab und setzte sie in einen Omnibus nach Goiàs. Ich kann nur hoffen, daß ihre Freunde und Verwandten inzwischen Nachricht von ihr erhalten haben, und daß alles gut steht mit ihr.

Es gibt auch heute noch hier in Brasilien Firmen, die solche Arbeiter aus den Favelas zu regelrechten Sklaven machen. Gott behüte dich und deine Familie davor, Nêga.

Lebenslauf von Clério Gomes de Oliveira

Ich wurde in einer kleinen Stadt mit Namen Engenheiro Caldas, im Staate Minas Gerais, am 22. 11. 1963 geboren. Ich wurde trotz aller Schwierigkeiten geboren, die wir durchmachten und die jeder kleine Landarbeiter überall in Brasilien durchmacht, da es nicht die kleinste Unterstützung seitens der Regierung gibt.

Mein Vater war gezwungenermaßen Landwirt. Er machte hin und wieder erfolglose Seitensprünge auf der Suche nach großen oder kleinen Vermögen in Form von Edelsteinen. Aber auch das brachte ihn nicht davon ab.

Unsere finanzielle Situation wurde immer katastrophaler; und als wenn das noch nicht schlimm genug wäre, war meine Mutter dauernd krank – die typische Kranke aus dem Interior (brasilianisches Inland), die niemals richtig gesund ist. Sie wurde von meinem Vater, einem «guten Kenner der Natur», mit Hilfe von Blättern, Schalen und Wurzeln behandelt. Manchmal hatten diese natürlichen Kuren nicht den gewünschten Erfolg. Wir waren dann gezwungen, zwei oder drei Hühner zu verkaufen oder auch ein sehr mageres Schwein, das unser ganzes Elend widerzuspiegeln schien. Das war unser Vermögen, über das wir in letzter Not verfügen und in der nächsten Apotheke eintauschen konnten. Diese gehörte Herrn Ginico – ein hervorragender Apotheker und auch eine Art guter Samariter. Alle kauften bei ihm und bezahlten oder auch nicht, je nachdem, wie sie konnten. Es war das Jahr 1966 oder 1965, wenn ich nicht irre, und während die zivilisierte Welt die Beatles und Stones verehrte, bevölkerten inzwischen schon drei kleine Wesen, schmutzig, verlumpt und unterernährt, die «Höhle», wie meine Mutter den Ort nannte, wo unser Haus stand, das aus Lehm gebaut und mit Brettern abgedeckt war. Oft mußten wir das Haus verlassen, wenn ein Unwetter drohte. Jede etwas dunklere Wolke, die am Himmel stand, oder auch nur ein kleiner Donner waren gute Gründe, um Kinder, Decken und Matten zusammenzupacken und in das kleine Haus unserer Großmutter umzuziehen, das zu unserer Freude viel sicherer und bequemer war.

Schon 1968, während politischer Krisen, Staatsstreiche, Guerillas und Exilierter, kam bei uns, nicht wie es zu erwarten war, nur ein Bruder, sondern es kamen Zwillinge zusätzlich zu den drei «Wänsten», die schon da waren. Wenn die Situation schon mit drei Kindern nicht die beste war, kann man sich vorstellen, wie es nun mit fünfen wurde. Ein Bruder war schwer krank, und die Schulden in der Apotheke wuchsen, ohne daß wir wußten, womit oder wie wir sie bezahlen konnten.

Trotz all dieser Lasten und Probleme traf mein Vater eine Entscheidung, vielleicht die schwerste seines Lebens. Sie hing mit seiner nichtendenwollenden Suche nach einem besseren Leben zusammen; er litt sehr unter der Enttäuschung sowie unter der Desillusion und der Verzweiflung, daß er auf dem Land, wo er geboren war, keinen festen Fuß fassen konnte, und so fuhr er Mitte 1968 mit dem Bus nach São Paulo.

Wir in Minas aßen mittags und abends Brei aus wilden Brennesseln mit schwarzen Bohnen oder einfach schwarze Bohnen mit «Angú» (Brei aus Maismehl mit Wasser). Die Zwillinge mußten im Jahr darauf an Unterernährung sterben. Mein Vater schrieb uns immer, daß er uns holen käme. Weihnachten 1969 hatte er eine Stellung und mietete ein kleines Zweizimmerhaus. Dann kam er nach Minas, um uns abzuholen. Das war das erste Weihnachten mit Weihnachtsstimmung, an das ich mich erinnern kann.

Es war das erste Mal, daß meine Brüder und ich bunte Autochen und Plastikbälle sahen. Und sie waren alle für uns, das war das Wichtigste! Es gab auch besonders verpackte Bonbons, ein paar «Mirabel» Süßigkeiten und andere traditionelle Leckereien in einem Weihnachtskorb, den einige Firmen zur Weihnachtszeit verteilten. Wenn mich die Erinnerung nicht täuscht, gab es sogar eine Art Weihnachtsstollen, «Mama-Mia!!!!»

All das bedeutete für uns ein Fest und große Freude, denn bis dahin kannten wir kein derartiges Spielzeug, außer Wassermühlen aus Mamonastämmen und Autochen aus Holz, oder wir rutschten auf Baumschalen den Hügel herunter. Die ganze Feststimmung ließ uns vollkommen unsere täglichen Probleme, Keuchhusten, Masern, Windpocken, Sandflöhe und alle möglichen Würmer, vergessen. Meine Mutter bekam ein paar Gummischuhe, so wie wir alle auch (das waren unsere ersten Schuhe) und einen Kleiderstoff. Am meisten hatte sie jedoch die Freude, uns alle so vergnügt zu sehen. All das ließ sie, wenigstens für eine Weile, alles was wir bis dahin durchgemacht hatten, vergessen. Aber das hieß nicht, daß von da ab die Misere vorbei war. Vor allem fehlte es uns zu Hause an Reis!! Sehr selten bekamen wir Reis zu essen, und wenn, dann war es nur eine kleine Portion, die irgend jemand uns geschenkt hatte, aber für uns war es jedesmal ein Fest. Es gab sogar Streit zwischen uns, wer noch einen Löffel voll kriegen sollte (es war immer der jüngste) oder wer gar den Topf auskratzen durfte.

Das Jahr 1969 ging zu Ende, und wir sahen uns alle als Helden, denn wir hatten ein in jeder Hinsicht schweres Jahrzehnt überstanden (nur Gott weiß, wie). Nur wenige Tage vor Beginn des neuen Jahrzehnts kamen wir in São Paulo an. Während sich die Welt um ihre verschiedenen Kriege der Konsumgesellschaft sorgte, immer mit der kapitalistischen oder sozialistischen Hand dahinter, gab es in Brasilien das berühmte «Wirtschaftswunder», das weder Wunder noch wirtschaftlich war. Und dann die fanatischen Brasilianer, die für die Militärdiktatur waren!! Unglücklicherweise existieren sie noch immer und schlagen bis heute auf diese Taste.

Wir kamen in São Paulo an und wohnten in einem Zweizimmerhaus in Vila Prel, das wir mit zwei Personen, meinem Onkel und seiner Freundin, teilten. Eine Zeitlang waren wir in den zwei Zimmerchen zusammengepfercht. Wie jeder weiß, wird alles, was in Brasilien schlecht ist, unglaublich schnell schlimmer, unsere Miete war da keine Ausnahme. Wir zogen nach Jardim São Luiz um. Da ich schon sieben Jahre alt war, wurde ich in einer Schwesternschule, nahe bei der Avenida João Dias eingeschult. Jetzt fing die Sache an, wirklich schwierig zu werden, denn zu allen häuslichen Ausgaben, Miete, Licht, Wasser und Fahrgeld zur Arbeit, kamen die neuen Ausgaben für Schulmaterial (Lehrerinnen bestehen darauf, die Listen immer mehr zu verlängern!), Schuluniform und einige Gebühren, die verlangt wurden, hinzu. In Jardim São Luiz haben wir in drei verschiedenen Häusern gewohnt, da immerzu die Miete erhöht wurde. Nach jeder Erhöhung ging meine Mutter los, um einen billigeren Platz zu suchen. Je billiger die Miete wurde, desto schlechter wurden natürlich auch die Wohnverhältnisse wie Wasser, Licht, Badezimmer, ganz zu schweigen von dem Allgemeinzustand der Wohnung.

Auf den Wegen, die mein Vater zu seiner Arbeitsstelle, die wirklich sehr schlimm war, zurücklegte, stelle man sich nur einen frisch aus dem Inneren des Landes eingetroffenen Menschen vor, der gewohnt war, frische Luft zu atmen und den Sonnenaufgang, die Sterne und den Mond zu betrachten. Kaum kommt er in São Paulo an, ist er gezwungen, zehn bis zwölf Stunden nachts zu arbeiten, mit Säuren umzugehen und Gewichte von über 50 kg zu heben – ganz zu schweigen von den sogenannten Vorgesetzten, die einen die ganze Zeit überwachen und anspornen.

Auf diesen Fußmärschen von und zu seiner Arbeit sah er in der Nähe der João Dias Brücke ein paar Hütten entstehen. Dort war ein leeres Grundstück. Die Möglichkeit, dort eine Hütte zu kaufen oder zu bauen, lag nahe. Das war vielleicht unser einziger Ausweg, da die Miete jeden Tag teurer wurde und die Preise für Reis, Bohnen und alle anderen Nahrungsmittel gleich mitgingen. Hinter dieser inflationären Tendenz blieben die Gehälter weit zurück. Das geschieht noch heute und wird wohl auch noch eine ganze Weile so weiter gehen, wenn nicht eine völlige Umstellung der Regierung erfolgt.

Meine Mutter wurde eine Art «Unternehmer» und «public-relations»-Person der Familie, denn sie hörte nicht auf, bessere und billigere Wohnungen zu suchen. Nach mehreren mißglückten Versuchen war sie jedoch gezwungen, sich an die entstehende Favela zu wenden. 1971 kauften wir dort eine Hütte, die jedoch nur auf drei, nicht auf den üblichen vier Stützen stand. Sie war mit Plastik und Dachpappe abgedeckt und hatte zwei Zimmer, die nur durch ein Laken voneinander getrennt waren. Etwas später wurde mit dem Holz, das eine Baufirma in der Nähe abgeladen hatte, der Anblick der «Kabane» etwas verbessert, so daß sie eine richtige Hütte wurde. Wir waren sehr stolz, denn trotz der Gefahr, ausgewiesen zu werden oder umziehen zu müssen, konnten wir sagen, daß dieser Haufen Holz und dieses Stückchen Boden uns gehörten.

Die Schwierigkeiten wurden geringer, aber sie hörten nicht auf. Sie wurden geringer, weil hin und wieder etwas zu Essen da war, ein Stück Fleisch oder ein Ei mittags und abends. Die Nonnen in meiner Schule halfen uns auch ein wenig, indem sie Eßwaren, abgelegte Kleider und Schuhe spendeten. All das war uns sehr viel wert. Manchmal mußte ich in der Schule fehlen, weil ich nichts Ordentliches zum Anziehen hatte.

Es gab auch Leute aus dem bürgerlichen Mittelstand, die den Favelabewohnern etwas zukommen ließen. Das war am häufigsten während der Weihnachtszeit, wenn Kinder meines Alters und ich vor der Favela standen, um auf diese «Weihnachtsmänner» zu warten. Sie kamen in ihren Pick-Ups, Veraneios, Opeln und VW-Bussen voller Spielsachen, Süßigkeiten, Bonbons, Kleidung und Schuhen, aber nach und nach verschwanden sie, bis 1976 und 1977 überhaupt keiner mehr kam. Das «Wirtschaftswunder» war schon wieder vorbei.

Ende 1971 wurde mein Vater von der Firma, in der er arbeitete, entlassen. Erst 1972 fand er eine neue Stellung bei der Metal Leve, wo er bis zu seinem Tod 1985 arbeitete.

Ein Bruder kam zur Schule, und das bedeutete noch mehr Ausgaben für Schulmaterial, Uniform und Gebühren. Zu dieser Zeit, als ich zehn oder elf Jahre alt war, ging ich als Träger auf die Wochenmärkte und sammelte mit einer Reihe anderer Jungen, die durch die Straßen streiften, altes Eisen und Kupfer, um zu Hause ein wenig zu helfen. Auch beendete ich 1974, als ich elf Jahre alt war, die vierte Klasse der Grundschule. Das war für mich ein sehr wichtiges Ereignis, da ich dadurch aus dem Kreis der als Analphabeten betrachteten herauskam und in den heißersehnten Gymnasialkurs aufgenommen werden konnte. Das war ein großes Privileg für mich, denn ich war ein unterernährtes Proletarierkind der untersten Klasse mit einer verrohten Umwelt und wohnte in einer Favela. Im Jahre 1974 erkrankte mein Vater an Meningitis infolge einer in Brasilien ausgebrochenen Epidemie – als wenn alle sozialen Probleme nicht schon genug gewesen wären. Er bekam neun Monate lang einen winzigen Betrag von der Sozialversicherung, ohne daß er weder arbeiten durfte noch konnte. Im Jahr 1974 wurde auch noch ein Bruder geboren.

Beinahe hätte ich die Schule verlassen müssen, um arbeiten zu gehen, aber das ging gerade nochmal so an mir vorüber (1976). Als ich in der sechsten Klasse war, mußte ich jedoch definitiv die Schule aufgeben. Zu der Zeit besaß ich nur meine Schuluniform, die aus einer grauen Hose und einem weißen Hemd bestand. Wenn es regnete, mußte meine Mutter die Sachen mit einem Bügeleisen trocknen. Ich fand eine Stellung in einer Fabrik für Schlösser und Türangeln in Santo Amaro, eine Arbeit, die eine wahre Ausbeutung der Arbeitskraft Minderjähriger war. Bei dieser Arbeit kam von den Polierrädern eine Unmenge von Staub, den wir einatmeten. Es nützte nicht, sich zu beschweren; wenn man nach Arbeitsschluß ausspuckte oder die Nase schnaubte, kamen Brocken von Staub mit heraus. Ich verdiente 1008 Cr im Monat (ca. 150 DM) und gab das Geld meinem Vater. 1978 und 1979 waren sehr unruhige Jahre wegen zahlloser Streiks der Metallarbeiter und anderer Arbeiter. Ich schloß mich nicht aus den Kundgebungen aus, denn wie alle anderen Demonstranten hatte ich viele Klagen und Forderungen vorzubringen. Selbstverständlich wurde mir Entlassung angedroht; ich wurde angeklagt, einer der Rädelsführer des Streiks in der Firma zu sein. Sie übten großen Druck auf mich und einige meiner Freunde aus – alles Minderjährige. Schließlich wurde ich im Juli 1979 entlassen, weil ich mich geweigert hatte, eine gesundheitsschädliche Arbeit anzunehmen. Von 1979 bis 1982 war ich arbeitslos, da ich, als ich aus der Firma entlassen wurde, schon beinahe im «berühmten» militärpflichtigen Alter war. Während dieser Zeit arbeitete ich in verschiedenen Stellungen als Handlanger, Lastwagengehilfe und Fensterwäscher. Noch 1979 fing ich wieder an, zur Schule zu gehen, und zwar nahm ich an einer Art Vorbereitungskurs für Luftfahrt teil, aber nach einem Jahr stellte ich fest, daß das purer Schwindel war. Man stelle sich das vor!!! Es hieß, wir würden den Gymnasialkurs in nur einem Jahr absolvieren und dann gleich das Abschlußexamen machen. In dieser Zeit zog dieser «Vorbereitungskurs» dreimal um, wobei sie sich immer wieder neue Entschuldigungen ausdachten. Und der verflixte Kurs kostete Geld, aber die Leute fanden, er hätte viele Vorteile. Ich weiß nur, daß ich in einem Jahr mehr schlecht als recht den Gymnasialkurs beendete, ohne jedoch ein Abschlußzeugnis zu erhalten, da es sich nur um einen «Vorbereitungskurs» handelte.

Genau wie die vorhergehenden, sollten auch die Jahre 1980, 81, 82, 83, 84 sein... (hei! «80er Jahre, Karren ohne Lenker» – ein Satz aus einem Lied von Raul Seixas), weil die Arbeitslosigkeit wie eine Plage oder eine ansteckende Krankheit wächst. Natürlich gäbe es Heilmittel, aber die, die sie anwenden sollten, interessieren sich wenig oder gar nicht für die Angelegenheit. Unter uns gesagt, es scheint beinahe, als ob sie daran verdienen.

Aber trotz aller Krisen und Arbeitslosigkeit, gelang es mir, so unglaublich es scheinen mag, im Mai 82 eine Stellung bei der Gradiente Eletronica zu bekommen.

Die Firma war schon auf der «schwarzen Liste» der Gewerkschaft, da sie immerzu die Angestellten wechselte, das heißt, sie engagierten eine Gruppe von Leuten im Mai, und nach drei Monaten, oder sogar früher, wurden sie weggeschickt und billigere Arbeitskräfte eingestellt. Im Juli 82 verlangten wir vor allen Dingen feste Stellungen bis Dezember, aber zwischen April und Mai '83 sollte die Firma nach Manaus umziehen. Ich wurde im April '83 zusammen mit 530 anderen entlassen; die, die noch dablieben, wurden im Juli weggeschickt.

Während der Zeit in dieser Firma konnte ich wenigstens meinen Gymnasialkurs mit einem Zeugnis vom Colégio Radial abschließen. Aber leider konnte ich 1984 nicht mit dem Studium der Oberstufe fortfahren, weil ich arbeitslos war und das monatliche Schulgeld nicht aufbringen konnte. Ich versuchte zusammen mit einem Freund, der Bekannte unter den Politikern hat, ein Stipendium zu bekommen, aber leider hat das nicht geklappt. Auch im Colégio Radial versuchte ich es ohne Erfolg. Zum Schluß verpaßte ich auch noch die Möglichkeit, mich in einer staatlichen Schule einzuschreiben, da ich das Zeugnis der 8. Klasse nicht rechtzeitig bekam.

Im August '84, seit Juli in einer neuen Stellung, konnte ich fortfahren, die Schule zu besuchen. Ich hatte sogar noch einen Grund mehr dazu: Durch weitere finanzielle Unterstützung sollte ich die zweite Gymnasialstufe abschließen können. Meine ach so erwartete zweite Stufe, ja wirklich, ich habe so gehofft, diesen Kurs beenden zu können. Es war wie eine Herausforderung, die ich mir selbst gestellt hatte, eine fast unüberwindbare Barriere, etwas, was schwer zu tun gab. Nun, ich hatte in der sechsten Klasse aufgehört, die Schule zu besuchen, um zu arbeiten und dadurch zu Hause zu helfen – eine Illusion, da ich wenig verdiente und auch abends nicht weiter zur Schule gehen konnte, weil ich zu jung und die Arbeit ohnehin schon so schlimm als möglich war.

Schlußfolgerung: Ich verlor fast sechs Jahre – in dieser Zeit hätte ich leicht die erste und zweite Gymnasialstufe abschließen und sogar schon ein Studium an der Hochschule beginnen können, aber trotz allem hatte ich die Zuversicht, eines Tages meine so sehr erträumten ersten «Studien» zu beschließen.

Gut, jetzt kommt sicherlich bei dem, der das ganze hier liest, der große Wunsch auf zu fragen: «Warum will dieser Typ so dringend seine Studien beenden?» Nicht einmal ich weiß das richtig – um wohin zu kommen? Das weiß ich noch viel weniger. Vielleicht lerne ich nur, um Kenntnisse zu erwerben, und das sollte dann schon die Antwort auf alle Fragen, die vielleicht auftauchen, sein. Das Leben geht weiter, nimmt seinen Lauf – dessen bin ich sicher!

Lebensgeschichten und Geschichte

Aus diesen Lebensläufen von Clério, Helena, D. Nêga kann man einiges von der Geschichte Brasiliens erfahren.

Brasilien, so lernt man in den brasilianischen Schulen, wurde von den Portugiesen entdeckt. In diesem so formulierten Satz kommt schon etwas Wesentliches für die Geschichte Brasiliens zum Ausdruck: Die Geschichte des Landes und der in ihr lebenden Menschen wird von außen geprägt; sie wird wie von außen betrachtet und nicht als etwas von innen heraus Wachsendes. Die Kinder fragen mich oft: Und Deutschland, wann und von wem wurde es entdeckt? Und sie staunen, wenn ich antworte, daß Deutschland nie entdeckt wurde, daß es immer schon da war (so wie Brasilien auch).

In Brasilien kommen Menschen aus allen Himmelsrichtungen zusammen: Erst die Eroberer aus Portugal, später die Sklaven aus Senegal, Angola, Moçambique und anderen afrikanischen Regionen, Einwanderer aus Süd-, Mittel-, Nord-, Ost- und Westeuropa, Menschen aus Japan, aus der Türkei und Syrien, aus Israel und China. Dieses Vermischen der Menschen untereinander und das Verschmelzen kulturellen und religiösen Gutes in Brasilien ist etwas Einmaliges in der Welt. Man hat auch das Gefühl, daß sich da etwas wirklich Brasilianisches herausbildet, in dem Maße, wie es nicht Kopie bleibt, sondern wirklich verschmolzen und verinnerlicht wird. Samba, Capoeira, Folia de Reis, Candomblé sind Ausdrucksformen wirklich brasilianischer Kultur, auch wenn man ihre afrikanischen oder europäischen Wurzeln heraushört.

Die äußere Geschichte Brasiliens jedoch wird von den Interessen der europäischen und nordamerikanischen Machtpolitik bestimmt. Verfolgt man sie durch die knapp 500 Jahre, so sieht man, daß sie in Zyklen aufgeteilt wurde, die mit bestimmten Exportgütern zusammenhängen. Das erste Exportgut war pau brasil, ein rotes Färbeholz, das dem Lande auch seinen endgültigen Namen gab. (Um das erniedrigende einer solchen Benennung zu empfinden, stelle man sich vor, Deutschland würde Kartoffelland oder Bernsteinland genannt). Später gab es den Zyklus des Zuckerrohres, den Zyklus der Mineralien (Gold, Edelsteine), dann den des Gummis. Weitere Produkte wurden entscheidend für die Geschichte Brasiliens: Baumwolle, Kaffee. Und in jüngster Zeit Soja, Rindfleisch, und wieder Zuckerrohr, diesmal zur Herstellung von Alkohol als Benzinersatz. «Die Geschichte Brasiliens ist seit seiner Entdeckung im Jahre 1500 zugleich die Geschichte externer Abhängigkeit» (Binder). Gewaltige Menschenmassen wurden je nach den verschiednen Zyklen, die ihre Schwerpunkte einmal im Nordosten, ein anderes Mal im Süden, Norden oder im Zentrum Brasiliens hatten, hin- und hergeschoben, ohne daß der einzelne Mensch oft wußte, was mit ihm geschah.

Dieses durch die wirtschaftliche Situation bestimmte Auswandern, Umsiedeln, Entwurzeltwerden bemerkt man auch in den hier beschriebenen Lebensläufen. Immer wenn Menschen das Land verlassen und in den Riesenstädten sich ansiedeln, ist das zum größten Teil eine Konsequenz der Geschichte Brasiliens: Die Erde und die Menschen wurden nur als Ausbeutungsobjekt betrachtet. Die Erde wurde abgeholzt, geschunden, bepflanzt, aber nie gedüngt, nie gepflegt. Ebensowenig wurden die Menschen, die auf ihr arbeiteten, geachtet: die Behausungen waren immer schäbig, es gab keine Schulen, keine medizinische Betreuung. Die Menschen verwurzelten sich nie so stark mit der Erde wie z. B. ein europäischer Bauer. Die Mechanisierung der Landwirtschaft tat dann noch ein übriges, die Menschen vom Land zu vertreiben. Und wohin flieht man? In die Städte, in denen man ein Symbol für ein besseres Leben sieht, das Versprechen, daß die Kinder weniger leiden werden als man selbst. Hier allerdings werden die Menschen erniedrigt zu Wesen, die bestimmte Handgriffe an Fließbändern oder in den Fabrikhallen verrichten; Handgriffe, die sinnentleert sind, da niemand ihnen zeigt, wie sie ins Ganze des Produktionsablaufes einzuordnen sind. Verlängerte Maschinen, die Dinge herstellen, die sie meist selbst nicht werden kaufen können. Menschen, die hineingepreßt werden in den Fabrikationsprozeß der Industrie und die mechanische und elektronische Welt der Großstädte und darin – halb erschrocken, halb staunend – schwimmen, ohne das Schwimmen gelernt zu haben. Sie versuchen, nicht unterzugehen und etwas von ihrem Menschsein, ihrer Identität zu retten, aber meist sind sie den Angriffen der Reklame, des Fernsehens total ausgeliefert. Sie wissen nicht mehr, was richtig und was falsch ist, was schön und was häßlich: sie sind total entwurzelt.

Samba: brasilianischer Tanz
Capoeira: eine Art Kampftanz
Folía de Reis: Weihnachtsgeschichte in Balladenform
Candomblé: afro-brasilianischer Kult

Favela Monte Azul

Nordeste (Nordosten)

Die staubige Straße lechzt lange schon nach Wasser.
Der Himmel dehnt sich wolkenlos
und des Windes Mund ist geschlossen.
Wann wird sich ändern diese dumpfe Qual?
In den Adern pulst träge das Blut
und wer denkt schon an morgen?
Der alte Zé entsinnt sich ähnlicher Zeiten
und mahnt zur Geduld:
noch immer haben gebildet sich Wolken,
die plötzlich niederbrachen in gewaltigen Fluten
verwandelnd die Erde in Wasser...
und wiederum hilflose Not.

Kaspar S.

Gang in die Favela

Ich will versuchen, eine Favela und die Verhältnisse, Umstände und das Leben in ihr ein wenig zu beschreiben. Dies ist aus der Position desjenigen, der nur beobachtet, der selbst mit Komfort, Nahrung, Ausbildung, Anregung etc. immer versorgt war, der das Gefühl des Hungers nicht kennt und die Armut selbst nie erlebt hat, ein etwas zweifelhaftes Unternehmen.

Allein in São Paulo existieren über 600 solcher Elendsviertel, die sich, soweit es überhaupt noch möglich ist, ständig ausdehnen und vergrößern. Das Gelände dafür befindet sich meist etwas außerhalb, am Rande des Zentrums oder der großen Geschäfts- und Einkaufsviertel. Es ist meist in städtischem Besitz und durch den Bau der Baracken halb legal besetzt. Besetzt allerdings nicht mit Parolen und Demonstrationen, nicht aus politisch-gesellschaftlichem Bewußtsein, um Veränderungen und Reformen einzuleiten, sondern «besetzt» mit der Verzweiflung und Mutlosigkeit eines Enttäuschten. Die Illusion der Großstadt ist schnell zerplatzt und dann zieht man ein in diese Hinterhöfe, baut sich ein Dach über den Kopf, bzw. nagelt es sich, wie den Rest dieses neuen «Zuhauses», aus Abfallholz, gesammelten Brettern und Blechteilen zusammen.

Die so aufgebauten Hütten stehen dicht gedrängt aneinander auf einem als unbebaubar bezeichneten Gelände, weswegen die «Besetzung» unter anderem auch geduldet wird. Es ist meist sehr abschüssig, unwegsam und extrem feucht – für normale Bauvorhaben also nicht brauchbar. Für die Favela Monte Azul trifft dies auch zu. Sie liegt am Rande eines Hügelausläufers, umgeben von höher liegenden (Mittelstands-)Steinhäusern, welche einen Blick herunter auf die sich den steilen Abhang und entlang dem mit Abfall und Dreck gefüllten Bach erstreckenden Hütten haben. Der Bach läuft in einer kleinen Mulde aus, wo sich die letzten Hütten befinden. Von dort aus können die Favelabewohner auf die riesigen, direkt gegenüberliegenden Turmbauten eines supermodernen Einkaufs- und Industriezentrums «aufschauen». Von außen glitzern die rötlichen Spiegelgläser und im Innern der Hochhäuser mutet es einen wie auf einer außerirdischen Raumstation an, auf der es allerdings sehr irdische Luxus- und Konsumgüter gibt.

Entlang des die Favela halb umrandenden Hügels schlängelt sich eine Straße, von der aus viele kleine Wege, Stege oder besser Schlammpfade hinunter in das Elend führen. Besonders wenn es regnete, hatte ich beim Betreten der Pfade den Eindruck, in ein tiefes, dunkles Loch hinabzusteigen. Und es regnet oft und viel in São Paulo, manchmal sogar wochenlang und meist mit ungeheurer Heftigkeit. In der Favela löst sich dann langsam alles auf, die Erde wird zunächst feucht und dann zu einem immer tiefer werdenden Schlamm. Auf den Wegen sinken die Füße ein, die Stege werden rutschig, jeder Schritt ist mühsam und nicht selten geraten durch den starken Regen am Hang ganze Erdteile in Bewegung, welche einer Hütte den Boden entziehen und sie zum Abrutschen bringen können. Die Nässe dringt in die Hütten ein, die knappe Wäsche der Familie trocknet nicht mehr, Matratzen und Decken werden schimmelig. Die Feuchte dringt bis in die Glieder und die Bewohner drängen sich im Innern der Hütte (oft acht bis zehn Menschen auf wenigen Quadratmetern nur) zusammen, um der grauen Trostlosigkeit zu entgehen.

Sobald die Sonne wieder ihre ersten Strahlen aussendet, öffnen sich die Türen und eventuell vorhandene, ausgesägte Vierecke (= Fenster). Zwischen den eng aneinanderliegenden Hütten werden Mengen von Wäsche- und Kleidungsstücken aufgehängt. Eine zehn- oder zwölfköpfige Familie ist durchaus nichts ungewöhnliches – und dies, obwohl sie nur einen kleinen Raum zum Essen, Schlafen und Leben haben. So gibt es kaum individuelles Leben, keine Trennwände, jeder bekommt alles vom anderen mit. Gerade die Kinder sind dadurch Lärm, Streit, Fernsehen, Nachbargesprächen und vielem anderen ständig ausgesetzt. Dieses zwingt sie oft schon früh zum Arbeiten. Wasserschleppen, Geschirr- und Wäschewaschen, Haushalt versorgen und auf die kleineren Geschwi-

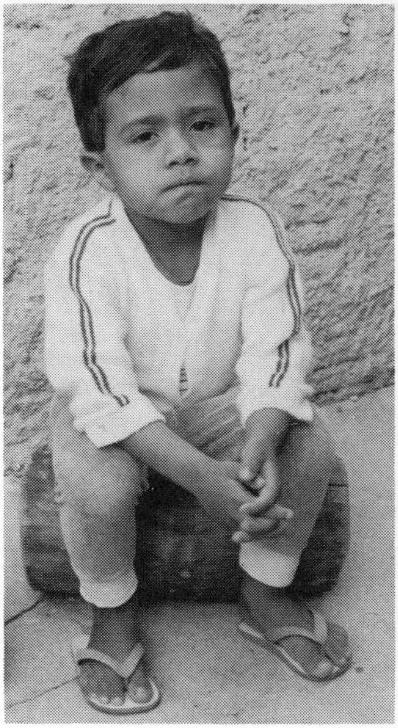

ster aufpassen sind noch leichte Tätigkeiten im Gegensatz zu Alteisen und Altpapiersammeln, in Häusern putzen gehen, an Straßenecken Kleinkram verkaufen... Trotzdem wimmelt es in der Favela von Kindern aller Alter, Rassenmischungen und Hautfarben. Ihre Anzahl ist so unbegreiflich, wie die der gesamten Bewohner in dem kleinen Viertel.

Wenn auch einige der Kinder die Möglichkeit zum Spielen haben, so durchlebt doch kaum eines von ihnen eine unbeschwerte Kindheit. Diese beginnt mit einer schlechten und mangelnden Ernährung, die sie oft früh schon Kräfte und Wachstumsmöglichkeiten verlieren läßt. Bei Babys aus der Favela kann man schon nach Wochen einen Entwicklungsrückstand gegenüber anderen beobachten, der sich mit den Jahren weiter vergrößert. Mangelnde Anregung, Fürsorge und Liebe und eine harte Umgebung vermindern ihre Entwicklungschancen. Aus vielen Gesichtern spricht Traurigkeit, Resignation und Apathie. Andere wehren sich, kämpfen, werden rauh und bekommen früh – ganz im Gegensatz zu ihrem sonstigen körperlichen Wuchs – ein viel älter erscheinendes Gesicht, aus dem alles Kindliche, Liebevolle, Weiche und Offene wie ausgelöscht zu sein scheint und an deren Stelle Härte, Abgebrühtheit und fast schon Grausamkeit getreten ist.

Viele der Kinder, die so werden, müssen ihr Essen von klein an in Abfällen zusammensuchen, sind immer sich selbst überlassen, leben zwischen Schlamm, Straße und negativen Vorbildern. Sie lernen sehr bald, sich durch Klauen, Lügen, Gaunereien irgend etwas zu beschaffen, was die Lebensenttäuschung kurzfristig überbrükken, das Loch im Magen und in der Seele für eine Weile füllen kann. Da dies aber nie richtig gelingt, verlieren sie den letzten Halt und besteigen die nächste Sprosse auf der Leiter zur Kriminalität.

Durch die miserablen hygienischen Bedingungen wird das Leben in der Favela ebenfalls erschwert. Eine Müllabfuhr existiert nicht, der Weg zur Straße ist weit, steil und beschwerlich; der Abfall türmt sich im Bach und an den Halden. Die Hütten sind inzwischen wohl mit Stromleitungen und Fernsehantennen versorgt, aber das Wasser muß unten an einer Quelle geholt und mühsam in Eimern und Schüsseln hereingeschleppt werden. Im Wasser dieser Quelle befinden sich Bakterien und Viren, die vielerlei Infektionskrankheiten hervorrufen und die physischen Kräfte erlahmen lassen. Seit 1984 hat fast jede Hütte dank der Initiative der Favelados zusammen mit den Sozialarbeitern fließend Wasser.

Bei den Erwachsenen zeigt sich all dies als endgültiger, unüberwindbarer Zustand. Krank und geschwächt, traurig und apathisch, stumpf und gleichgültig oder brutal und grob sind sie oft geworden vom Leben, Leiden und Kampf.

Viele bekommen keine Stelle und nicht einmal einen Gelegenheitsjob. Andere arbeiten den ganzen Tag unter schweren Bedingungen für diesen kärglichen «salário mínimo» (Mindestlohn), der nie reichen kann, um eine Familie zu ernähren. Oft suchen die Frauen noch, neben Kindern, Haushalt und all den Beschwerlichkeiten des Favelalebens, eine Putz- oder Gelegenheitsarbeit. Die Anfahrtswege in dem Riesenmonster São Paulo dauern nicht selten zwei Stunden und in den Bussen sind die Menschen wie Sardinen zusammengepfercht oder hängen in Trauben aus den Türen. Allein die Fahrt zur Arbeit ist eine Strapaze ohnegleichen, dazu der Großstadtbetrieb: Lärm, Gestank, Luftverschmutzung, Verkehrschaos, Wolkenkratzer.

Ein Wunder ist es, wenn Menschen trotz dieses Soges nach unten, ein Sog, der nicht in ihnen selbst begründet ist, sondern in den äußeren Umständen, diesem immer wieder eine innere Kraft entgegensetzen, die sie darüber hinaushebt: Lebensfreude, Lachen und Humor, Sauberhalten und Verschönern ihrer Hütte, die in einer alten Öldose gepflanzte Blume, die Hoffnung, daß es ihren Kindern besser gehen wird und vieles mehr.

Der Konflikt zwischen der Lage, in die diese Menschen durch diese widrigen Umstände geraten sind, und ihrem Gefühl, Mensch bleiben zu wollen, wurde mir eines Abends klar, als ich mit Ademário und Isalino, zwei Maurern, und Zé Macarrão, der auf unserem «Landgut» Gemüse pflanzt, ein Bier trank und einer sagte: «Jeden Abend, wenn ich mich hinlege, bete ich zu Gott, daß ich niemanden umbringe und nicht umgebracht werde!» –

«Warum umbringen?» fragte ich etwas verwundert, denn diese Aussage kam so unvermittelt aus dem Innersten heraus.

«Ja, oft hat man dazu Lust. Wenn es regnet und alles so traurig ist. Oder wenn jemand mich wie ein Kind behandelt. Oder wenn meine Frau mich nicht ernst nimmt, weil ich nicht genug Geld heimbringe. Da spüre ich, wie das Blut in mir hochsteigt und alles in mir nur so brodelt und ich an nichts mehr denke, an keine Konsequenzen. So war's neulich sicher auch mit Conrado, als er Zezão umbrachte.»

Dieses Gespräch hat mich gerührt, denn ich spürte, wie hilflos diese Menschen oft sind im Überlebenskampf der Großstadt, wie sie rein bleiben wollen und in ihrem Menschsein überleben wollen. Ein Glück, wenn sie etwas Halt im Gebet finden wie Isalino, Ademário und Zé.

Susanne L.
Freiwillige Helferin

Wie ich zu Monte Azul kam

Wie sich der Mensch und wie sich seine Arbeit entwickelt, das hängt eng zusammen. Wenn der Mensch zum erstenmal ‹ich› sagt, hat er einen Zipfel seines Wesens erfaßt. Dann lernt er im Laufe des Lebens dieses Ich immer mehr in der Tiefe, in der Breite und Weite kennen. Ebenso ist es mit der Arbeit, die er irgendwo erfaßt, dann immer mehr in die Tiefe auslotet und immer mehr auch in die weltweite Umgebung hineinstellt. In bezug auf soziale Arbeit sieht man vielleicht mit 20 Jahren, daß man diesem oder jenem Menschen helfen kann; alles was darüber hinaus geht, ist vage und illusionär, zu theoretisch und dadurch zu radikal. 20 Jahre später sieht man, daß diese Arbeit im Detail liegt, jedoch, von da ausgehend, weiterführt in die Gesellschaft, in die Welt als Ganzes: Man ringt um jeden einzelnen Menschen, man strebt aber auch im gesellschaftlichen Zusammenhang nach der Überwindung der menschentrennenden Barrieren wie Rassen, Religionen, Bildungsniveau u. ä., nach einer Gesellschaftsordnung, die den einzelnen Menschen respektiert, und ihn im wirtschaftlichen, sozialen und geistigen Bereich zu seinem Recht kommen läßt.

Als Kind wohnte ich in einigen Ländern wie Pakistan, Jugoslawien, Ägypten, und ich sah sehr viel Armut. Ich lebte nur so vor mich hin und dachte nicht darüber nach. Später, als ich anfing nachzudenken, und mir bewußt wurde, was ich gesehen und erlebt hatte, änderte sich vieles in mir. Ich erinnerte mich an Flüchtlinge, die in Karachi auf der Straße schliefen, an Bettler in Ägypten und an die Horde ägyptischer Jungen, die Steine nach uns warfen und «inglesi, inglesi» schrien. Da fragte ich mich, warum das wohl so war und fing an, über die sogenannte Dritte Welt zu lesen. Doch ich wollte nicht nur lesen, ich wollte etwas tun. Ich beschloß, zwei Jahre in einem Land der Dritten Welt zu helfen. Das Schicksal brachte mich (1965) nach Brasilien, wo ich in einer Favela in Londrina arbeitete. Damals waren meine Beweggründe mehr politischer Art. Ich fand, daß die unterentwickelten Länder ihre nationale und wirtschaftliche Unabhängigkeit erreichen müßten und wollte mein Scherflein dazu beitragen.

Ich ging 1967 nach Deutschland zurück, studierte Waldorfpädagogik und kam wieder nach Brasilien, um an der Waldorfschule in São Paulo zu unterrichten (1970), deren Schülerschaft sich hauptsächlich aus Kindern der Ober- und Mittelschicht zusammensetzte. Doch bald lernte ich auch Kinder aus der Unterschicht kennen. Der Grund für die Arbeit in der Favela lag nicht nur in meinem Wunsch, den Favelakindern zu helfen. Ich fand, meine Schüler sollten besser in die brasilianische Realität hineinwachsen; in die Realität der Menschen, die ich so gerne hatte, die meine Schüler aber oft mit Mißtrauen betrachteten. Außerdem hatte ich den Eindruck, daß die Schüler etwas dazu beitragen könnten, das Leben der Kinder aus der Favela zu verschönern und ihre sozialen Fähigkeiten zu entwikkeln. Ich habe nie aufgehört, darüber nachzudenken, wie man dieses Geben und Nehmen zwischen den sozialen Schichten intensivieren könnte.

Eines Tages unterhielt ich mich mit der Mutter eines Schülers über Brasilien. Wir waren schon am Tor, als sie sagte: «Es wäre gut, wenn wir ein paar Favelakinder hier zu mir nach Hause brächten, mit ihnen spielten und ihnen etwas beibringen könnten.» Ich sagte: «Ja, das wäre fein, ist aber sehr kompliziert. Mit was für einem Verkehrsmittel sollte man die Kinder hierher bringen? Und dann, das Milieu ist doch so verschieden!» Und dabei blieb es.

Aber in meinem Innern ging der Gedanke nicht verloren, sondern fing an zu wachsen. Ich lernte die Kinder der Favela Monte Azul besser kennen. Dann nahm ich ein paar Favelakinder mit in die Rudolf Steiner Schule zum Johannistag und zu den Weihnachtsaufführungen. Schließlich, 1975, fing ich an, die beiden Dinge, die ich anstrebte, zusammenzubringen: Meinen Schülern zu helfen, sich besser in brasilianische Verhältnisse einzuleben, und den Favelakindern, sich besser zu entwickeln.

Wenn wir die Probleme grundsätzlich angehen wollen, müssen

wir den Armen bessere Bedingungen für die Entwicklung ihrer Fähigkeiten verschaffen, das heißt einerseits ihnen eine bessere materielle Grundlage und andererseits ihnen die Möglichkeit geben, sich als vollwertige Menschen zu fühlen, die nicht von dem gehemmt werden, was ihnen Gesellschaft, Hunger, chronische Krankheiten und Degradierung wegen ungenügender Bildung auferlegen.

Ein jeder hat das Recht zu leben, nicht nur einfach zu überleben. Der Körper will nicht wegen Hunger und Not sterben. Aber die Seele auch nicht. Wir wollen leben, weil wir etwas im Leben verwirklichen wollen. Es ist ganz falsch, die soziale Frage nur vom Gesichtspunkt «bessere Löhne» zu betrachten. Die Armen möchten etwas verwirklichen, an der Kultur teilnehmen, ein volles, vielfältiges Leben haben, auch ein geistiges Leben – wie wir alle.

Zugleich müssen wir uns um die «Reichen» kümmern, d. h. um diejenigen, deren materielle Ansprüche erfüllt sind – Firmenchefs, Betriebsleiter, einflußreiche Leute und diejenigen, die in der «Ersten Welt» wohnen. Sie müssen so erzogen und vorbereitet werden, daß sie ihre Aufgaben als Verantwortliche mit sozialem Gewissen und auf eine menschliche Art erfüllen. Wenn in einer Firma finanzielle Probleme bestehen, gibt es verschiedene Möglichkeiten, sie zu lösen: Man kann einfach alle entlassen. Arbeitslosigkeit ist die Folge. Aber ein gewissenhafter Chef wird an die Konsequenzen denken, die sich daraus für Angestellte oder Arbeiter und deren Kinder ergeben. Seine Bildung, Erfahrung und Intelligenz werden ihm helfen, eine gerechte Lösung für das Problem zu finden.

Wer dies einsieht, wird verstehen, warum z. B. freiwillige Helfer aus dem Ausland hier arbeiten und wir immer wieder Verbindungen mit den Schülern der Waldorfschule oder irgendeiner anderen Einrichtung der gleichen sozialen Schicht suchen.

Im Laufe der Zeit ist meine Haltung weniger politisch geworden. Wir leben innerhalb von Systemen und Zwängen, aber nicht diese sind schuld an dem existierenden Elend, sondern die Menschen, die diese schufen. Deshalb erziehen wir Kinder und Erwachsene, und zwar in allen gesellschaftlichen Klassen, damit sie ihre sozialen Fähigkeiten – Achtung vor dem menschlichen Wesen, Mut, Vertrauen und Ehrfurcht vor dem Geistigen – entwickeln. Diese Menschen können die Welt humaner machen. Letztendlich müssen wir uns selbst erziehen, d. h. wir müssen *uns* ändern und nicht nur das System.

Im Laufe der Jahre, die ich in der Favela arbeite, hat sich meine Einstellung zu den Problemen der Dritten Welt erweitert, ebenso wie die Art und Weise sich entwickelt hat, in der ich diese Hilfe verwirklichen möchte. Anfangs hatte ich keine Ahnung, wie ich vorgehen sollte, weder in der Kindererziehung noch in meinem Verhalten in der Favela. Nach und nach, als ich Tatsachen beobachtete, Menschen sah und hörte und mir Mühe gab, sie zu verstehen, entwickelte sich eine etwas klarere Vorstellung davon, wie man vorzugehen hätte. Dieser Prozeß ist nicht abgeschlossen; wir lernen weiter und werden nicht aufhören zu lernen. Nach und nach sah ich, daß der Respekt vor den Menschen der Favela dazu führt, daß diese selbst teilnehmen an dem Prozeß, durch den sie ihre menschliche Würde wiedergewinnen können. Diese innere Einstellung zu dem geistigen Kern des einzelnen Menschen der Favela ist die Grundlage jeder echten Entwicklungshilfe.

Was die Pädagogik anbelangt, so habe ich zu Beginn meiner sozialen Tätigkeit als Entwicklungshelferin ohne jegliche Methode unterrichtet. Ich versuchte, einfach das, was ich wußte, weiterzugeben. Nach und nach sah ich, daß die anthroposophische Pädagogik die beste Methode für die Favelakinder ist. Sie geht nicht vom Intellekt aus, der normalerweise bei diesen Kindern sehr wenig entwickelt ist, sondern vom Gefühl, vom Rhythmus, von der Aktivität, um auf diesem Wege zum intellektuellen Verständnis zu kommen.

Eine soziale Arbeit wie die unsrige umfaßt alles – unsere Weltanschauung, unser ganzes Leben, d. h. Körper, Seele und Geist.

Zusammenfassend könnte man sagen, daß unsere Ziele folgende sind:

a) wir versuchen, die Gesellschaft zu verwandeln
   - erstens durch Erziehung sowohl der Reichen als auch der Armen, sowohl in den entwickelten Ländern als auch in denen, die «sich in der Entwicklung befinden». Erziehung als Harmonisierung des menschlichen Wesens im Denken, Fühlen und Wollen;

- zweitens durch Bewußtseinsbildung der Erwachsenen sowohl unter den Favelabewohnern als auch unter den sozial besser gestellten Menschen.
- und außerdem durch den Versuch, die Ideen Rudolf Steiners zu verstehen, die sich auf die Dreigliederung des sozialen Organismus beziehen, und diese Ideen im Rahmen des Möglichen zu verwirklichen.

b) jedem Menschen zu helfen, der unter so unvorteilhaften Bedingungen lebt, wie sie in der Favela gegeben sind, seinen geistigen Kern zu erhalten, zu entwickeln: sich selbst zu verwirklichen.

Ute C.

Monte Azul als lebendiger Organismus

Bei der sozialen Frage in der Dritten Welt geht es nicht um Abstraktes, sondern um Menschen, die materiell, seelisch und geistig am härtesten und extremsten die Konsequenzen fühlen müssen, die sich aus der Entwicklung des Kapitalismus, der Technik und Industrialisierung ergeben, also in letzter Instanz um die Entwicklung der Bewußtseinsseele in ihrer egoistischen, selbstbezogenen Ausprägung. Das Problem der sogenannten Entwicklungsländer nicht nur vom Wirtschaftlichen und Politischen aufzurollen, sondern vom Menschlichen – und zwar vom Menschlichen in seiner ganzen vollen Breite –, ist eigentlich naheliegend. Gerade hier sehen wir eine der vielen Aufgaben der Anthroposophie. In der 15 Millionenstadt São Paulo, in der Favela Monte Azul und inzwischen auch in einer benachbarten Favela, der Favela Peinha, wird dies seit einigen Jahren versucht.

Wie jeder lebendige Organismus hat die Associação Comunitária Monte Azul eine äußere und eine innere Seite. Die sichtbare Seite besteht aus

- den Favelas Monte Azul und Peinha mit insgesamt etwa 6000 Einwohnern
- den etwa 80 festen Mitarbeitern, darunter über zwei Drittel aus der Favela stammend, und etwa 20 freiwilligen Helfern aus Brasilien, Europa und USA
- der von all diesen Menschen geleisteten Arbeit, nämlich:
- Kindergärten (110 Kinder)
- Tagesstätten für Kleinkinder (130 Kinder)
- eine Vorschulklasse (20 Kinder)
- Freizeitschule für 7–18jährige. Unterricht in Handarbeiten, Musik und Kunstgewerbe, Sport, Ausflüge, Museumsbesuche, Ferienlager, usw. (250 Teilnehmer)

- berufliche Ausbildung für Schreiner (25 Schüler)
- berufliche Ausbildung in Handarbeiten (Stricken, Häkeln, Nähen) (10 Schülerinnen)
- Abendkurse für Erwachsene in Lesen und Schreiben, sowie ein 2., 3. und 4. Schuljahr (50 Schüler)
- Ausbildung von jungen Mitarbeitern zu Erziehern
- medizinische Betreuungsstelle
- zahnärztliche Behandlung
- Therapie für Kinder mit spezifischen Problemen
- Lebensmittelkooperative
- Versammlungen und Gemeinschaftsarbeitstage zur Lösung allgemeiner Favelaprobleme (Müll, Überschwemmungen, Erdrutsch, Wasserversorgung, Wohnungsprobleme)
- Mütterarbeit
- Kinderheim und Gemüseanbau auf der Chácara (Landgut)
- Backstube
- Rechtsbeihilfe
- Webstube

Die innere Seite ist bewegter: es ist die der menschlichen Begegnungen und Gefühle, des menschlichen Tuns, das wiederum einem gemeinsamen Denken entspringt. Hier entsteht die soziale Gemeinschaft, in die jeder Mitarbeiter seine Fähigkeiten einbringt und für sich wieder Kraft schöpft.

In pädagogischen Konferenzen, in Versammlungen mit den Favelabewohnern, in Besprechungen im Ambulatorium, in Studientagen, aber auch bei Festen, Geburtstagsfeiern, Festarbeitstagen, gemeinsamen Ausflügen, beim Tanzen und Singen wird das gebildet, was das eigentliche Herz der Associação Comunitária Monte Azul ist.

In etwas erweitertem Sinne gehören zu dieser Gemeinschaft auch die Menschen in São Paulo, Brasilien und Übersee hinzu, die gemeinsam mit uns für das Ideal einer würdigeren Menschengemeinschaft ringen. Publikationen, Vorträge, die kleine Zeitschrift Covoama, Briefe, Seminare usw. helfen, diese ideelle Verbindung zu konkretisieren.

All dies ist ein Versuch, eine wirklich gleichberechtigte, vorurteilslose Gemeinschaft zu bilden, so daß die Mitarbeiter der Verwaltung, Küche und des Bautrupps genauso ein Recht auf Meinungsäußerung in den allgemeinen Konferenzen haben wie Lehrer oder Ärzte; Menschen, die gerade erst Lesen und Schreiben gelernt haben genauso wie solche mit Universitätsbildung.

So wie im Leben eines Einzelmenschen ist diese Innenwelt einer Gruppe zusammenarbeitender Menschen ein Abbild des quirlenden Lebens, manchmal ruhiger, manchmal turbulenter. In unserem Falle auch ein Abbild dessen, was Brasilien an Vielfalt von Völkern, Rassen und Bewußtseinsstufen bietet.

Das Überlegen, beispielsweise über den Bau einer neuen Kinderkrippe oder den Aufbau des Ambulatoriums, führt hingegen in einen Bereich, der wieder ruhiger, vom Denken geprägt ist: ein Nachdenken über die nahen oder ferneren Ziele Monte Azuls, über die Kräfte, die Monte Azul aufbauen und stärken und solche, vor denen man auf der Hut sein muß, über den Zusammenhang unserer Arbeit mit unserer nahen und ferneren Umwelt, usw.

Man kommt da in das eigentlich Innerste einer Arbeitsgemeinschaft, wo sich die Aufgaben von Monte Azul mit dem vereinen, was an Notwendigkeiten des Landes und an Zeitforderungen in der «Luft» hängt und zur Verwirklichung drängt und heruntergeholt werden will.

So ist eine Institution ebenso wie der einzelne individuelle Mensch Teil dreier Welten:

- durch seine Bauten, sein soziales Wirkungsfeld, seine Mitarbeiter und Aktivitäten gehört sie der sichtbaren Welt an,
- durch die in ihr lebenden Gefühle, Willenskräfte und die auf den konkreten Alltag gerichteten Gedanken gehört sie der seelischen Welt an, die in individueller Färbung in jedem Mitarbeiter lebt.
- durch die erarbeiteten Ziele, die sie impulsierende Kraft, das Studium sozialer Zusammenhänge und die aus dem Tun und Beobachten gewonnenen Einsichten in die Gesetzmäßigkeiten des sozialen Organismus gehört sie der geistigen Welt an.

Vielleicht ist es schwer, dies zu formulieren, aber noch schwerer, es im Alltag zu verwirklichen. Doch wir hoffen, daß uns ein Gedanke Rudolf Steiners helfen kann: Ein lebendiger Organismus ist mehr als nur die Summe aller seiner Mitarbeiter, sobald jeder einzelne sich bemüht, in ehrlicher Weise seine Fähigkeiten in die Gemeinschaft einzubringen!

Ute C.

Arbeit mit den Kindern

Educar não é encher um balde, mas ascender um fogo

Erziehen heißt nicht, einen Eimer füllen,
sondern ein Feuer anfachen.
Herodot

Vom Morgen zum Abend

Der Tagesablauf im Kindergarten beginnt, nachdem sich alle Kinder zwischen sieben und acht Uhr eingefunden haben, mit dem gemeinsamen Morgenkreis. Die Stühlchen werden dafür zu einem Kreis in die Mitte gestellt. Zuerst wird ein feierliches Morgengebet gesprochen. Danach folgen Fingerspiele und Gedichte. Mit einem Gesang oder einem kleinen Musikvorspiel wird die Sammlung am Morgen beendet. Die Kinder können sich dabei innerlich und äußerlich finden und auf den Kindergartenmorgen einstellen.

Danach ist Zeit für Bewegung und Tun; das Freispiel nimmt eine dreiviertel Stunde seinen lebhaften Gang. Im Anschluß an das gemeinsame, spielerische Aufräumen («die Tiere gehen zurück in den Stall», «alle Steinchen und Kerne finden ihren Weg zu den Artgenossen», «die Püppchen gehen schlafen» ...) findet je nach Wochentag Wachskneten, Basteln, Aquarellmalen oder eine andere künstlerische Betätigung statt.

Gegen halb elf beginnt die Erzieherin mit den Vorbereitungen für das Vesper. Sofort sind viele Helfer dabei, selbstgebackenes Vollkornbrot zu schneiden, Quark anzurühren, Obstsalat zu schnippeln, Gemüse zu kochen oder Salat zu putzen. Dieses kleine Vesper will der schlechten Ernährungslage der Favelakinder entgegenwirken. Eiweiße, Vitamine, Mineralstoffe und Spurenelemente sollen den Mangel ausgleichen und ihnen eine gesunde Grundlage für ihre Entwicklung geben. Sind die Teller dann leer und aufgeräumt, dürfen die Kinder in das kleine Vorgärtchen zum Ballspielen, Pflanzengießen, Umgraben, Schubkarrenfahren und zu sonstigen bewegungsreichen Spielen.

Zum Abschluß des Tages finden sich alle wieder in Stille im Kreis zusammen, wo je nach Jahreszeit ein Märchen, eine christliche Geschichte oder eine brasilianische Legende erzählt werden. Dabei werden die passenden Lieder, von der Leier oder Flöte begleitet, gesungen und die Kinder spielen das eben Gehörte nach. Alle Sing- und Reigenspiele werden mit Gesten begleitet. Dabei öffnen und schließen sich die Arme und der Körper oder auch der ganze Kinderkreis und es wird tief ein- und ausgeatmet. Darin liegt ein Rhythmus, der die verhärteten Kinder öffnen und weicher machen kann. Die begleitende körperliche Bewegung geht in das Seelische über.

Zum Schluß wird in der Mitte des Kreises ein kleines Kerzchen angezündet und die Kinder feiern gemeinsam den vergangenen Morgen, den sie mit dem Tagesspruch beenden.

In den Kindertagesstätten erweitert und modifiziert sich dieser Tagesablauf durch das große Mittagsmahl, den anschließenden Schlaf, einen weiteren Reigen am Nachmittag, sowie dem Waschen, Duschen, Frischmachen vor dem Abend und Abholen der Kinder.

Beide Einrichtungen sind von den gleichen Elementen getragen: einer behaglichen, wohligen äußeren Umgebung; dem Erzieher, der sich bewußt ist, daß sein ganzes Verhalten, auch sein Inneres, von den Kindern nachgeahmt wird; dem Bewußtsein, daß alle Dinge auf das Kind wirken und sich fest in ihm einprägen, weswegen alle Tätigkeiten, die häuslichen, praktischen wie spielerischen mit Bedacht ausgeübt werden; dem naturgemäßen, unfertigen Spielzeug, welches schöpferische und phantasievolle Kräfte im Kind entfaltet; die vollwertige Ernährung, die mithelfen soll, eine physische Basis zu entwickeln; der Vermeidung äußerer Lern- und Planungsziele und der Versuch, das Kind sich von innen heraus frei entwickeln zu lassen; dem rhythmischen Tagesablauf, der zwischen Bewegung und Ruhe, Öffnen und Schließen, Ein- und Ausatmen wechselt, sowie dem Rhythmus der Woche und des ganzen Jahres.

Susanne L.

Seit vier Jahren werden Kindergärten und -krippen ausschließlich von Menschen geführt, die selbst aus der Favela kommen. Sie werden von einer Waldorfkindergärtnerin ausgebildet. Was eine solche Qualifikation bedeutet, kann der folgende Lebenslauf deutlich machen.

Evinha erzählt ihr Leben

Ich wurde am 12. August 1964 um 17 Uhr in Sobrália, Minas Gerais, auf einer großen Fazenda geboren. Die Fazenda gehörte uns nicht, sondern dem Chef meines Großvaters. Ich habe eine wunderbare Kindheit verlebt.

Natürlich spielte ich mit allem: Stoffpuppen, Holzwägelchen, Puppen aus Maiskolben, Tieren, aus allerlei Gemüsen gemacht, Lehm, ein Steckenpferd aus Bambusholz, usw. Ich hatte ein kleines Häuschen, das ganz und gar aus Maispflanzen gebaut worden war. Drinnen war ein kleiner Ofen aus Lehm und alle möglichen anderen Möbel. Nah bei dem Häuschen war ein Baum mit einer feinen Schaukel dran. In diesem Baum hatten wir auch eine Kirche, in der meine Freundinnen und ich unsere Puppen tauften. Jeden Sonntag bildeten wir Gruppen von Kusinen und Vettern und Freunden, um zu bestimmen, welches Kind getauft werden sollte. Wir suchten den Pater und die Paten aus und feierten ein Fest. Für uns war das das schönste Haus auf der ganzen Welt. Unsere Spiele waren lustig, vergnügt und rührend. Wer Patin wurde, mußte Kleider für die zu taufende Puppe mit der Hand nähen. Der Pate mußte in seinem Garten Hülsenfrüchte und Gemüse sammeln, damit das Fest nicht zu teuer würde. Es war alles so schön, daß sogar unsere Eltern daran teilnahmen.

Mit sieben Jahren ging ich in die Ondina Pinto de Almeida Schule. Als ich acht wurde, wurde ich ins zweite Jahr versetzt, aber konnte das Jahr nicht beenden, denn ich kam mit meinen Eltern und drei Geschwistern nach São Paulo. Wir wohnten neun Monate in einer Hütte nah bei der Wasserstelle. Es war sehr kalt, und wir hatten keine warme Kleidung. Ich konnte nicht zur Schule gehen. Romildo, Edson und Rubens waren noch sehr klein. Alles war sehr schwierig.

Noch ehe ein Jahr vorbei war, gingen wir nach Minas Gerais zurück. Mit dem bißchen Geld, das mein Vater hatte, kaufte er einige Hühner, und wir begannen das neue Leben im alten Haus. Innerhalb von zwei Jahren hatten wir eine ganz schöne Anpflanzung von Reis, Bohnen, Mais und Kaffee, eine ganze Menge Geflügel und eine Schweinezucht. Während dieser Zeit wurde meine Schwester Rosana geboren. Gleich nachdem sie geboren war, beschloß mein Vater, als wenn er von einer Magie besessen wäre, nach São Paulo zurückzugehen und verkaufte alles.

Als wir hier ankamen, wohnten wir wieder in einer Hütte in Monte Azul. Das war schlimm. Das Geld, das wir hatten, reichte nicht, denn Vater fand keine Arbeit. Es wurde immer schlimmer. Meine Mutter mußte uns allein lassen und arbeiten gehen. Endlich fand Vater eine Stellung, verdiente aber sehr wenig. Was die zwei zusammen verdienten, reichte nicht einmal, um Gas zu kaufen. So kochten wir auf einem kleinen Holzherd, der vor der Hütte stand, denn innen war es so klein, daß für nichts Platz da war. Wer am meisten darunter zu leiden hatte, war ich, denn ich hatte auf meine kleinen Geschwister aufzupassen und für das Haus zu sorgen. Wenn Mutter abends nach Hause kam, war alles fix und fertig.

Nachdem wir uns einigermaßen eingelebt hatten, bin ich wieder zur Schule gegangen, und zwar ins erste Jahr, denn die Versetzung ins zweite Jahr in der Schule in Minas galt nicht. Ich wollte nicht wieder alles von vorne anfangen, denn während der zwei Jahre in Minas war ich bis ins dritte Schuljahr gelangt, aber es half nichts: Ich mußte wieder von vorne anfangen.

Nach ein paar Monaten zogen wir aus der Hütte in eine bessere um. Und da blieben wir. Morgens ging ich zur Schule und hielt das Haus in Ordnung. Mit 13 Jahren war ich im dritten Schuljahr, ohne jemals sitzen geblieben zu sein.

Meine Mutter hörte auf zu arbeiten, und so hatte ich ein besseres Leben. Ich hatte Zeit, auf der Straße zu spielen, Rollschuh zu fahren, Drachen steigen zu lassen, Ball zu spielen, Rad zu fahren. Alle Spiele auf der Straße machten mir einen Riesenspaß. Dann lernte ich Ute kennen und fing an, an den Ereignissen bei ihr zu Hause teilzunehmen. Morgens ging ich in die Schule und nachmittags zu Ute. Samstags und sonntags tat ich überhaupt nichts: ich spielte nur.

Ich ging weiter zur Schule, und zwar ins vierte bis siebente Jahr; 1982 fing ich an, mit Maria im Kindergarten zu arbeiten, da ich 1980 den Kursus bei Renate angefangen hatte.

Meine Arbeit gefiel mir sehr gut, und wenn mir etwas gefällt, gebe ich mich mit Leib und Seele hin. Während dieser Zeit zogen wir nach Jardim Celeste und dann nach Casa Branca, wo ich bis 1984 wohnte. Ich habe das Gymnasium abgeschlossen und ging auf die Oberschule im Colégio Renato Braga. Dort blieb ich aber nur kurze Zeit, denn es war absolut nicht das, was ich wollte. Ich ging für eine ganz kurze Zeit in eine Privatschule (Ensel), mußte aber aufhören, weil sie zu teuer war. Momentan habe ich also gar nichts vor. Dabei fühle ich mich überhaupt nicht wohl, denn ich wollte immer so gerne weiter zur Schule gehen. Daß das nicht möglich sein sollte, war das letzte, was ich mir vorstellen konnte. Ich hoffe, es dauert nicht allzu lange, denn schließlich ist es niemals zu spät, um wieder mit dem Lernen anzufangen.

Ebenfalls 1984 fing ich an, im Kindergarten zu arbeiten, und wurde für eine Klasse verantwortlich, mit Hilfe von Solange.

Um zum Jahr 1983 zurückzukommen: Da habe ich schöne Erinnerungen an den Monat August, in dem ich ja geboren wurde. Am 12. August wurde ich 19 Jahre alt; wir veranstalteten ein kleines Fest, einige Freunde, meine Eltern und Geschwister. Alle waren sehr vergnügt an dem Tage.

Die Zeit verging. Fünf Tage nach all der Freude erhielt ich die Nachricht, daß meine Mutter krank sei, und daß es ihr sehr schlecht ging. Drei Tage darauf kam die andere schlechte Nachricht. Ich hatte die Mutter verloren, die ihre ganze Kraft uns allen geschenkt hatte. Diese Nachricht entsetzte und erschütterte die ganze Familie. Aber was tun? Da war ja nichts mehr zu machen. Gegen den Tod kann man nicht ankämpfen. Die Traurigkeit sitzt immer noch in mir drin. Ich weiß nicht, ob sich das eines Tages bessern wird; ich fürchte, nein. Ich kann es einfach nicht überwinden, jemanden, den ich so geliebt habe, verloren zu haben. Und der 20. August 1983 bleibt in meiner Erinnerung für immer. Ich werde ihn nie vergessen.

Zehn Monate nach dem Tode meiner Mutter zogen wir nach Embú um. Hier wohnen wir erst seit einem Monat, und da ist viel, was ich darüber zu sagen hätte. Ich will nur bemerken, daß es gut ist, da wir in unserm Eigentum wohnen. Und das bedeutet schon einen großen Fortschritt in bezug auf die vergangenen Jahre. Ich hoffe, daß sich alles zum Guten wendet für mich und für alle.

Das Leben ist da um gelebt zu werden. Es lebe das Leben.

Kindergarten Favela Peinha

Fährt man über den trüben Fluß Pinheiros, den ein übler Geruch auf seinem langen Weg entlang der Südflanke São Paulos begleitet, sieht man die Hütten der Favela Peinha dicht an dicht an einem steilen Hügel kleben, der sich direkt hinter dem Fluß und der vielspurigen Autobahn erhebt.

Eine Hütte fällt dabei besonders ins Auge, ziemlich weit oben am Berg. Sie ist größer als die anderen und hat ein Steinfundament, die Holzwände sind hell und unverwittert, die angrenzende Mauer eines kleinen Hofes leuchtet hellgelb und im Anschluß türmen sich mannshohe Bananenstauden und wildwucherndes Gras. Es ist unser Kindergarten: von den Bauarbeitern der Associação Monte Azul errichtet, und von den Bewohnern der Peinha mit Bewunderung, aber auch viel skeptischer Neugier begrüßt.

Anfang April konnte Cida, eine junge Frau aus Bahia, die schon seit 1984 eine Kindergruppe betreute, endlich aufatmen. Mit viel Geduld und einem lieben, scheinbar grenzenlosen Herzen hatte sie bis dahin auf engstem Raum oft 50–60 Kinder betreut. Endlich gab es Platz für zwei Gruppen, vor- und nachmittags mit jeweils etwa 25 Kindern. Die Vormittagsgruppe übernahm Nilza, ein junges Mädchen aus der Favela Monte Azul. Sie hatte sich ein Jahr lang in den dortigen Kindergärten vorbereitet. Die Kinder hielten begeistert Einzug. Der etwa 20 qm große Raum bietet Platz zum Spielen und Tanzen und verwandelt sich inzwischen jeden Tag in einen anderen Schauplatz mit feinen Schlössern und allerlei Geschäften oder auch in ein einziges Schlachtfeld. Ein Durchgang führt zum kleineren Raum mit Tischen und Stühlen: unser Platz zum Malen, Basteln, Modellieren, Backen und, nicht zuletzt, Mittagessen, der häufig einzigen Mahlzeit der Kinder. In der angrenzenden Küche waltet Maria, eine Mutter aus der Peinha, mit Eifer und Freude.

Draußen in dem kleinen Hof können wir Seil hüpfen und Stelzen laufen. Im September füllten wir zum ersten Mal die Saatkästen mit feiner Erde und setzten die ersten Samen ein: Bohnen und Sonnenblumen. Es war Frühjahr, und die Kinder erwarteten neugierig und glücklich die ersten Sprossen. Es ist nicht ganz einfach, in Brasilien den Jahreskreislauf rhythmisch zu gestalten. Licht, Wärme und Wasser im Übermaß sorgen für ein ständiges überschwengliches Leben und Wachsen in der Natur. Wir spüren diesen Geist auch in unseren Kindern und es ist unsere schwierige Aufgabe, sie zu etwas Ruhe, Konzentration und Ausdauer anzuleiten.

In den ersten Monaten galt es vor allem, den Kindern das «Spielen» zu lehren, ihre schlummernden Phantasiekräfte aufzuwecken und zu entfalten. Mit Tüchern, Holzklötzen, Steinen oder Zapfen spielten wir mit ihnen etwas aus der Welt, die sie umgibt (einen Umzug, den Altwarenhändler) oder die Welt, von der sie hören und die sie allmählich kennenlernen sollen: die Fischer, das Leben auf dem Land und die Welt ihrer Wünsche und Träume, die sie aus den Märchen nachempfinden können. Häufig entstehen dabei die Angst- und Schreckensbilder der Fernsehwelt, der die Kinder von früh bis spät ausgesetzt sind.

Da alle Kinder ihr Lebensgefühl in den Kindergarten hineintragen, hatten unsere Puppen am Anfang besonders zu leiden. Natürlich brauchten wir täglich ein Hospital, Ärzte und Krankenschwestern für die schwerverletzten Puppenkinder; mit Ausdauer spielten sie «Begräbnis». Nun, Ende des Jahres, haben unsere Puppen sehr viel liebevollere Eltern gewonnen, zumindest immer einen beschützenden Freund zur Seite.

Ein großes Ereignis war für unsere Gruppe zum Abschluß dieses Jahres ein Omnibusausflug in den Stadtpark mit reichhaltigem Picknick. Da die Kinder kaum je aus der Favela herauskommen, kannte die Begeisterung und Aufregung keine Grenzen. Wie ein Schwarm junger Küken hielten sie sich aber immer ängstlich in der Nähe ihrer Betreuer. Roberto, dreieinhalb Jahre alt, ging die ganze Zeit suchend über den Rasen und zeigte mir liebevoll alle seine gesammelten Schätze wie Samenkapseln und abgefallene Blüten. Der stille Junge wurde zum feinsten Beobachter und eifrigen Sammler.

Die übrige Schar stürzte sich auf die Schaukeln und Rutschbahnen. Der größte Teil der Kinder ist in seinem Bewegungsvermögen eher ängstlich und gehemmt. Das Klettergerüst lockte nur wenige, ein Fußball dafür den ganzen Tag. Den vierjährigen Vando, ein schmächtiger Junge mit großen schwarzen hellwachen Augen, und Roberto reizte der nahegelegene Teich. «Tante, ich möchte das Wasser sehen», bettelte er. «Ja, gerne, wir gehen zusammen hin.» Gebückt und auf Zehenspitzen, die dünnen Arme holten aus wie Ruder, so schlich sich Vando an den See als wäre er ein Raubtier. «Aber das Wasser kommt nicht raus zu mir, nein?» fragte er ängstlich. «Nein, es schläft in einem großen Bett im Boden», beruhigte ich ihn. Ganz in der Nähe des Ufers rannte er auf einmal wieder zurück. Mit Roberto an der Hand ging ich weiter bis zum Seerand, nach einiger Zeit kommt auch Vando, fast aufrecht und ganz langsam bis zu uns an das Ufer. Ich war sehr glücklich über das Erlebnis, das mir einen winzigen Einblick in die Seele des kleinen Vando schenkte.

Der Besuch des Nikolaus und die Weihnachtsfeier gemeinsam mit den Eltern der Kinder bildeten weitere Höhepunkte und den Abschluß dieses Jahres. Bereits einen Monat vorher begannen wir mit der Vorbereitung, denn die meisten Kinder kennen das Weihnachtsfest durch die Geschenkpropaganda des Fernsehens. Es gelang nur ganz allmählich, sie auf den eigentlichen Sinn des frohen Festes einzustimmen, das im Einklang mit der hochsommerlichen Jahreszeit in seiner Grundstimmung fröhlicher und offener gefeiert wird als in Deutschland. Natürlich gab es auch ein Geschenk für jedes Kind: 1 Paar Turnschuhe, und zum Feiern besondere Früchte, welche die Kinder sonst nie zu essen bekommen.

Unser Kindergarten soll keine Insel sein, sondern vom guten Verhältnis, gegenseitigem Vertrauen und von der Unterstützung der Nachbarn und der Bewohner der Peinha geprägt sein. So treffen wir uns einmal pro Woche mit den gewählten Vertretern der Peinha und Marisa (Sozialarbeiterin), um gemeinsam Probleme der Favela zu besprechen und Lösungen zu finden. Die Räume des Kindergartens stehen für Kleiderbazare und die Feste der erwachsenen Bewohner zur Verfügung.

Die Zusammenarbeit mit den Eltern werden wir in Zukunft verstärken und vertiefen müssen, auch wenn unsere Hoffnung viel mehr auf den Kindern ruht, denn sie tragen, jeder von ihnen, ein ganz besonders schweres Schicksal. Wir versuchen, ihnen in einer liebevollen Umgebung und fröhlichen Atmosphäre Stärke und Stütze zu geben.

Uschi K.
Kindergärtnerin

Arbeit mit Schulkindern in der Escolinha im Laufe eines Jahres

Mit einem Ausflug wollte ich dieses Jahr beginnen. Da es für die Kinder schwer ist, sich nach den Ferien wieder an die «Regeln» einer Gruppe zu halten, hoffte ich, daß der Übergang von der «Freiheit» ohne Rhythmus, von den Ferien ins Klassenzimmer leichter sein würde, wenn wir erst einmal eine Woche zusammen nach Nazaré Paulista fahren würden. Alles war vorbereitet; am nächsten Morgen würde es losgehen. Morgens früh, es hatte schon eine Woche lang geregnet, stand in der Zeitung, daß die Landstraßen aus der Stadt heraus nach Norden wegen Überschwemmungen und Erdrutschen gesperrt seien. Wir konnten also nicht fahren. Die Enttäuschung würde sehr groß sein!

Als ich zur verabredeten Zeit in der Escolinha ankam, rannten die Kinder mir entgegen. «Vamos tia, vamos!» Sie waren alle fix und fertig ‹gestiefelt und gespornt› mit Sack und Pack. Ich konnte nicht einfach «Nein» sagen und «Die Straßen sind gesperrt». Ich sagte: «Ja, aber nicht nach Nazaré. Wir fahren irgendwo anders hin.» Schon konnte man die Enttäuschung in den Gesichtern der Kinder sehen.

«Para onde tia Marjan?» Wohin, Tante Marjan?

«Das weiß ich noch nicht. Ich muß erst mal anrufen.»

Schnell rief ich meine Eltern an und fragte, ob ich nicht doch mit den Kindern aufs Sítio (Landgut) fahren könnte. Es gab keine andere Lösung. Nach einem bißchen Hin und Her wurde es uns erlaubt. Graças a Deus! (Gott sei Dank)

Wir hatten eine sehr schöne Woche zusammen, mit viel Regen aber auch mit ein bißchen Sonne. Das Gemüse, Taioba, holten wir uns aus dem Wald. Obst hatten wir nicht gegessen. Das hat die Kinder aber weiter nicht gestört. Nach zwei Tagen war die Gruppe schon wieder eine Gemeinschaft. Wir haben viel zusammen getan:

gefischt, gebastelt, Ball gespielt, geschwommen, Geschichten erzählt, gekocht, geputzt und noch vieles mehr. Wir sind alle zufrieden zurückgekommen und freuten uns schon auf Montag Nachmittag.

Als ich dann am Montag in die Escolinha kam, war nur ein Drittel der Kinder da. Alle anderen hatten ihre Stunden in der öffentlichen Schule gewechselt und mußten jetzt nachmittags dorthin. Ich bekam eine vollkommen «neue» Gruppe und wußte überhaupt nicht, was ich mit ihnen anfangen sollte. Im Durchschnitt waren sie älter als die anderen, und es waren fast nur Jungs, während in der anderen Gruppe fast nur Mädchen waren. Ich hatte mich vollkommen falsch vorbereitet. Die Geschichten, die Spiele, alles mußte geändert werden. Aber nach einer Woche hatten wir uns aneinander gewöhnt und fingen an, uns auf Karneval vorzubereiten. Die Jungs bastelten Masken; die Mädchen wollten sich als Feen verkleiden. Am Freitagnachmittag hat die ganze Escolinha einen Umzug durch die Straßen gemacht, mit Gitarren, Schlaginstrumenten, Singen und Samba. Es war ein großer, farbiger und fröhlicher Umzug.

Nach Karneval haben wir uns ein bißchen mit den verschiedenen Berufen beschäftigt. Das Fischen begeisterte die Kinder. Die Jungs schwänzten gleich am nächsten Morgen Schule und gingen fischen. Tatsächlich brachten sie am Nachmittag ein Glas voll kleiner Fischchen mit.

Eines Tages kamen die Kinder ganz aufgeregt zur Escolinha: «Tia! Tia! Da ist ein taubstummes Mädchen in der Favela. Das ist die Schwester von der Claudia.»

«Ja, Claudia?» fragte ich.

Claudia wurde ganz verlegen und sagte «Ja.»

«Und wo bleibt sie den ganzen Tag?»

«Ach, in der Hütte eingeschlossen.»

«Und warum bringst Du sie nicht mit?»

«Sie hat Angst vor Menschen und schreit dann furchtbar.»

«Los, Claudia, bring sie mit! Sie wird sich schon an uns gewöhnen.»

Aber am nächsten Tag kam Claudia wieder allein.

«Wo ist denn Deine Schwester, warum hast Du sie nicht mitgebracht?»

«Die ist viel zu wild und ungezogen, Marjan.»

«Das macht doch nichts, sie wird schon lernen, zu gehorchen.»

Das arme Mädel war sieben Jahre alt; weil sie gehörlos ist, wurde sie den ganzen Tag eingesperrt und alleine gelassen, denn der Vater arbeitete, und Claudia mußte zur Schule. Eine Mutter hat sie nicht mehr. Nach ein paar Tagen, ich hatte es schon fast aufgegeben, kam Claudia zu spät und brachte ihre Schwester mit. Als ich die Tür aufmachte, fing sie an zu schreien und versteckte sich hinter der armen Claudia, die ganz verlegen war. Claudia zog Neide hinter sich her ins Klassenzimmer. So langsam hat sie sich beruhigt und die anderen Kinder auch. Bald waren alle wieder eifrig beim Stricken. Nur Neide saß in der Ecke hinter Claudia und guckte mit großen schwarzen Augen zu.

Neide hat sich dann sehr schnell eingelebt und wurde der Liebling der Klasse. Immer fröhlich, nahm sie alles gierig in sich auf. Wir haben uns immer sehr gut verständigen können mit unserer eigenen Zeichensprache, die bald alle Kinder konnten.

Wir, die Gruppe, sind Paten von einer Kinderkrippe. Eines Tages war Sand für deren Sandkasten angekommen. Er lag oben auf der Straße. So sind wir am Nachmittag alle dahingegangen; jeder hat sich einen Eimer, einen Topf oder eine Büchse besorgt, und dann haben wir den ganzen Nachmittag den Sand auf dem Kopf zur Krippe getragen. Es war sehr heiß und eine sehr anstrengende Arbeit. Die Kinder waren danach total erledigt, so daß ich fand, daß sie etwas Besonderes verdient hätten. Auf dem Rückweg habe ich dann für jedes Kind ein Eis gekauft. Das war eine Überraschung, denn sowas hatten sie überhaupt nicht erwartet. –

Langsam wird es Zeit, sich auf Ostern vorzubereiten. Wir hatten inzwischen schon die Strickepoche hinter uns, und die Geschichte von «Milon und dem Löwen» war auch zu Ende. Viele Kinder erinnerten sich noch an das Osterfest vom vorigen Jahr, und gleich kamen dann auch viele Fragen:

«Fahren wir dieses Jahr auch zum Sítio?»

«Werden wir Eier suchen?»

«Und anmalen?»

Am Freitag waren alle Kinder da und haben geholfen, Eier zu bemalen. Unser Osterfest auf dem Sítio war sehr schön. –

Donizeti aus der Schreinerei wollte mit uns Holzarbeiten machen. Er hatte alles gut vorbereitet, und bald waren alle Kinder tüchtig beim Schmirgeln. Nach ein paar Tagen wurden die ersten Tische und Bänkchen fertig. Die Jungs waren erstaunt, daß auch die Mädchen es schafften, mit Holz zu arbeiten.

Am Sonntag, dem 8. Mai, war Muttertag. Voller Liebe hatten die Kinder Milchpulverbüchsen beklebt und Kekse gebacken, um damit die Büchsen zu füllen. Die Geschenke wurden vorsichtig eingepackt und mit nach Hause genommen.

Am Montag kam Elsa ganz traurig in die Escolinha und erzählte: «Marjan, meine Mutter hat den ganzen Muttertag verdorben. Mein Vater und meine Mutter haben getrunken und sich dann mit dem Messer rumgestritten. Dann hat meine Mutter alle Geschenke kaputt gemacht und die guten Kekse weggeworfen! Und dann mußten die Jovelina und ich sie ins Bett bringen. Ich mache keine Geschenke mehr für meine Mutter!»

Was soll man da antworten? Elsa ist elf, Jovelina neun. –

In der nächsten Woche haben wir das große Theaterstück von der Geschichte der Sklaven eingeübt. Alle Kindergruppen machten mit. Und am 13. Mai, am Tag der Sklavenbefreiung, haben wir es aufgeführt mit Liedern, Tänzen und Gedichten. Es ist immer ein großes, gemeinsames Fest, das einen wichtigen Teil der brasilianischen Kultur zeigt, der oft vergessen wird.

An einem Mittwoch standen wir mal wieder an der Bushaltestelle, um Schwimmen zu gehen. Wir hatten Pech. Kein Bus wollte halten. Es waren zuviele Kinder. Wir standen schon eine halbe Stunde ohne Erfolg. Plötzlich hielt ein Kombi, und der Fahrer fragte, wo wir denn hin wollten. Erstaunt antwortete ich: «Zum Borba Gato» und war ein bißchen skeptisch. Warum er wohl fragte, dachte ich bei mir.

«Kommt, steigt alle ein. Ich fahre Euch hin.»

Ich konnte es kaum glauben, daß er in seinen ganz neuen Kombi 28 Kinder reinlassen wollte. Die Kinder sind noch nie so vorsichtig eingestiegen und waren mucksmäuschen still. Wir wurden tatsächlich bis vor die Tür gebracht; nachdem der Mann weg war, fingen die Kinder an, sich laut zu wundern.

«Was für ein netter Kerl!»

«Kanntest Du ihn schon?»

«Sein Kombi war nagelneu!»

«Er hat uns einfach so mitgenommen!» –

In den Ferien machen wir immer einen Ausflug. Diesmal sind wir nach Campos do Jordão gefahren, um eine Woche in den Bergen zu verbringen. Vor den Ferien haben wir mit den Kindern Ponchos aus gestifteten Decken genäht. Es war schon sehr kalt, und im Juli würde es noch kälter werden. Für viele Kinder, die mitfahren, waren die Ponchos die einzigen warmen Sachen, die sie hatten.

Im August haben wir das Leben der Indianer besprochen. Es gibt sehr viele Vorurteile über die Indianer. Viele Kinder haben auch indianische Gesichtszüge und werden deswegen ausgelacht und beschimpft, worunter sie sehr leiden. Die Indianer fertigten alle ihre Gefäße, Schalen, Teller usw. aus Ton. Wir wollten es auch versuchen. Kleine Krüge und Schalen haben wir getöpfert und später auch kleine Vögelchen und Tiere.

Langsam wurde es Zeit, daß wir uns um unsere Beete kümmern mußten. Die Erde wurde tüchtig umgegraben und mit viel Dung vermischt. Plötzlich waren alle Jungs verschwunden. Nach einer halben Stunde kamen sie wieder mit Armen voller Pflanzen aller Art, von Bananen bis zu Sonnenblumen. Das hatten sie sich in der Umgebung zusammengesucht, um die Escolinha schön zu machen. Alles wurde gepflanzt und nachher waren sie sehr stolz auf ihre Arbeit.

«So ist die Escolinha viel schöner, nicht wahr, Tia?»

«Ja, natürlich!»

Am 21. September, am Tag der Bäume, haben wir für unsere paar Bäume gesungen, alle Gruppen zusammen, und haben noch einen Baum gepflanzt.

Für Sankt Michael hatten wir ein Theaterstück eingeübt, um es vor den anderen Gruppen aufzuführen. Die Kinder waren aber so schüchtern, daß sie sich lächerlich gemacht haben. Kein Satz wurde richtig gesagt, die ganze Zeit wurde gekichert, und eine Riesenunordnung entstand bei der Aufführung. Es war einfach unmöglich. Dabei konnten sie es doch so gut! –

Am Donnerstag kommt immer das Gemüse aus Botocatú an. Als ich eines Donnerstags um Mittagszeit in die Escolinha kam, lief mir schon Dona Juraci, die Köchin, entgegen: «Marjan, Deine Kinder holen sich immer die gelben Rüben aus dem Kasten und essen sie auf!» Ich beruhigte Dona Juraci und rief die Kinder. Tatsächlich hatten viele eine angeknabberte gelbe Rübe in der Hand. Sie waren ganz verlegen.

«Wo habt Ihr diese Rüben hergeholt?»

«Aus den Kästen.»

«Aber die sind doch für alle, um das Essen zu kochen.»

«Aber, Tia, ich will nicht blind werden!»

«Was, Marcelo?»

«Du sagst doch immer, die gelben Rüben sind gut für die Augen, deswegen esse ich sie.»

«Aber Marcelo, Ihr sollt die Rüben bei der Mahlzeit essen, wenn ich sie Euch gebe und nicht einfach aus der Küche holen. Jetzt müßt Ihr sie ersetzen.»

«Gut, dann klauen wir welche am Samstag auf dem Markt», rief ein anderes Kind. Ich fand es besser, darauf nicht weiter einzugehen. Als wir dann Weihnachtskarten verkauften, habe ich das Geld für die gelben Rüben von dem Geld für die Karten abgezogen. –

Malen mit Wachsstiften oder Aquarellfarbe ist eine von den beliebtesten Beschäftigungen der Kinder. Wenn sie die Gelegenheit dazu haben, ist das erste, was sie sich holen, Papier und Kreide, um ein schönes, buntes Bild zu malen.

Zu Weihnachten wollte ich nicht wieder die lächerliche Situation von Sankt Michael erleben und überlegte mir, wie wir etwas aufführen könnten, ohne daß die Kinder direkt mit dem Publikum in Kontakt kommen. Es blieb uns nur das Schattentheater. Wir suchten zusammen die Legende von Selma Lagerlöf «Judas und der Jesusknabe» aus. Die Figuren schnitten wir aus Pappkarton aus und ein altes Leinentuch war unsere Bühne. Ich habe die Geschichte erzählt und die Kinder haben sie vorgeführt. Es war sehr schön.

Wir feierten zusammen Weihnachten. Mit selbstgemachten Kerzen und Obst hatten wir unseren Tisch geschmückt. Auch die Krippe und die selbstgemachten Tonfiguren wurden mit Kerzenlicht beleuchtet. Nachdem wir gesungen und die Weihnachtsgeschichte gehört hatten, bekam jedes Kind ein kleines Päckchen. Viele Kinder haben ihre Stückchen Kuchen für die Mutter oder die kleinen Geschwister aufgehoben.

Marjan E., Lehrerin

Gedanken zu einem Vortrag von Rudolf Steiner*

Wo auch immer wir in dieser Welt hinschauen, finden wir Elend, Arbeitslosigkeit, Gewalttaten, Drogen und unbewältigte Probleme: in Europa ebenso wie in den Ländern der «Dritten Welt» und in allen sozialen Schichten. Immer wieder entsteht die Frage: Wo liegen die Ursachen des ganzen Elends?

Zwei grundlegend unterschiedliche Antworten werden gegeben: Die eine sagt, daß der Mensch an sich Mängel hat, d. h., daß die Natur den Menschen zu sozialen Konflikten führt. Die andere gibt der Umwelt die Schuld an den sozialen Problemen.

Die Anhänger der ersten Theorie versuchen, die Menschen selbst menschlicher zu machen, während die Anhänger der zweiten finden, daß die Umwelt und das System, in dem die Menschen leben, verbessert werden müssen, damit sich das moralische Bewußtsein der Menschen von selbst heben könne.

Niemand wird bestreiten, daß die Umwelt großen Einfluß ausübt, besonders in der Favela, wo so viele Menschen dicht gedrängt unter schwierigsten Bedingungen zusammenleben müssen. Ebensowenig aber kann man übersehen, daß die Umwelt und die Gesellschaftssysteme von Menschen geschaffen wurden. Niemals kann der Kapitalismus eliminiert werden, wenn wir nicht in unserem Innern den Wunsch, Menschen auszunützen, immer mehr einschränken. Die Frage der gegenseitigen Ausbeutung ist in erster Linie nicht ein Problem von reich und arm, von ‹erster› und ‹dritter› Welt, sondern jedes einzelnen menschlichen Wesens; ein Kampf, den ein jeder in seinem Innern selbst auskämpfen muß.

* «Die pädagogische Praxis vom Gesichtspunkte geisteswissenschaftlicher Menschenerkenntnis.» (Rudolf Steiner Gesamtausgabe, Bibliographie-Nummer 306, Vortrag vom 20.4.1923. Dornach 1982)

Ebenso ist es mit anderen menschlichen Eigenschaften – Egoismus, Intoleranz, Besitztrieb, Grausamkeit –, die in der Geschichte verheerende Folgen hervorbrachten. Aus diesem Grunde betrachten wir in Monte Azul die Erziehung als eins der bedeutendsten Mittel zur Umwandlung der Gesellschaft.

Der Erzieher ist die Brücke, die die Welt mit den ihm anvertrauten Kindern verbindet. Deshalb muß er sich bemühen, einerseits die Welt und ihr komplexes System zu begreifen und andererseits das Kind als physisches, seelisches und geistiges Wesen zu verstehen.

Die Welt

Im Herzen des Erziehers muß die ganze Welt Platz finden, die Menschheit mit allen ihren Gegensätzen, ohne Nationalismus, Rassen- oder Klassenvorurteile. Er muß offen sein für die vielfältigen Ausdrucksformen der Menschheit, aber ebenso tief eindringen in die spezifische Umwelt des ihm anvertrauten Kindes. In unserem Falle ist die Umwelt die Favela, als Teil einer 15 Millionen Stadt im 20. Jahrhundert.

Das auffälligste Merkmal der Welt, in der Favelakinder aufwachsen müssen, ist *Mangel.* Es fehlt an Essen, Schönheit, sauberem Wasser, Komfort, Ruhe, Sicherheit, Anregungen, sehr oft auch an menschlicher Wärme. Das Leben erscheint diesen Kindern von seiner grausamsten Seite. Es gibt fast nichts, das sie nicht beobachtet, gehört oder selbst erlebt hätten.

Je mehr es dem Erzieher gelingt, sich ein Bild vom Leben in der Favela zu machen, um so besser wird er seine Schüler verstehen, respektieren und lieben. Nach und nach wird er sehen, daß das, was ihn am Anfang empört und schockiert hatte – das materielle Elend, der Mangel an Hygiene, Kanalisation, usw. –, ihn nicht mehr in dem Maße berührt. Ihn bedrückt nun das innere Elend, der Mangel an Geborgenheit, das kulturelle Vakuum vieler Erwachsener, das Ausgeliefertsein gegenüber den Errungenschaften der Zivilisation. Nach und nach versteht er auch, daß alle diese Kinder mit Fähigkeiten und Begabungen geboren wurden, daß aber diese Quelle nach und nach austrocknet, sie innerlich verstümmelt und zu Arbeitswerkzeugen herabgewürdigt werden. Was können wir tun, damit ein in der Favela geborenes Kind ein vollwertiger Mensch wird trotz dieser seiner Entwicklung so abträglichen Umgebung?

Das Kind

Immer ist es der Mensch, der letztlich die Welt ändern kann. Die drei dafür notwendigen sozialen Fähigkeiten sind das Dankbarkeitsgefühl, die Liebefähigkeit und die Pflichterfüllung.

Das Kind im Vorschulalter – Kinderkrippe und Kindergarten in Monte Azul

Das Dankbarkeitsgefühl entwickelt sich im wesentlichen bis zum Alter von sieben Jahren. In diesem Alter ist das Zauberwort der Erziehung die Nachahmung. Alles, was das Kind umgibt – seine Umwelt, die Hütte, die Geschwister, der Radiolärm, die Liebe der Mutter, die Gesten der sie umgebenden Menschen, sogar die Gedanken, die Freuden und Probleme der Eltern – wird ins Innere des Kindes hineingenommen. Wenn die Menschen, mit denen das Kind zusammen ist, Dankbarkeit zu Gott, zur Natur oder zu anderen menschlichen Wesen empfinden, wird auch das Kind sein Dankbarkeitsgefühl entwickeln.

Wenn das Kind geboren wird, sucht es Wärme, Behagen, Sicherheit, die es im Moment der Geburt verlor. Wenn der Kontakt mit der Außenwelt angenehm ist, wird das Baby dankbar sein. Das Favelakind aber fühlt schon in den ersten Lebenstagen eine feindliche Welt – mangelhafte Ernährung, schmutziges Wasser, Lärm, ein nasses Bett, rauhe Fetzen als Windeln; sehr bald Einlieferung in unmenschliche und nicht kindgemäße Krankenhäuser und das Fehlen der Mutter, die arbeiten gehen muß und keine Zeit hat, das Kind ihre Nähe spüren zu lassen. Das Lebensgefühl in diesem Alter ist eng mit dem Wohlbefinden des Körpers verbunden. Ein Kind in der Favela hat wenig Gelegenheit, in sich ein Dankbarkeitsgefühl für seine Umgebung zu entwickeln.

Was ist also die Aufgabe des Erziehers in der Kinderkrippe und im Kindergarten? Er muß eine Umgebung schaffen, die für die häuslichen Mängel entschädigt, die eine Folge des ungerechten sozialen Systems sind. Eine Kinderkrippe mit hübschen Räumen, freundlichen Farben, Blumen, einem ‹heiligen Eckchen› mit Steinen, Muscheln, einem Heiligenbild – all das ist nicht nur schön und angenehm für die Augen, sondern dringt auch tief in das Kind ein und bildet die Organe von Körper und Seele aus. Dann, wenn das Kind physische und geistige Ernährung erhält, entwickelt sich in ihm das Dankbarkeitsgefühl, das die Grundlage für die echte Religiosität des Menschen ist.

Das Kind im Schulalter – Freizeitschule in der Favela

Zwischen sieben und vierzehn Jahren, zwischen Zahnwechsel und Pubertät entwickelt sich eine natürliche Autorität zwischen Erzieher und Kind. Das führt zur Entwicklung der zweiten sozialen Fähigkeit, zur Liebefähigkeit. Die Dankbarkeit entsteht in dem Lebensalter, in dem die Wachstumskräfte am stärksten sind. Die Liebefähigkeit hingegen erwacht nach und nach: Die Liebe zu Gott, die sich aus dem Gefühl der Dankbarkeit entwickelt, erweckt die Liebe zur Natur und zu den Menschen. Daraus entsteht in der Pubertät die Liebe zum anderen Geschlecht. Die Dankbarkeit und die Liebe, die das Kind von seinen Mitmenschen empfängt, gibt es wieder zurück an die Natur und die Menschen, die das Kind mit Respekt, Verständnis und Dankbarkeit anschaut. Ökologische Probleme sind das Resultat der Lieblosigkeit zur Natur; die sozialen Probleme sind die Folge von Lieblosigkeit zum menschlichen Wesen. In der Freizeitschule versuchen wir, in den verschiedenen Epochen diese Themen aufzugreifen: Epochen der Tier- und Pflanzenkunde wechseln ab mit Heimatkunde und Geschichte. Da aber die Kinder eine Staatsschule besuchen und bei uns nur ihre freien Stunden verbringen, ist es oft schwierig, diesem Ideal nahezukommen.

Der Heranwachsende – Berufsausbildung in Tischlerei, Backstube und Webstube

So wie die Liebe zu Gott in der Dankbarkeit wurzelt, so ist die Liebe zur Natur und zur Menschheit die Grundlage für eine freie Pflichterfüllung und den Willen, eine Aufgabe in der Welt zu erfüllen, ein Ideal zu suchen und es zu verwirklichen. Die Liebe, die die ganze Menschheit umfaßt – sowohl den Menschen, der einem am nächsten steht, als auch denjenigen, der auf einem anderen Erdteil lebt, in einer anderen Kultur oder einer anderen sozialen Schicht –, bringt die Liebe zur Arbeit hervor. Die Liebe zu Gott verwandelt sich in die Liebe zur Welt und diese in die Liebe zur Arbeit. Gerade diese Metamorphose müssen wir versuchen, bei den Kindern und im sozialen Leben zu erwirken: erstens in einer Umgebung von Dankbarkeit zu spielen, zweitens in einer Umgebung von weltumfassender Liebe zu lernen und drittens mit vollem Verständnis für sich selbst und für die Welt zu arbeiten.

Die Berufsausbildung fällt in dieses Lebensalter. Das Ideal wäre, die Berufsausbildung mit allgemeiner Bildung zu verbinden. Ist es dem Kind ermöglicht worden, die Geschehnisse der Natur und der Menschheit in sich aufzunehmen, so wird der junge Mensch einen Beruf erlernen, der einerseits seinen Anlagen entspricht und andererseits die Forderungen der Zeit und der gesamten Gesellschaft erfüllt.

Natürlich können wir in Monte Azul nur selten voraussehen, ob ein von uns betreutes Kind vom Babyalter bis hin zur Lehrzeit bei uns bleibt. Darum versuchen wir, ein wenig von dem, was dem jungen Menschen in der Kindheit gefehlt hat, nachzuholen. Wir wollen ihnen die Welt öffnen, Ausflüge veranstalten, Theaterstücke einüben, sie am Leben der Gemeinschaft teilnehmen lassen und ihnen die Möglichkeit geben, anderen zu helfen.

Wie sehr diese freiwillige Aufgabenstellung und das Tragen von Verantwortung mit der Geborgenheit des Kleinkindes und der liebevollen Autorität im Schulalter zusammenhängen, wird erst jetzt offenbar. Wenn es einem in der Favela aufwachsenden Menschen gelingt, trotz mangelnder Geborgenheit und frühzeitigen Abbrechens des Lernprozesses (Kinderarbeit) seine Aufgabe zu erfüllen, wie z. B. unsere Kindergärtnerinnen, dann kann man ahnen, welch kraftvolle Persönlichkeiten sich oft in der Favela inkarnieren.

Ute C.

Stehlen

Ronaldo und Izé hatten Kleider und Eßwaren in der Escolinha gestohlen. Einige Jungen kamen und erzählten es mir. Ronaldo war gerade zu Hause bei mir und spielte. Er gestand sofort alles. Seltsam, daß er kein schlechtes Gewissen hatte, trotz seines Stehlens in der Escolinha hier bei mir zu Hause zu spielen. Sein moralisches Feingefühl ist ihm verloren gegangen bei seiner Suche nach Eßbarem, die allmählich ins Stehlen ausartete. Wir verabredeten, daß er am nächsten Morgen in die Escolinha kommen sollte, um dort zu arbeiten und somit die Dinge abzubezahlen, die er gestohlen hatte.

Am nächsten Morgen war nichts von Ronaldo zu sehen. Ich ging in die Favela in der Hoffnung, daß er zu Hause sei. Da lag er auch in seinem Bett, seine kleineren Geschwister stocherten in einer Reisschüssel herum, «uma bagunça total.» (eine Riesenunordnung)

«Ronaldo, levanta, vem trabalhar!» «Ronaldo steh' auf, komm arbeiten!»

Mit viel Mühe erwachte er, rekelte sich, guckte etwas erstaunt und stieg langsam aus dem Bett. Da kam seine Mutter und fragte, was er verbrochen hätte. Ich erzählte ihr alles. Daraufhin sagte sie zu ihm:

«Dann geh' zu deinem Vater. Hier kannst du nicht mehr bleiben, verschwinde von hier. Du bist das einzige Kind, das mir immer Sorgen macht. Ich bin zwar arm, aber zu essen haben wir immer (dabei zeigte sie auf ein armseliges Päckchen Nudeln, das für den Riesenhunger von Ronaldo bestimmt nicht ausreicht). Vai embora daqui!» «Geh weg von hier!»

Er zog sich an und ging in die Escolinha. Dort gab ich ihm ziemlich harte Arbeit: die Nägel aus den VW-Kisten herausziehen, damit die Tischlerei das Holz nachher zu Spielzeug usw. verarbeiten kann. Das macht er seit einigen Tagen, ohne zu murren.

Von anderen Kindern weiß ich, daß er gesagt haben soll, er würde jetzt bei mir wohnen. Das tut er zwar nicht, aber er spielt hier oft, macht Balões für das São João Fest (kleine Heißluftballone für Johanni). Er ist geschickt, malt sehr gerne, mit viel Hingabe und Sinn für Farben. Es ist schade um den Jungen. Der kleine Halt, den wir ihm geben können, genügt wahrscheinlich nicht, um ihn von seiner Klauervergangenheit zu heilen. Der Vater wohnt woanders, die Mutter hat keine Kraft mehr und auch keine Autorität. Er müßte weg von der Stadt, die zuviel Verlockungen und Versuchungen bietet.

Wo ist der Mensch, der für solche Kinder ein Kinderheim gründen könnte?

Ute C.

Einzelbetreuung

Eine große Zahl Kinder und Jugendlicher der Favelas sind in einem so desolaten Zustand, daß individuelle und therapeutische Maßnahmen erforderlich sind. Während meines Praktikums übernahm ich an zwei Nachmittagen eine solche Einzelbetreuung. Es ging dabei um Isabel, die in der Escolinha wegen häufigen Fehlens, ständigem Lügen und wiederholten Diebstählen auffiel und bedenkliche Verwahrlosungserscheinungen zeigte.

Isabel lebt zusammen mit ihren Eltern und ein paar älteren Brüdern in einer Hütte der Favela. Sie ist von großem, schlankem Wuchs und hat eine schöne, negroide Gestalt. Ihre Bewegungen sind flink, gelenkig und fast katzenhaft geschmeidig. Ihre Hautfarbe ist dunkelbraun, ein feingekräuselter schwarzer Lockenkopf umrandet ihr Gesicht, aus welchem zwei große, dunkle Augen schauen. Dieses Schauen wendet sich aber oftmals gehemmt verstohlen weg oder es zeigt sich ein wildes, gieriges Blitzen. Hält sie einem längeren Blickkontakt stand, erscheint Aufbegehren, Forschen und ein immer wiederkehrendes Mißtrauen. Als müsse sie immer auf der Hut vor etwas sein, geht ihr Blick oft unruhig umher (dies allerdings begleitet von einer gelassenen Selbstverständlichkeit). Ein entspanntes, erfülltes, frohes Gesicht sah ich bei ihr nur in wenigen Augenblicken. Ihre üppigen breiten Lippen haben einen sehr sinnlichen Ausdruck und die leicht nach vorne gezogene Kinnpartie verleiht ihr einen dem Alter nicht entsprechenden älteren Gesichtsausdruck.

Vor einigen Jahren hatte ihre Familie, in der Hoffnung auf Arbeit, Wohnung und bessere Lebensverhältnisse und begleitet von der Großstadt- und Fortschrittsillusion, ihre Heimat in Salvador/ Bahia verlassen. Sie landete kurz darauf in einer Favela inmitten einer gnadenlosen Großstadtwelt, der jegliche Idylle fehlt. Wie ihr

Leben zuvor ausgesehen hat, weiß ich nicht, die mangelnde Fürsorge wird nicht erst in São Paulo begonnen haben, nur kamen hier Überlebenskampf, Wirren, Hindernisse, ein starker Entwurzelungsprozeß und große Wechsel hinzu. Ihren Vater lernte ich nie kennen (er ist wohl auch wenig zu Hause), die Mutter arbeitet von früh morgens bis in die Nachmittagsstunden und kommt dann meist müde und erschöpft nach Hause, ohne Kraft, sich groß um ihre Kinder zu kümmern.

Isabel ist sich größtenteils selbst überlassen, geht nur gelegentlich in die Schule, wo sich auch niemand um sie kümmert, führt einen «Hüttenhaushalt» und lebt sonst hauptsächlich auf der Straße, umgeben von wenig positiven Vorbildern wie z. B. ihre beiden älteren Brüder, die ihre Zeit mit Umherziehen und Stehlen verbringen. Ihr Lebensweg ist gekennzeichnet von Wirren und großen seelischen wie auch materiellen Entbehrungen und einer nie erlebten Gleichmäßigkeit. Dies wird auch durch «die-von-einem-Tag-in-den-anderen-leben-Mentalität» deutlich, in der nichts seinen festen Platz hat und man nie wissen kann, was der nächste Tag bringen wird. Gegen Ende des Monats sind kaum mehr Reis und Bohnen gesichert, am Zahltag erscheinen Unmengen von Leckereien. Undurchschaubar sind mir die Gefühle der Mutter gegenüber Isabel. Heiße und innige Umarmungen wechseln mit grober Beschimpfung oder schlichtem Übergehen. Auch stehen diese Zu- oder Aufwendungen in keinem einsichtigen Verhältnis zu ihrem Verhalten. Ein gestricktes Läppchen von Isabel kann die gleiche Nichtbeachtung wie ein begangener Diebstahl erfahren; obwohl die Mutter auf diese Diebereien manchmal auch sehr hart und zornig reagieren konnte. Isabels Verhältnis zu ihrer Mutter ist gekennzeichnet von großer Verehrung und Liebe auf der einen Seite und einer abgrundtiefen Angst auf der anderen.

Zu Gleichaltrigen hat sie eine sehr flatterhafte Beziehung. Echte Freundinnen und Freunde hat sie nicht und ist in ihrer Kontaktfähigkeit sehr gestört. Ein kämpferisches, selbstbewußtes Auftreten wechselt mit gehemmtem sich Verstecken und verhindert jede natürliche Beziehung und soziale Einordnungsfähigkeit.

Nach einem längeren Gespräch über Isabel in der pädagogischen

Konferenz in der Escolinha übernahm ich ihre Betreuung. Da sie nicht ahnte, daß ich um ihre Diebstähle wußte, ich diese auch nie erwähnte und außerdem über ein paar kleinere Unterhaltungen bereits Kontakt zu ihr bekommen hatte, waren die Chancen, ein Vertrauensverhältnis zu ihr zu bekommen, relativ gut, was mir neben dem Kennenlernen ihrer Persönlichkeit ein erstes Ziel war.

Während verschiedener Versuche, Begegnungen sowie Unterhaltungen und gemeinsamer Unternehmungen entstand langsam etwas Nähe und Vertrautheit zwischen uns. Ich begann, ihr Verantwortung zu übertragen, indem ich sie bat, mir hier und da bei praktischen Tätigkeiten (Aufräumen, Basteln, Putzen ...) und der Betreuung kleinerer Kinder zu helfen, und bestärkte sie dabei mit Lob und ehrlicher Zuwendung. Zugleich zeigte ich bei Unzuverlässigkeiten ihrerseits, einem nicht eingehaltenen Versprechen zum Beispiel, Konsequenzen. Dies geschah, um ihr eine einheitliche Haltung und Kontinuität zu vermitteln, allerdings ohne sie zu bestrafen oder Zweifel an meiner Zuneigung zu ihr aufkommen zu lassen.

Da sie große Kontaktschwierigkeiten hatte, gerne eine Extrarolle spielte und fast überall Außenseiterin war, versuchte ich, sie nicht nur alleine zu betreuen, sondern vorsichtig in eine Gruppe zu integrieren. Dies gelang, indem ich sie und zwei Mädchen, von denen ich wußte, daß sie ein relativ gutes Verhältnis zu Isabel hatten und außerdem innerlich gefestigt waren, fragte, ob wir nicht an zwei Nachmittagen in der Woche eine kleine Unterrichts- und Spielgruppe bilden wollten. Dabei sollten sie verschiedene Dinge, an denen sie Interesse haben, lernen können.

Die Begeisterung war groß, alle drei wollten gerne Stricken und Häkeln lernen. Die Woche darauf begann unser regelmäßiges Handarbeiten, welches in oder vor einer Hütte in der Favela selbst stattfand. Durch diesen Umstand vergrößerte sich schnell die Gruppe, da unser sichtbares Tun das Interesse einiger Mädchen und junger Frauen weckte. Aus Rücksicht auf Isabels Entbehrungen und Schwierigkeiten widmete ich mich ihr auch während der Gruppenstunden sehr intensiv und besuchte sie auch an anderen Wochentagen, um ihr zu zeigen, daß meine Aufmerksamkeit und Anteilnahme ihr gegenüber durch die anwachsende Gruppe nicht geringer wurde. Wenn ich einmal kurz weg mußte, gab ich ihr immer, in vollem Bewußtsein der darin liegenden Gefahr, jedoch auch mit wohlwollendem Zutrauen, meine Tasche zum Aufpassen. Die ganzen Monate über geschah nichts. Ich bekam die Tasche mit vollständigem Inhalt stolz zurückgereicht und das «Risiko» schien sich gelohnt zu haben. Isabel konnte die ihr angetragene Verantwortung übernehmen und das Vertrauen entgegnen. Sie war durch die Gruppe in ein soziales Miteinander eingebunden und erlebte in den regelmäßigen Treffen eine gewisse Sicherheit und Geborgenheit. Außerdem konnte sie etwas lernen, Fähigkeiten entwickeln und dabei ein wenig Zufriedenheit und Stolz erlangen, die sie vom Lügen und Stehlen bzw. der darin liegenden Befriedigung ablenkten.

Einige wenige Male löste sich Isabels Mißtrauen, entspannten sich ihre Gesichtszüge und trat zwischen den frühgereiften Linien das Kind in ihr und etwas wie eine reine Freude auf. Auch konnte ich mit der Zeit entdecken, daß sie Vertrauen und Zuneigung wahrnimmt und diese auch entgegnet. Jedoch schien es mir, daß sie zwischendurch immer wieder zweifelte und fast erschrocken darüber war, daß man sie gern hatte und ernst nahm. Zuverlässigkeit und Regelmäßigkeit fielen ihr nach wie vor sehr schwer, sowie die Einordnung in die Gruppe und eine echte freundschaftliche Beziehung zu Gleichaltrigen. Das viele Lügen- und Phantasiegeschichtenerzählen und auch die Spannung zwischen «sich Verstecken» und «großen Auftritten» gaben ihr etwas Gekünsteltes, was den Gleichaltrigen den Zugang zu ihr erschwerte.

An einem Tage, kurz vor meinem Abschied, gab ich Isabel wieder einmal meine Tasche, in der ich dummerweise einen größeren Geldbetrag aufbewahrt hatte, zum Aufpassen. Nach unserem Treffen begleitete mich Isabel ein Stück und hängte sich dabei sehr anschmiegsam ein, erzählte alles mögliche und bedauerte meine bevorstehende Abreise. Irgendetwas an ihrem überschwenglichen Verhalten machte mich gleich stutzig: Erst eine halbe Stunde später, als ich merkte, daß die 30,– DM aus meiner Tasche verschwunden waren, wurde mir der Hintergrund ihrer übertriebenen Liebenswürdigkeit klar. Es stellte sich kurze Zeit später heraus, daß sie das Geld tatsächlich genommen hatte.

Nach einer ersten Phase der Wut, Traurigkeit und großen Enttäuschung (auch über mich selbst), begann ich ruhiger über das Geschehen und die Umstände nachzudenken. Mir wurde klar, daß eine so tiefliegende, in frühester Kindheit entstandene Störung in so kurzer Zeit unmöglich zu beheben ist. Mein Aufenthalt in der Favela war von vornherein auf ein paar Monate beschränkt, und so durfte ich nicht erwarten, daß Isabel volles Vertrauen zu mir gewinnen würde. Vielleicht war auch die Versuchung zu groß für sie oder der Diebstahl eine Antwort auf mein Weggehen. Außerdem war die eigentlich dringend notwendige Elternarbeit praktisch unmöglich, da der Vater kaum zu Hause war. Alle Bemühungen liefen in gewisser Weise gegen die nächste Umgebung Isabels. Die Brüder, die sich inzwischen schon fast professionell mit Diebstählen befaßten, der fehlende moralische Halt im Elternhaus und die langen Jahre der Gewöhnung an ein unaufrichtiges Verhalten wirken einer Veränderung in starkem Maße entgegen. Trotz all dieser düsteren Aussagen und Prognosen blieb in mir noch etwas anderes. Es war das Erlebnis, Isabel ein paar Mal ganz offen und liebevoll erlebt zu haben, und die Vorstellung, daß sich in einem Menschen die Auswirkungen einer Begegnung und eines Geschehens oft sehr viel später einstellen. Damit meine ich nicht, daß Isabel sich aufgrund dieser Betreuung in einigen Jahren ändern wird, doch kann die Erfahrung, daß sie etwas lernen konnte, in eine Gruppe einbezogen war und daß jemand Vertrauen in sie hatte, etwas sein, was in ihr bleibt und sie stärkt.

Inzwischen ist Isabel vier Jahre älter. Nach dem oben geschilderten Erlebnis hatte sie sich ziemlich geschämt und sich fortan von der Escolinha ferngehalten. Vor einigen Tagen kam sie mit ihrem kleinen Geschwisterchen ins Ambulatorium. Wir sprachen nach langer Zeit wieder ausführlich miteinander. Das Aufmüpfige in ihrem Charakter hat sich verloren, und ich war erstaunt, wie lieb und verantwortungsvoll sie von der Krankheit ihrer Schwester sprach. Ich habe das Gefühl, daß sie in sich viel mehr Halt gefunden hat, und darum bin ich sehr froh über diese Begegnung.

Susanne L.

Straßenkinder

Seit einigen Jahren wird in São Paulo das Problem der sogenannten «meninos de rua» (Straßenkinder) immer ernster. Gemeint sind Kinder, die oft schon im Alter von sechs bis sieben Jahren in der Stadt herumlaufen, um irgendwie an Geld zu kommen. Sie betteln an den Straßenampeln, verkaufen Blumen, Kekse oder Eis, sammeln Alteisen, Flaschen, Kupfer; waschen Autos oder passen auf Autos auf, d. h., sie sitzen davor und tun gar nichts; putzen Schuhe oder helfen auf dem Markt. Sie verdienen meist verhältnismäßig gut, wenn man berücksichtigt, daß sie ja nichts gelernt haben, manchmal mehr als ihre Väter, wenn diese als Hilfsarbeiter beschäftigt sind. Manche dieser Kinder bringen das Geld nach Hause und helfen somit den Eltern, sich und ihre Familie zu ernähren. Andere wiederum verlieren den Anreiz, nach Hause zu gehen, wo sie eine zerstörte Familie erwartet und bilden kleine Banden, schlafen zusammengeknäult auf den Gehsteigen, erbitten Essensreste in Restaurants und führen ein total selbständiges Leben, ohne einen Erwachsenen zu benötigen. Es gelingt ihnen, alleine zu überleben. Den Erwachsenen brauchten sie eigentlich für etwas anderes: Er könnte ihnen einen inneren Halt geben, einen Weg zeigen, der über das tägliche Überleben hinaus führt, denn oft kaufen sie für dieses Geld nichts zum Essen, sondern Leim (zum Schnüffeln), Zigaretten, Drogen, Schnaps, Wein.

Wir zerbrechen uns immer wieder den Kopf, welche Möglichkeiten man in Monte Azul schaffen könnte, um diesem Arbeits- und Geldbedürfnis vieler Kinder Rechnung zu tragen und ihnen gleichzeitig noch etwas für ihr Leben mitzugeben, das mehr ist, als nur das reine Brotverdienen. Die Idee, eine Backstube zu gründen, hing damit zusammen. Einige Jungen oder Mädchen lernen hier, Brot und Brötchen zu backen, und einige verkaufen sie in der Umgebung, so war unser Plan.

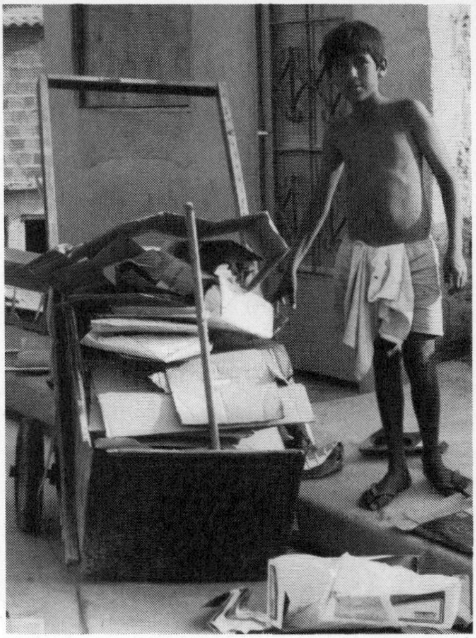

Die Backstube steht nun, einige Jugendliche machten dort einen Backkurs, aber wie man jetzt eine große Zahl von Straßenkindern, die hier ja Geld verdienen müßten, in diesen Betrieb mit einbeziehen kann, ist uns noch nicht klar. Denn die Bäckerei soll ja ein Betrieb sein, der nicht nur sozialen und pädagogischen Wert hat, sondern auch wirtschaftlich arbeitet und etwas Gewinn abwirft.

Augenblicklich backt ein Bäcker in der Favelabackstube Brötchen und Schwarzbrot. Das Schwarzbrot verkaufen wir mit gutem Gewinn in Läden in der Stadt. Damit ist es möglich, für die Favelabewohner Weißbrötchen zu backen, die billiger sind als in den normalen Bäckereien. Ein Freiwilliger unterstützt den Bäcker, der nur zwei Schuljahre absolviert hat, bei der Organisation und bei der Buchhaltung.

In der Bäckerei hilft noch ein 18jähriger Junge, Carlinho, der als Kind Meningitis hatte und dadurch behindert ist. Carlinho ist aber sehr geschickt und rollt mit einer Hand die Brötchen so schnell wie kaum ein anderer mit zwei Händen. Lauro, ein 13jähriger Junge, der wegen Kinderlähmung hinkt, hilft beim Verkauf der Brötchen auf der Straße. Neben diesen behinderten Kindern werden wir im Laufe der Zeit – je nachdem wie das Geschäft läuft – noch andere Jungen zum Brotaustragen beschäftigen. Parallel zur Arbeit werden die Kinder und Jugendlichen noch Unterricht haben: Rechnen, die Geschichte des Brotes, Getreidearten usw.

Mit demselben Ansatz – Pädagogisches und Geldverdienen zu verbinden – sind wir dabei, eine Webstube einzurichten und einen Gartenbaukurs anzubieten. Zusammen mit anderen Sozialwerken versuchen wir Lösungen für das Problem der meninos de rua zu finden. Wenn man allerdings die Kinder persönlich kennt, bemerkt man, daß es bei weitem nicht genügt, ihnen die Möglichkeit zu bieten, selbst Geld zu verdienen. Das ist nur ein geringer Teil von dem, was sie von uns erwarten. Immer wieder machen wir die Erfahrung, daß mit Arbeits- und Verdienstangeboten allein solche Kinder nicht zu halten sind. Was sie ersehnen und ihr ganzes Leben hindurch vermißt haben, das ist Liebe und Geborgenheit. Aus diesem Grunde suchen wir für manche Kinder Familien oder familienähnliche Heime, die etwas von dieser Sicherheit und Liebe geben können. Aber auch dies ist nicht immer eine Lösung, da manche Kinder schon zu sehr an die totale Ungebundenheit der Straße gewöhnt sind und sich in keinen Tages-Rhythmus mehr einfinden können. So müssen wir mit der Tatsache leben, daß die Großstadt manche Kinder auffrißt, ohne die Hoffnung zu verlieren, daß sie sie eines Tages wieder ausspuckt und wir diese Kinder wiederfinden und sie auf den Weg bringen.

Ute C.

Arbeit mit Erwachsenen

Receita para o pobre

Dê-lhe a certeza singular
que o mundo vai virar
e a esperança vai brotar.

Dê-lhe o sorriso irregular
da atitude exemplar
e a virtude semear.

Dê-lhe a vara de pescar
da liberdade de cultivar
da amizade de respeitar
em cada canto do seu lugar.

Dê-lhe o dever de ser sujeito
no defeito e no respeito.
Pois cada um tem o direito
de crescer no mesmo leito
e florescer no mesmo seio.

Jovina Bovina, Ärztin in Monte Azul

Rezept für den Armen

Gib ihm die feste Sicherheit,
daß die Welt sich ändern wird
und daß seine Hoffnungen wachsen werden.

Schenke ihm Dein aufrichtiges Lächeln,
Deine innere Haltung, die als Beispiel dienen möge,
die Heilkraft, die ihn stärkt.

Reiche ihm nicht den Fisch,
gib ihm die Angel, diesen zu fangen.
Gib ihm die Freiheit, seine Arbeit selbst zu gestalten,
und achte seine Freundschaft, die Dir in
jedem Winkel seines Hauses entgegenkommt.

Gib ihm das Gefühl, Mensch zu sein
mit all seinen Fehlern und Verirrungen –
Denn ein jeder hat das Recht,
in derselben Erde zu wachsen
wie auch zu blühen in ihrem Schoße.

(freie Übersetzung)

Maria aus der Favela Peinha

Maria arbeitet acht Stunden am Tag in einer Firma als Putzfrau. Bevor die Sonne aufgeht, steht sie auf und schleicht sich vorsichtig aus dem Bett, das sie mit Zé und dreien ihrer Kinder teilt. Das jüngste ist gerade sechs Monate alt; Maria lebt in ständiger Angst, ihr Mann könnte sich im Schlaf auf das Baby wälzen und es erdrücken.

Der Tag beginnt für Maria mit der üblichen Routine: Wäsche waschen, Essen vorbereiten, Geschirr vom Vorabend spülen... und das alles so rasch wie möglich, da sie versuchen muß, noch vor 7.00 Uhr einen Bus zu bekommen, um pünktlich zur Arbeit zu gelangen. Auf Zé kann sie sich kaum verlassen, die meiste Arbeit tagsüber im Haus verrichtet die zehnjährige Telma, ihre älteste Tochter. Sie paßt auch auf das Baby auf und geht deshalb schon seit einem halben Jahr nicht mehr zur Schule. Lesen kann sie, jedoch beim Schreiben hat sie große Schwierigkeiten. Maria weiß, daß die Schule für das Mädchen sehr wichtig ist, sie sieht aber keinen anderen Ausweg – wer sollte sonst auf das Baby aufpassen können? Geld, um eine Frau aus der Favela dafür zu bezahlen, hat sie nicht.

An der Bushaltestelle stehen Menschenmassen. Morgens sind die Busse in Richtung Stadt immer bis zum Bersten gefüllt. Die Menschen drängen sich so hinein, daß die Türen nicht mehr zugehen und viele auf dem Trittbrett stehen und versuchen, sich irgendwo krampfhaft festzuhalten. Der Busfahrer nimmt darauf keine Rücksicht; er rast weiter durch die Straßen, als wollte er die Menschen abschütteln, die sich da an die Tür klammern. Manchmal passiert etwas – aber davon spricht man nicht. Auch Maria muß oft auf diese Art zur Arbeit fahren. Was wird aus ihren Kindern, wenn ihr etwas zustößt? Sie weiß es nicht, arbeitet aber immer mit unruhigem Gefühl. Marias eintöniger Arbeitstag wird nur von dem reichhaltigen Mittagessen, das sie in der Firma bekommt, unterbrochen. Das Essen ist sehr gut, es gibt Fleisch, Gemüse, Reis und Bohnen und immer Nachtisch. Oft packt Maria heimlich die Reste ein, um sie für die Kinder mitzunehmen.

Abends um 5.00 Uhr muß sie wieder einen vollen Bus nehmen,um nach Hause zu kommen – um diese Zeit strömt alles wieder aus der Stadt heraus, und die Busse in die andere Richtung sind fast leer.

Wenn Maria dann in die Favela kommt, findet sie ihre kleinen Kinder auf der Straße, dreckig, zerlumpt. Zé sitzt in der Bar, spielt Billard mit seinen Freunden und verlängert die Schuldenliste, die er dort hat. Maria würde nie Geld mit nach Hause nehmen, sie weiß, daß Zé es finden und vertrinken würde. Nein, wenn sie ihr Gehalt bekommt, kauft sie gleich Nahrungsmittel für den ganzen Monat ein.

Zu Hause sitzen ihre beiden ältesten Töchter vor dem Fernseher, sie bemerken kaum, daß die Mutter wieder da ist. Das Baby schläft.

Wer meint, Maria könnte nun ausruhen, täuscht sich. Sie wäscht Wäsche und Geschirr, macht Abendessen und reinigt die Hütte so gut es eben geht. Abends ist sie dann todmüde und schläft schon, lange bevor der Mann oder die Kinder den Fernseher abschalten.

Bettina K.
freiwillige Helferin

Frente de Trabalho – gemeinsamer Arbeitseinsatz

«Arbeit ist materialisiertes menschliches Wesen.» – Ich habe den Namen des Autors* dieses Satzes vergessen, den meine Philosophielehrerin während meiner Studienzeit zitierte. Ich habe die Stunde vergessen, aber der Satz blieb hängen.

Als ich anfing, in der Favela Peinha zu arbeiten, schockierte mich das Elend, das ich um mich herum erlebte: Das Durcheinander, die schmalen Wege, die aus der Not von den fantasievollen Bewohnern recht und schlecht improvisiert werden, auf denen man bei Sonnenschein einigermaßen gehen kann, die sich aber im Regen in gefährliche Rutschbahnen verwandeln; die fehlende Abwasserkanalisierung, der Dreck und Gestank, das alles sind Zeugen der ungerechten Teilung der materiellen Macht auf der Welt. Wenn wir von einem bestimmten Blickpunkt aus schauen, dann bewundern wir den Mut und die Einfallskraft der Armen, die es fertig bringen, in diesen Hütten zu überleben. Aber andererseits kann man leicht feststellen, wie diese Lebenssituation den Menschen die Kraft nehmen kann, zu reagieren und kämpfend Alternativen zu suchen. Ich spüre in den Menschen, die in diesen Verhältnissen leben müssen, dieselbe Verlassenheit, dieselbe Ungeborgenheit, die ich spüre, wenn ich auf die Favela als Ganzes hinschaue. Es ist wirklich sehr schwer für jemanden, der vom Land kommt, in der Stadt zu wohnen und noch dazu in einer so hoffnungslosen Situation Kräfte zu sammeln, um für etwas mehr als das pure Überleben zu kämpfen. Aber der Mensch ist mehr als das – und wenn ich mich in diese Menschen ganz hineinversetze, wird es mir immer klarer, daß in ihnen das Suchen nach einem Sinn des Lebens ebenso stark ist, wie in den Menschen, die das Privileg haben, ihr Bewußtsein und ihre Gefühle ausdrücken zu können.

* Karl Marx.

Ich dachte, daß ich die mutiroēs (freiwillige Gemeinschaftsarbeiten an Sonntagen) organisieren sollte. Wir versammelten uns, um die Probleme der Favela zu besprechen und die Arbeit aufzuteilen. In diesen Versammlungen begeisterten sich die Maurer, Hilfsarbeiter und andere Arbeiter wie sonst nur die Buben an Festtagen. Sie hatten viele Ideen, diskutierten Baumaterialpreise, Arbeitsaufteilung, usw. An den Sonntagen war die Arbeit plötzlich nicht mehr das schwere Joch der Wochentage, sondern sie wurde zu einer Gelegenheit des Schaffens. Ich sah, wie «Formigãos» Augen leuchteten, als die Zementtreppe, die zu seiner Hütte führte, fertig war. Es war ein Blick voller Liebe und Zärtlichkeit, wie der einer Mutter, wenn sie ihr Baby zum ersten Mal im Arm hält. Es regnete sehr und die Hände und Füße der Männer waren voller Dreck und Zement. Aber die Augen waren rein wie ein Quell. In diesem Moment fiel mir der Satz vom Anfang ein. Das ist es: der Mensch muß schöpferisch tätig sein, und in diesem Bedürfnis ist der Wunsch enthalten, es besser zu machen, ein gemeinsames Ziel zu haben, sich daran zu freuen, ganz mit den anderen zusammen zu sein. Das ist es, was jeder von uns wahrhaftig in sich hat, und was schließlich aus uns menschliche Wesen macht.

Ist es nicht ein Widerspruch, daß es in der Welt einerseits so viele Arbeitslose gibt und andererseits so viel Arbeit, die zu leisten wäre? Zumindest hier in der Favela wollten wir im Rahmen unserer Möglichkeiten diesen Widerspruch etwas mildern. Für die Stadtverwaltung hört anscheinend auf dem Gelände der Favela ihr Zuständigkeitsbereich auf, also muß man sich selber um alles kümmern: Müllabfuhr, Zugangswege und Treppen an den steilen, schlammigen Abhängen, Brücken über den offenen, in der Favela nicht kanalisierten Kloakenbach, Abwasserregelung, Wasserversorgung, usw. So fanden wir zwei in der Favela wohnende Maurer, Cícero und Silvio, die die Verantwortlichen der ‹frente de trabalho› (Arbeitsfront/Arbeitseinsatz) wurden. Sie versammelten die Arbeitslosen in den verschiedenen «Bezirken» der Favela. Alle Arbeitslosen bekommen Lebensmittel als Entgelt. Man muß selbst gesehen haben, mit welcher Begeisterung sie in dem gen Himmel stinkenden Matsch arbeiten und mit welchem Stolz sie einige Tage später den fertiggestellten Abwasserkanal zeigen. Vier Brücken, sechs lange Zementtreppen und ein Abwasserkanal sind bereits fertig.

Ein anderer jetzt in Angriff genommener Plan ist die Verbesserung der Hütten. Wir wollen selber Bausteine aus einer Mischung von Zement oder Kalk und gewöhnlicher Erde herstellen. So kann jeder, der etwas Geld hat, seine eigenen Ziegelsteine fertigen und allmählich sein Häuschen herrichten.

Die Herstellung der Bausteine verbinden wir mit einem Lehrgang für Maurer, Klempner und Elektriker. Die Arbeitslosigkeit ist um so größer, je weniger man einen Beruf anzubieten hat. So versuchen wir, das innere Elend zu verringern, indem wir die materielle Grundlage verbessern, auf der seelisches Leben erst gedeihen kann.

Julieta B., Sozialarbeiterin

Feste in der Favela

Immer wichtiger werden seit 1983 die Versammlungen mit den Favelados, die politischen Aufklärungsabende zusammen mit Tanz- und Musikfesten. Bei diesen Festen zählt, was uns allen gemeinsam ist: die Lust am Leben, die Freude am gemeinsamen Singen und Tanzen, sich als eine Gemeinschaft von Menschen zu fühlen, die schon einige Jahre zusammen ist und zusammen etwas entstehen sah: die Favela, wie sie immer schöner wird. Die Cóca klatscht den Rhythmus und strahlt mich an und ich sie; Antonio singt, Tó spielt Gitarre, João ist nicht wiederzuerkennen, so selbstbewußt und gelöst wirkt er beim Singen. João holt das letzte aus seinem pandeiro (Tamborine) heraus. Antônio Macetino feuert die Sänger an, und wir lassen uns alle mitreißen und singen mit noch mehr Hingabe, und «Zé Macarrão» versucht, seine Trommel etwas sanfter zu behandeln – man hat das Gefühl einer schwingenden Einheit, einer fast greifbaren Gruppenseele; in solchen Augenblicken spürt man etwas von dem, was Brasilien ist. Oder zumindest war.

Sobald man darüber nachdenkt, fragt man sich: Wo bleiben diese schöpferischen Kräfte, diese Lust, im Singen und im Rhythmus seine Seele auszudrücken? Tó ist arbeitslos, Zé arbeitet in der Fabrik, João putzt die Lifts im Centro Empresarial, Antônio ist arbeitslos. Ihre Freizeit besteht aus TV, Snooker, Pinga (Zuckerrohrschnaps). Ihre Arbeit bringt ihnen meist keine innere Kraft, ihre Freizeit erlöscht den Rest von schöpferischer Kraft.

Wenn man den Jammer spürt, in dem diese Menschen – ihnen vielleicht nicht bewußt – innerlich leben müssen und dieses einem selbst im Innersten schmerzt, dann fängt man diese Menschen so an zu lieben, daß man etwas tun muß, um die Möglichkeiten des Menschseins wieder zu schaffen. Immer klarer wird mir die Metamorphose, die Rudolf Steiner in seinen Vorträgen über das «Fünfte

Evangelium» (Gesamtausgabe Bd. 148) beschreibt: Das Erleben des Vakuums, des Verschüttetseins des «inneren Menschen» verwandelt sich in Schmerz und dieser in Liebe und diese in Tat. Je älter und reifer man selbst wird, um so mehr empfindet man auch diesen Schmerz und um so tiefer wirkt diese Liebe. Schmerz und Liebe steigern sich mit der sich steigernden Individualität. Das merke ich auch in mir. Am Anfang meiner Sozialarbeit bezog sich mein Mitempfinden, mein Mitleiden hauptsächlich auf die äußeren Umstände, in denen die Favelados leben mußten; in Monte Azul richtete es sich mehr auf die inneren Zustände, auf dieses Sich-nicht-entwickeln-können. Aber je mehr ich mich selbst verstehe, je mehr ich verstehe, was es eigentlich heißt, Mensch zu sein und zu werden, um so deutlicher spüre ich auch diesen Schmerz, der die Seelen verletzt und nicht nur die Körper – und um so größer wird auch die Liebe zu all diesen Menschen. Dasselbe geschieht mit vielen unserer Mitarbeiter. Dieses Empfinden steigert sich mit Alter und Reife: wenn man sich ihm hingibt und sich nicht dagegen aus Angst vor dem eigenen Leiden sperrt.

Viele haben vor diesem gefühlsmäßigen Sich-Hingeben Angst und versuchen, sich herauszuhalten, gefühlsmäßig ihr eigenes Leben vom Berufsleben zu trennen, die fremde Not nicht *zu* nahe an sich heranzulassen. Aber ich glaube, daß es in jeder echten Gemeinschaft, die es mit unterdrückten, gequälten Menschen zu tun hat, Menschen geben muß, die sich auch in den Schmerz hineinstürzen. Sonst bleibt es reine Sozialarbeit. Wir versuchen, Arbeit am ganzen Menschen zu tun: im Miteinandertun, Miteinanderüberlegen und Miteinanderfühlen, im Sich-zusammen-Freuen und im Mitempfinden der Not. Und wir versuchen, diese Not der Menschen in Worte zu fassen und damit ihr Ausdruck zu verleihen, der meistens dieser stummen Mehrheit verwehrt bleibt. Im Grunde sind diese Menschen sprachlos, was ihre Not betrifft; sie werden nur dann ihrer Stummheit entrissen, wenn etwas Spektakuläres geschieht: ein Mord in der Favela, über den in der Zeitung berichtet wird; eine Überschwemmung, die so und so viele Menschen obdachlos macht; ein Erdbeben, ein Vulkanausbruch. Dann treten diese Menschen in den Schein der Öffentlichkeit, um danach wieder stumm ihr Schicksal zu ertragen – das Schweigen der Unterdrückten, wie Paulo Freiere sagt. Sie aus diesem Schweigen nicht nur in Augenblicken der Katastrophe herauszuholen, sondern auch in ihrem alltäglichen Leben, ihrem Fühlen, ihrer Freude, ihrem Witz, das ist für uns etwas überaus Wichtiges.

Ute C.

Gespräch

Neulich sagte eine Dame, die öfters in die Favela kommt, etwas, das mich sehr betroffen hat:

«Diese Menschen sind so würdelos. Wie diese Frauen da stehen an der Wasserstelle, mit ihren dicken Bäuchen, die Hände in die Hüften gestemmt. Und die Männer, wie sie sich dort waschen, schamlos ...»

Erst schnappte ich nach Luft und ging dann gleich in die Verteidigung über:

«Das sind Frauen, die Jahr für Jahr Kinder bekommen, jahraus, jahrein kochen, Windelfetzen waschen, Kinder auf den Hüften tragen, Reis und Bohnen kochen, dem Manne zu Diensten sein müssen. Frauen, die ihre Kinder unter diesen Bedingungen auf- und erziehen müssen, in ein oder zwei Zimmerchen, ohne Wasser; die die steilen, schlammigen Wege zur Wasserstelle schwanger hinauf- und hinunterlaufen müssen, warten, bis sie am Wasserrohr an die Reihe kommen, die Wasserdose füllen, auf den Kopf heben, nach Hause schleppen, in eine größere Tonne schütten, wieder an die Wasserstelle gehen, wieder den Eimer füllen usw. Die als Wandschmuck nur alte Zeitungen haben mit Reklamebildern von leckeren Speisen oder mit nackten Frauen. All das muß man sich einmal richtig vorstellen, wie so etwas wirkt, tagein, tagaus.»

Unter solchen Umständen Würde zu bewahren, bedeutet mehr, als in einem schönen Haus an einer gepflasterten Straße zu wohnen, mit Kunstdrucken und Büchern, die einem helfen, die Liebe zum Schönen in einem wach zu halten. Wie können wir es wagen, jemanden zu mißachten, nur weil er seine Menschlichkeit tiefer vergraben mußte als vielleicht wir?

Ute C.

Eurythmie in der Favela

Eurythmie im Freien, in der Favela! Seit drei Sonntagen kamen die Männer zusammen, angespornt von Zéca und mir, um die Freilichtbühne zu errichten. Neben dem Ambulatorium räumten wir Bauschutt, Müll, Bananenstauden usw. weg und ebneten alles ein, damit die Eurythmisten nicht stolperten oder an einer Wurzel hängen blieben; wir entfernten einen Zaun und bauten ihn nebenan wieder auf und dergleichen mehr. Nun, das ist in einem Satz geschrieben, aber es waren zwanzig Männer und viele Kinder drei Sonntage damit beschäftigt.

Heute wurde alles mit Blattwerk und Blumen verziert. Das Fest wurde zu Ehren des einjährigen Bestehens des Ambulatoriums gefeiert. Da die Eurythmiegruppe aus Hamburg eine Vorführung für die Favelabewohner machen wollte, fanden wir es nach vielem Hin- und Herüberlegen am besten, diese in der Favela direkt zu veranstalten: zu dieser Jahreszeit mit etwas bangem Gefühl, ob es regnet. Wie ist Eurythmie im Freien? Auch die Eurythmisten waren zuerst etwas ängstlich, besonders nachdem ihnen jemand gesagt hatte, daß die halbstarken Favelajungen mit Eiern und Tomaten werfen würden. Da konnte ich sie beruhigen, denn diese Nahrungsmittel stekken sie meist in den Mund.

Endlich war es soweit. Ich sah sie ankommen: die bunten Kleider und Schleier auf dem Arm, sich vorsichtig die Favelaerdtreppen heruntertastend. Diese feinen Gewebe in zarten Farben und daneben die bräunlich-grauen Hütten und zusammengestückelten Zäune – dieser Kontrast. Kinder waren schon jede Menge da, dann ein nicht mehr abbrechender Strom von sogenannten Feinen aus den beiden Waldorfschulen, der Clinica Tobias usw. Danach, zögernd wie immer, die Erwachsenen der Favela. Ein schönes Gemisch, so, wie ich es gern habe!

Zuerst wurde der Sonnengesang des Franz von Assisi aufgeführt, dann eine Musik von Mozart, zwei brasilianische Gedichte, das Märchen vom Hasen und dem Igel und ein Musikstück von Dvořák. Die Gedichte und Märchen hatten wir den Kindern schon erzählt, teilweise auch auswendig gelernt. Jeder von auswärts wundert sich immer, wie gut diese Kinder zuhören.

Aber wirklich erstaunlich fand ich, wie die Männer zusahen, Männer, die um diese Zeit ja meist in den Bars herumhocken und gröhlen. Nach der Eurythmie führte Cido mit seinen Kindern Turnübungen und einen Tanz vor. Danach sangen Raimundo und sein Bruder auf der Gitarre Lieder aus Nordbrasilien. Im allgemeinen Singen löste sich das Fest auf, d. h., danach mußte man noch tausend Hände schütteln …

Schreinerlehrwerkstatt

Es ist sicher besonders schwierig, in einer Favela Jugendlicher zu sein. Die Erwachsenen haben sich schon gewissermaßen mit ihrer Situation abgefunden. Sie kommen größtenteils vom Land, wo sie noch in traditionsgebundenen großfamiliären Strukturen ein einigermaßen stabiles Innenleben aufbauen konnten. Das hilft ihnen oft, die enormen Schwierigkeiten des Favelalebens zu ertragen und immer wieder den Kopf hochzuhalten. Die Kinder leiden ihrerseits zwar sehr an den unmenschlichen Bedingungen des Favelalebens, jedoch unbewußt. Die Jugendlichen aber, die ihrer Natur nach voller Wunschträume, voller Ideale am Anfang ihres bewußten Lebens stehen, können in der Favela und in der Großstadt São Paulo nur auf ein großes Loch schauen. Ihre geringe Schulbildung hindert sie an allem Weiterkommen. Sie bekommen nur Hilfsarbeiterstellen, wo sie acht Stunden täglich für einen Mindestlohn schuften müssen. Alle Weiterbildung ist teuer, und außerdem: Wer hat die Kraft, sich nach einem Arbeitstag noch vier Stunden abends auf die Schulbank zu setzen? Dazu müssen die Schüler auch noch den gefährlichen Heimweg fast um Mitternacht riskieren. Und wann haben sie Zeit für ihre Freunde? Und woher bekommen sie das Geld für schöne modische Kleidung, die ihre Favelaherkunft zu verheimlichen helfen würde? Wenn man all diese Schwierigkeiten bedenkt, wundert man sich immer, wie viele Jugendliche doch abends in die Schule gehen oder irgend einen berufsbildenden Kurs machen. Aber ebensoviele bringen die Kräfte nicht auf, weder zum regelmäßigen Arbeiten noch zum Studieren; sie gleiten ab in die Welt der Drogen und der Kriminalität.

Seit wir in der Favela arbeiten, versuchen wir, Wege zu finden, damit diese Jugendlichen Berufe lernen können und sich so aufs Neue für die Zukunft interessieren.

Die erste Werkstatt, die so entstand, ist die Schreinerei. Sie wurde Schritt für Schritt von Paulo aufgebaut, einem Schreiner, der vorher über 20 Jahre in der Industrie gearbeitet hatte und dadurch nicht nur vielseitige Erfahrung in seinem Beruf hat, sondern auch im Umgang mit Menschen. Da er selbst aus einer armen Familie kommt und von dunkler Hautfarbe ist, kann er auf besondere Art den Jugendlichen aus der Favela Vorbild sein. Wie wichtig und wohltuend das ist, kann man an all den Jugendlichen beobachten, die in den Jahren durch die Schreinerei gegangen sind. Von der ersten Lehrlingsgruppe sind heute immer noch fünf junge Männer bei uns, die teils als Erzieher, teils als Schreiner Paulo zur Seite stehn. Die Schreiner garantieren die inzwischen große Produktion von Holzspielsachen und Möbeln und führen diese immer selbständiger aus. Sie bekommen ein Gehalt. Der Erzieher unterrichtet die jüngeren Lehrlinge in zwei Gruppen von je 12 Schülern. Sie fangen mit einfachen Arbeiten an, an denen sie den Gebrauch der Werkzeuge lernen. Die Arbeiten dürfen sie mit nach Hause nehmen. Später helfen sie den großen Schreinern bei bestimmten Arbeiten und wachsen so allmählich in den Beruf hinein. Sie fangen dann auch an, ein wenig Geld zu verdienen. Leider gibt es aber auch Jungens, die mit Begeisterung die Schreinerausbildung anfangen, aber nach ein paar Wochen die Lust verlieren und wieder in das unstete Straßenleben zurückkehren. Bei diesen Kindern hat man das Gefühl, daß sie keinen Rhythmus ertragen, daß sie zu nichts Durchhaltekraft haben. Sie suchen die Abwechslung durch Abenteuer auf der Straße, lernen dort, wie man leicht zu Geld kommen kann, und suchen immer neue Sensationen. Drogen finden sie an jeder Ecke. Wir haben bis jetzt, trotz vieler Versuche, nichts gefunden, womit wir diese Kinder packen könnten.

Seit die Schreinerei 1979 anfing, hat sie sich äußerlich und auch innerlich sehr geändert. Der Anfang war schwer. Es gab kaum Werkzeuge, keinen eigenen Raum, keine Hobelbank. Die Jungens mußten für eine Säge «Schlange stehen» und ihre Arbeiten am Tisch festschrauben, der tagsüber von der Freizeitgruppe benützt wurde. Durch eine Spendenkampagne und die großzügige Hilfe von vielen Freunden konnte aber diese Situation bald verbessert werden. Die Schreinerei bekam einen eigenen Raum und allmählich immer mehr Werkzeuge, Hobelbänke und sogar Maschinen. Im August 1986 zogen sie in die neue Schreinerei, die etwa fünfmal so groß ist wie die jetzige. Die Schreiner freuen sich, endlich genügend Platz zu haben und nicht mehr auf dem staubigen Hof der Escolinha ihre Möbel lackieren zu müssen. Die Bestellungen an die Schreinerei haben so zugenommen, daß die Schreiner kaum nachkommen. In der neuen Schreinerei mit besseren Maschinen kann die Produktion um einiges vergrößert werden.

Die andere, mehr innerliche Veränderung ist die, daß am Anfang Paulo alleine mit seinen 15 Lehrlingen war, die damals schüchtern und voller Respekt zu ihrem Lehrer aufsahen. Heute aber sind diese Jungen Erwachsene, haben einen Beruf gelernt und tragen nun zusammen mit Paulo die Verantwortung für die Werkstatt, nehmen Bestellungen entgegen, machen Einkäufe und Kostenvoranschläge. Auf Ausstellungen und Bazaren wird die Arbeit bekannt gemacht. Daß die Jungen so weit gekommen sind, ist nicht nur der Schreinerlehre alleine zu verdanken, sondern auch anderen Menschen, die von auswärts kommen und Unterricht wie z. B. in Zeichnen, Rechnen und Kunst geben.

Ziel der Werkstatt ist in erster Linie die Bildung und Ausbildung von Jugendlichen. Das geschieht im Zusammenhang mit der Entwicklung einer kooperativen Produktion. Jeder Mitarbeiter soll sich für das Ganze interessieren und wissen, welchen Beitrag er dafür leistet, denn die Ausbildung soll nicht nur berufsorientiert sein, sondern den ganzen Menschen zu einem verantwortungsbewußten Glied der Gesellschaft heranbilden, der sein eigenes Leben in die Hand zu nehmen weiß. Diese Ausbildung soll immer mehr Jugendlichen ermöglicht werden mit der Chance, schon während des Lernens etwas Geld zu verdienen, was für viele überhaupt erst die Voraussetzung zur Teilnahme an einer Lehre ist.

Renate K.-J., Koordinatorin im Kindergarten und in der Krippe

Jahresbericht 1985

Der Jahresbericht von 1984 war gekennzeichnet durch die äußerlichen Veränderungen innerhalb der Favela dank der intensiven Bautätigkeit: dem Entstehen des neuen Ambulatoriums, verschiedener Kinderkrippen, der zementierten Wege. So entstand ein sich immer mehr ordnender Favela-Organismus. Die Wege bekamen sogar Namen. Rua das Flores (Blumenstraße) Rua de Paz (Friedensstraße), Rua das Pessoas Unidas (Straße der Vereinigten Personen) Rua da Alegria (Straße der Freude), die etwas ausdrücken, was sich die Menschen in der Favela wünschen, oder Namen wie Rua da Vovozinha (Großmutterstraße), Rua Zuina, in Erinnerung an Menschen, die hier wohnen oder wohnten.

Der zweite Teil des Jahresberichtes handelte vom inneren Geschehen Monte Azuls und dem inneren Entwicklungsweg der Mitarbeiter. An diese beiden Aspekte der Arbeit möchten wir anschließen.

Auch 1985 wurde weiterhin gebaut: Es entstand der Kindergarten in der Favela Peinha, eine neue Creche (Kinderkrippe) in Monte Azul, eine andere in der Favela Peinha; auch wurde der Bau der großen Schreinerlehrwerkstatt und Produktionsstätte (400 m²) groß) auf unserem eigenen Grundstück in Angriff genommen.

In der Arbeit mit Kindern gelang es den aus der Favela stammenden Kindergärtnerinnen und Erziehern immer besser, den Kindern einen harmonischen Ausgleich zu ihrem meist schon von Erwachsenenpflichten geprägten Leben zu geben. Besonders in den Kinderkrippen war dies spürbar. Die älteren Krippenmütter lernen die neuen an, den Raum schön zu gestalten, einen harmonischen Tagesablauf einzuhalten, in dem die Kinder einmal ausgelassen herumspringen können, einmal still zusammen sitzend einer Geschichte lauschen. Vieles mehr noch müssen die Krippenmütter lernen, die ja selbst vom harten Leben in der Favela geprägt sind. Dadurch aber, daß sie oft eine relativ gesunde Kindheit auf dem Lande gehabt haben, wissen sie, wie heilsam es ist, mit einfachem Material aus der Natur zu spielen oder beim Sonnenuntergang Reigen zu singen und zu tanzen. Sie haben in sich ein Kind bewahrt, das es nur aufzudekken gilt.

Die Arbeit mit Erwachsenen erfuhr einen großen Aufschwung. Die Wahlkampagne in São Paulo war eine Gelegenheit, in der Favela die Menschen zu versammeln und sie über die politischen Ereignisse aufzuklären. Diese Versammlungen endeten meist mit einem Fest, an dem viel gesungen und getanzt wurde. Außerdem entstand der sogenannte Plantão Social, eine Anlaufstelle für alle möglichen Probleme (Arbeitslose, zerfallene Hütten, hungernde Mütter, etc.). Ein Teil dieser Probleme wird dadurch gelöst, daß Geld zinslos geliehen werden kann und allmählich, je nach Möglichkeit, zurückbezahlt wird. Auch in medizinischer Hinsicht hat sich die Arbeit erweitert (Familienplanung, Kurse für Schwangere). Das neue Ambulatorium hat außerdem schon etwa 20 Geburten erlebt.

Die Schreinerlehrlinge arbeiteten in diesem Jahr ganz selbständig. Aufträge kamen, u. a. von der Weleda Arzneimittel Fabrik und vielen Sozialwerken. Auf drei großen Ausstellungen in São Paulo wurden Spielzeug, Möbel, Makramee und Puppen von uns gezeigt.

Doch bei all dieser Arbeit merkte man in diesem Jahr noch mehr als in den vorhergehenden den Einfluß von außen, d. h., wie die Außenwelt, die wirtschaftlichen Mißstände, die politischen Verhältnisse, die chaotischen inneren Zustände der Menschen ständig unsere Arbeit bombardieren. Das Jahr 1985 fing zwar sehr hoffnungsvoll sowohl innerhalb Brasiliens als auch innerhalb Monte Azuls an, denn wir spürten, daß es uns gelungen war, in der Reunião de Metas (Innere Planungsgruppe) einen festeren Kern gebildet zu haben, der immer mehr Verantwortung übernehmen konnte. In Brasilien insofern, als nach 20 Jahren zum ersten Mal freie Wahlen möglich geworden waren und alle Hoffnungen des brasilianischen Volkes sich auf Tancredo Neves, den gewählten Präsidenten, konzentrierten.

Dieser hoffnungsvolle Anfang nahm ein schnelles Ende. Tancredo Neves starb. In Monte Azul hatten wir seit Mai das Gefühl, ständig gegen Einflüsse, die nichts direkt mit uns und unserer Arbeit zu tun hatten, zu kämpfen: erst die explosive Auseinandersetzung mit einem ehemaligen Mitarbeiter, später das vorläufige Ausscheiden einer Mitarbeiterin durch den Tod ihres Mannes und besonders die sich immer mehr zuspitzende Situation in São Paulo: die Arbeitslosigkeit, die galoppierende Inflation, das Verkehrschaos, die Streiks, z. B. von Krankenhäusern, die acht Monate andauernde Trockenheit.

Und wie reagieren die Menschen darauf? Manche werden kriminell und drogensüchtig. Immer mehr Menschen rauben, immer mehr Kinder stehen an den Straßenampeln und betteln, wobei viele mit dem erbettelten Geld nicht nur Eßwaren kaufen, sondern auch Leim zum Schnüffeln. Die meisten der 15 Millionen Menschen in Groß-São-Paulo sind entwurzelte Menschen, die sowohl äußerlich (etwa die Hälfte ist nicht in São Paulo geboren, sind also Immigranten) als auch innerlich losgerissen sind von ihrer traditionellen Kultur und hineingeworfen in die Zivilisation des Betons, der Elektronik, des Fernsehens.

Eines der meistdiskutierten Themen unter uns war in diesem Jahr das Problem der Kinder und Jugendlichen, die uns entgleiten und ihr Leben auf der Straße verbringen, betteln oder arbeiten gehen, Alteisen sammeln, aber bald auch klauen, sehr oft schnüffeln oder, wenn sie in die Pubertät kommen, anfangen, Marihuana und Kokain zu rauchen und bald vermehrt stehlen und rauben, um sich diese Drogen kaufen zu können. Was kann man mit diesen Kindern und Jugendlichen tun, damit sie gleichzeitig etwas Geld verdienen und auch ihren Abenteuer- und exzessiven Freiheitsdrang befriedigen können? Wir versuchten einiges, z. B. eine Bäckerlehre für Jugendliche, doch merkten wir, daß wir noch viel nachdenken, beobachten und experimentieren müssen, um wirklich etwas Entscheidendes zu erreichen. Dasselbe Gefühl der Ohnmacht hatten wir gegenüber einer Gruppe Jugendlicher, die unter Drogeneinfluß die ganze Favela drei Monate lang tyrannisierten, so daß keine Hütte und keine Kinderkrippe mehr sicher vor ihnen war. Sie klauten, mit einem Revolver bewaffnet, Propangasflaschen, Töpfe, Kleider, Fernseher am hellichten Tag und verkauften sie billig. Der Chef war ein 16jähriger Jugendlicher, der noch vor einem Jahr sehr fleißig beim Pflastern der Favelawege geholfen hatte und als Kind in der Escolinha als schüchtern und immer hungriger Schüler aufgefallen war. Wie kann man so einem Menschen, den man als Kind kannte, wünschen, von der Polizei geschnappt zu werden und im Gefängnis zu landen? Andererseits blieb uns nichts anderes übrig, als die Polizei zur Hilfe zu rufen. Konkret kann man fast nichts mehr für diese Jugendlichen tun. Arbeit bekommen sie meist nicht mehr, Drogenentzugsanstalten gibt es für Arme nicht. Das Mindeste, was man für sie tun kann, ist, sie nicht zu vergessen, mit ihnen zu sprechen, immer wieder zu versuchen, trotzdem etwas für sie zu tun, sie innerlich nicht aufzugeben.

Immer deutlicher sehen wir, daß eine Favela der Schuttabladeplatz der Zivilisation ist, oder, wie eine Favelada sagte: Die Rumpelkammer der Stadt. Schutt wird hier abgeladen: Die Abwässer der umliegenden Stadtviertel werden in den Bach der Favela geleitet, die

Präfektur und Baufirmen laden oft ihren Müll und Bauschutt dort ab. Aber auch Schutt im übertragenen Sinne: Menschen, die etwas auf dem Kerbholz haben, finden in den Favelas Unterschlupf. Drogensüchtige aus der Umgebung rauchen hier, unbehelligt von der Polizei. Und in noch weiterem Sinne: Die Auswirkungen des kapitalistischen Systems treten hier sofort und roher in Erscheinung. Die Massenentlassungen z. B. stellen die Favelados vor das Problem des nackten Überlebens; die Tatsache der Mechanisierung der Landwirtschaft und die Umstellung der Landwirtschaft auf Export treffen in erster Linie die arme Bevölkerungsschicht. Überhaupt hat man den Eindruck, daß die Menschen in der Favela hüllen- und schutzlos den Einwirkungen der Zivilisation ausgeliefert sind (dem Fernsehen, dem Modezwang, der Faszination der Technik, der Propaganda der pharmazeutischen Industrie).

Unsere Frage bei der Kinder- und Erwachsenenarbeit ist gerade die, wie wir diesem hüllenlosen und schutzlosen Durchflutetwerden etwas entgegensetzen können; wie man eine innere Kraft bilden kann in den Kindern und auch in den Erwachsenen, die diesem Einstürmen der meist nicht menschengemäßen Außenwelt etwas entgegensetzt. Gerade in diesem Jahr wurde uns die Wichtigkeit deutlich, das Ich zu stärken, denn wenn man genau hinsieht, ahnt man, daß man es hier mit dem massiven Angriff zu tun hat, die Ich-Kraft zu schwächen. Die instinktive mütterliche Liebe allein genügt nicht mehr, um ein Kind in so einer Welt zu erziehen. Und wenn diese dann noch wegfällt, außerdem Hunger, Kälte, Krankheit, Radau und Schockerlebnisse dazukommen, so verhärtet sich der Körper, wird undurchlässig für Neues, ist frühzeitig «fertig». Die Entwicklung hört vor-zeitig auf, und das Ich, das zu Recht um das 20. Lebensjahr geboren wird, kann sich nicht inkarnieren. Diese Wachheit und Bewußtheit, die die instinktive Liebe ergänzen müßten, kann bei den meisten Favelabewohnern nicht vorhanden sein; darum können sie oft nicht genügend richtunggebend die Kinder begleiten.

Ebenso wie die Favela ist auch das Sozialwerk Monte Azul offen für das, was in der Welt rundherum geschieht. Es ist gedacht als eine Antwort auf das, was an Fragen und Problemen da ist. Die Auf-

Gemeinschaftsarbeit am Sonntag. Im Hintergrund das Ambulatorium

gabe, die wir uns seit zwei Jahren immer bewußter stellen, ist die: Wie kann man gleichzeitig sich durchdringen mit den einzelnen Schicksalen der Menschen, betroffen sein, mitfühlend, mitlebend bis zum Mit-leiden, ohne sich selbst zu verlieren? Wir glauben, die totale Offenheit auf der einen Seite muß ausgeglichen werden auf der andern Seite durch die Bildung eines festen Kerns, der weiß, um was es geht. Die Offenheit für die Welt, das Mit-leiden mit den Menschen liegt auf der einen Waagschale. Die gedankliche Arbeit, das Stärken des eigenen Ichs und des «Ich» des Organismus Monte Azul liegt auf der andern Waagschale. Nimmt das erste überhand, so gerät man ins Schleudern, verliert man sich in den täglichen Einzelheiten. Hat die andere Schale das Übergewicht, besteht die Gefahr, daß man vor lauter großen Ideen nicht mehr den einzelnen, in Not geratenen Menschen sieht, sich abkapselt und sich schützen will vor soviel Not.

In unserem Falle heißt gedankliche Arbeit, anhand des anthroposophischen Menschen- und Weltbildes immer besser verstehen zu lernen, was in den Menschen vorgeht, was das Phänomen Favela innerhalb der Welt bedeutet, wie sich die Favelamenschen in das Zeitgeschehen und in die Menschheitsentwicklung stellen. Fragen tauchen auf, wie: Was heißt es, in eine Favela hineingeboren zu werden? Was ist die Aufgabe Brasiliens innerhalb der Menschheitsgeschichte? Welche schicksalsmäßigen Beziehungen bestehen zwischen «Sozialarbeiter» und «Hilfsbedürftigen»? Welche innere Entwicklung macht derjenige durch, der in der Favela arbeitet?

Ute C.

Gesundheit

Oração Pelos Pobres

Senhor, estavam em volta de ti cinco mil homens,
cansados e esfomeados,
e lhes deste pão e peixe.

Senhor, ha agora em torno de ti
mais de um bilhão de esfomeados e maltrapilhos
e não sabemos como socorre-los!
Nosso próximo mais próximo é toda a humanidade sofredora...
O ocidente acostumou-se a viver como senhor.
É preciso que haja vilões e que haja nobres,
que haja operários e que haja patrões
que haja subalimentados e pessoas fartas.

Senhor, eu rezo, angustiado, por esses infelizes,
plantadores de café e cultivadores de arroz,
pelos que trabalham nas minas de cobre e de ferro,
pelos transportadores anónimos que carregam nas costas
pelos estivadores hirsutos dos grandes portos.

Rezo, também, por aqueles que não exploramos diretamente,
pelos que morrem de fome ao lado de animais sagrados,
pelos que ainda não inventaram o arado,
pelos que cultivam nas encostas vertiginosas
e pelos que estão imersos nas florestas alagadas...
Divertimo-nos com o seu folclore e não temos dó de sua fome.

Senhor, fazei que não amemos somente com palavras.
Eu, Senhor, que fiz eu para que eles se tornem mais homens?
Senhor! despertai a consciência dos que se julgam civilizados.

Padre J. Alves

Gebet für die Armen

Herr, es waren um Dich versammelt fünftausend Menschen,
erschöpft und hungrig
und Du hast ihnen Brot und Fisch gegeben.

Herr, es sind jetzt um Dich herum
mehr als eine Milliarde Ausgehungerte und Mißhandelte
und wir wissen nicht, wie sie retten!
Unser nächster Nächster ist die gesamte leidende Menschheit ...
Der Westen hat sich daran gewöhnt, als Herrscher zu leben.
Es ist nötig, daß es Gemeine und Edle gibt,
daß es Arbeitnehmer und Arbeitgeber gibt,
daß es Unterernährte und Übersatte gibt.

Herr, ich bete, angsterfüllt, für jene Unglücklichen,
Kaffeepflanzer und Reiszüchter,
für die, die in den Kohle- und Eisenbergwerken arbeiten,
für die unbekannten Träger mit ihrer Last auf dem Rücken,
für die zerlumpten Verlader der großen Häfen.

Ich bete, auch für die, die wir nicht direkt ausbeuten,
für die, die neben geheiligten Tieren verhungern,
für die, die den Pflug noch nicht erfanden,
für die, die an schwindelerregenden Abhängen anbauen
und für die, die in den überschwemmten Wäldern versunken sind.
Wir freuen uns an ihrer Folklore und fühlen kein Mitleid für ihren Hunger.

Herr, gib, daß wir nicht nur mit Worten lieben.
Ich, Herr, was habe ich dafür getan, daß sie mehr Mensch werden?
Herr, rufe das Gewissen derer wach, die sich zivilisiert nennen.

Padre J. Alves

Gesundheitsprobleme in der Favela und das Ambulatório

Die Gesundheitsprobleme, die wir in der Favela antreffen, sind unterschiedlicher Art und Herkunft. Zum Teil sind sie durch die große Umstellung bedingt, die die Leute in Kauf nehmen, wenn sie von weit her nach São Paulo auswandern und ein Landleben in ein Stadtleben eintauschen. In der Favela treffen sie auf schwierige hygienische Verhältnisse.

Das Trinkwasser holte man sich an einer Wasserstelle, die aber durch die umliegenden Sickergruben verseucht ist. Viele Jahre bemühten wir uns zusammen mit den Favelados bei dem städtischen Wasserwerk um Wasseranschluß. Seit etwa einem Jahr ist es uns gelungen, in fast jede Hütte sauberes Wasser zu leiten.

Die Gefährdung der Gesundheit beginnt schon bei den Neugeborenen, die mit akuten und chronischen Durchfallerkrankungen oft an den Rand des Todes kommen oder sterben. Ist die Gefahr gebannt, stellen sich bald Wachstums- und Entwicklungsstörungen ein, die sich in verschiedenen Mangelerscheinungen und in der allgemein geschwächten Abwehr zeigen. Erreger aller Art vermehren sich unter den unhygienischen Bedingungen sehr rasch und haben ein leichtes Spiel, in die geschwächten Körper einzudringen und sie zu schädigen. Kleine Schnittwunden oder Schürfungen bei Kindern beginnen zu eitern, heilen nicht zu oder führen nicht selten zu Hautgeschwüren und Entzündungen. Die immer wiederkehrenden Erkältungen werden chronisch oder entwickeln sich zur Lungenentzündung, schwächen in jedem Falle aber den Gesamtorganismus. Krätze, Läuse und Flöhe befallen die Menschen, und in den aufgeblähten Bäuchen der Kinder wimmelt es von Würmern, die die Lebenskräfte lähmen. Dazu kommen gynäkologische Probleme, viele Asthmapatienten, denen die schlechte Luft der Großstadt oft zur Hölle wird, und vieles mehr.

Einweihung des neuen Ambulatoriums

Um dieser Notsituation zu begegnen, entstand das Ambulatório. Es wurde 1979 mit den Favelados aus Kistenholz in Sonntagsarbeit gebaut. Diese rosa Holzhütte diente bis 1984, wurde rege besucht, hatte aber nur begrenzte Möglichkeiten, und im Februar 1985 wurde das neue Ambulatório festlich eingeweiht, ein dreistöckiges, ockerfarbenes Glanzstück der Baukünste der Favelamänner. Es steht im Herzen der Favela, gleich neben der Wasserstelle, und ist mit seinen blauen Fensterläden von fast allen Teilen der Favela zu sehen. Da es am Hang gelegen ist, kann man seinen Haupteingang im mittleren Stockwerk von einer außen vorbeilaufenden Treppe erreichen. In diesem mittleren Teil spielt sich das hauptsächliche Leben des Ambulatoriums ab. Wenn es nicht unerträglich heiß ist oder sehr regnet, füllt sich das Wartezimmer sehr schnell mit Favelabewohnern und auch Leuten aus der näheren Umgebung. Unsere Aufgabe ist es, zunächst abzuklären, wer zum Arzt in die Sprechstunde will, wer nur einen Verband, eine Inhalation oder Spritze braucht, wer Ergebnisse von Stuhluntersuchungen oder Krebsabstrichen abholen will, ein Medikament benötigt oder zu mir in die Schwangerschaftsvorsorge, die Verhütungsberatung oder Krebsvorsorge will, oder wer sonstigen Rat braucht.

Jeden Nachmittag ist ein Arzt da. Eine Ärztin, Dr. Beth, ist fest angestellt, die andern vier kommen freiwillig von der befreundeten anthroposophischen Tobias-Klinik und halten im Rahmen ihrer dortigen Arbeitszeit bei uns Sprechstunde ab. Neben dieser Hilfe stellt uns die Clínica noch drei Krankenbetten für Favelados zur Verfügung, die auch meistens belegt sind.

Wer zum Arzt will, kommt zunächst in einen Vorraum, wo eine Krankenschwester die Personalien und die Vorgeschichte aufschreibt, wo gemessen, gewogen und auch manchmal herausgefunden wird, daß mit ein paar guten Ratschlägen geholfen ist und der Arztbesuch unnötig wird. Auch wird erklärt, daß der Arztbesuch für Favelados kostenlos ist, für Nicht-Favelabewohner etwas kostet und auch die Medikamente einen Preis haben. Da wir im wesentlichen homöopathische Mittel der Weleda verwenden und diese, wenn auch mit Ermäßigung, kaufen müssen, verlangen wir einen Preis; aber auch deswegen, weil geschenkte Medikamente weniger wert zu sein scheinen. Nach der Sprechstunde kommt der Patient mit dem Rezept in der Hand an der Medikamentenausgabe vorbei, wo in den meisterlich von den Jungens der Schreinerei angefertigten Wandschränken die Weledamittel verwahrt sind. Dort erhält er die verschiedenen Arzneien und kommt zurück in den Vorraum, wo ihm genau erklärt wird, wie er sie einnehmen muß. Das ist nicht immer leicht, da der größte Teil der Erwachsenen nicht lesen kann und auch wenig abstraktes Vorstellungsvermögen hat. Angaben wie «dreimal täglich» oder «in stündlichem Wechsel» muß man mit Hilfe von Sonne, Mond und Mahlzeiten bildlich erklären und aufmalen. Die Disziplin, die die Einnahme der homöopathischen Mittel verlangt, macht uns und den Patienten das Leben oft nicht leicht. Manche verlieren schnell die Geduld und laufen doch ins Krankenhaus, um dem Problem mit Penizillinspritzen vorübergehend, aber schnell, abzuhelfen. Die Propaganda und Macht der Pharmaindustrie ist unbeschreiblich groß. Da Radio und Fernsehen den ganzen Tag laufen, wird man alle 10 Minuten mit der pharmazeutischen Wunderwerbung berieselt. Aber wir lassen uns nicht entmutigen, da wir wissen, wie gut die Mittel sind. Neben den Ungläubigen gibt es auch viele, die am eigenen Leibe erfahren haben, wie die Mittel ihnen haben helfen können und die unsere Behandlung den Krankenhäusern vorziehen. In Fällen von Geschlechtskrankheiten, Würmern oder Notfällen wie Asthmaanfall, um nur einige zu nennen, greifen wir allerdings auch zu allopathischen Mitteln.

Neben den Ärzten, von denen einer nur für die Krippenkinder zuständig ist, setzt sich das Personal aus den drei Krankenschwestern Sabina, Iraci und Mônica zusammen, wobei Mônica in den Krippen ist, dort nach den Kindern schaut und viel erzieherische Arbeit mit den Krippenmüttern leistet.

Dazu kommen 1–2 immer wieder wechselnde deutsche Krankenpfleger/schwestern, Nilza, ein Favelamädchen, das einen Schwesternhelferinnenkurs macht und von uns eingelernt wird, sowie Helena, die mit viel Liebe und Sorgfalt jeden Tag das Ambulatório auf Hochglanz bringt und die Wäsche versorgt.

Im oberen Stockwerk arbeitet unser Zahnarzt João in einer kleinen, aber gut, wenn auch altmodisch eingerichteten Zahnarztpraxis. Wir sind auf der Suche nach mehr freiwilligen Zahnärzten, da der Zustand der Zähne der Favelados schlimm ist.

Ich selber bin Hebamme und betreue die Frauen rund um die Entbindungen, die in einem schönen, hellen Raum neben dem Arztzimmer stattfinden. Oft begleite ich die Frauen vom positiven Schwangerschaftstest durch die ganze Schwangerschaft bis Geburt und Wochenbett, nachher beim Stillen und bei den auftretenden Verhütungsproblemen. Einmal die Woche halte ich einen Schwangerschaftsvorbereitungskurs. Immer mehr Frauen kommen zur Krebsvorsorge, mit gynäkologischen Problemen oder bitten um Rat für eine Verhütungsmethode. Oft sind es auch Jugendliche zwischen 12 und 16 Jahren, denen ich bei der Gelegenheit alleine oder in Gruppen genauer erkläre, wie unser Körper, der Zyklus, die Befruchtung etc. genau funktionieren.

Neben dem gynäkologischen Sprechzimmer befindet sich der Raum, der am meisten Leben und Durchlauf hat. Hier werden die vielen Eiterwunden der Kinder gesäubert, verpflastert, die Schmutzkruste in Bädern oft erst aufgeweicht, Platzwunden genäht, Brandwunden versorgt, Spritzen gegeben, Inhalationen gemacht. Hier hört man viele Krankengeschichten, kann manchen guten Rat geben.

Einmal die Woche treffen wir uns alle zu einer Konferenz, wo wir besprechen, was in der Woche angefallen ist: Schwierigkeiten in der Arbeit oder unter uns, neue Ideen, Erfolge, Organisatorisches, neue Preise, manchmal auch einen konkreten Krankheitsfall. Wir erzählen von auswärtigen Konferenzen oder Tagungen, an denen einer teilgenommen hat, oder machen uns Gedanken, wie wir die Ernährung der Wöchnerinnen am besten regeln. Über die Kontakte nach außen wird gesprochen, zu den Krankenhäusern, den Gesundheitsposten, über die Möglichkeiten, von staatlichen Gesundheitsbehörden finanzielle Hilfe zu bekommen und vieles mehr.

Die Konkurrenz des üblichen Gesundheitswesens, das uns durch seine Autorität und Werbung immer wieder das Vertrauen der Leute entzieht, ist zermürbend. Wir müssen mit ansehen, wie kleine Kinder und Säuglinge wegen nichts und wieder nichts interniert und mit Antibiotika vollgepumpt werden, sich mindestens eine Lungenentzündung holen, wegen der Infusionen kahl geschoren werden und nach ein bis zwei Wochen abgemagert mit total wundem Po wieder entlassen werden. Dies nur als Beispiel.

Die andere große Schwierigkeit ist die Gefahr, als Institution bevormundend zu werden. Man kann und darf den Leuten nicht alles abnehmen, da man ihnen letztlich damit nicht hilft, sondern sie von sich abhängig macht. Das Gegenteil zu praktizieren ist aber nicht so leicht. Wir versuchen, die Leute bei jeder Gelegenheit zum Mitdenken anzuregen. Wir fragen z. B., was sie gegen Husten, Durchfall oder Würmer getan haben, als sie noch auf dem Lande lebten. Wenn man etwas kramt, kommt oft einiges Wissen um Heilpflanzen, Tees, Diät etc. zum Vorschein. Allerdings verlieren die Menschen das Vertrauen zu diesem Wissen, wenn sie in der Stadt den tausend neuen Einflüssen ausgesetzt sind. Aber wir sehen es als unsere Aufgabe an, dieses Wissen am Leben zu erhalten. Wir bildeten eine kleine Gruppe von 7–15 Favelafrauen, die sich einmal die Woche in der Hütte einer der Teilnehmerinnen trifft, mit dem Ziel, diese Frauen als eine Art von «Gesundheitsberaterinnen» unabhängig vom Ambulatorium auszubilden. Jedesmal wird über ein ande-

res Thema gesprochen, z. B. Fieber oder Bronchitis, Eiterwunden, Ausfluß, Menstruation, Austrocknung bei Kindern etc. Jeder erzählt, was er davon weiß, wie man damit umgehen soll, und wir versuchen, ihnen zu erklären, was man alles machen könnte, bevor man den Arzt aufsucht.

Zur Vorbeugung von Krankheiten gehört auch die Regelung der Abwässer. Zu diesem Zweck wurde 1984 die Frente de Trabalho ins Leben gerufen. Die allermeisten Menschen der Favela haben von sich aus ein großes Sauberkeitsbedürfnis, so daß es nicht ein Mangel an Hygieneverständnis ist, der das Leben erschwert, sondern die von außen bedingte Schwierigkeit, diese Hygiene aufrecht zu erhalten. Je weiter wir in diesem Bestreben kommen, desto mehr ist den Leuten, glaube ich, wirklich geholfen.

Sabina I., Krankenschwester / Angela G., Hebamme

Bericht einer Hebamme

In der Stadt gibt es alle Möglichkeiten der modernen Medizin, aber die Bemühungen um Weiterentwicklung der Medizin, die Perfektionierung der Apparaturen und vor allem auch die Forschungen der pharmazeutischen Industrie dienen nur dem Fortschritt und der Macht und nicht dem Wohle der Bevölkerung. Krankheiten sind Marktware; keine Propaganda im Fernsehen, Radio oder in den Zeitungen ist annähernd so groß wie die für Arzneimittel. Es gibt kaum Ambulanzen, Geld wird nur in Krankenhäuser investiert, so daß Ratsuchende wegen jeder Kleinigkeit sofort interniert werden. Wer Geld hat, dem stehen alle Türen zu jeder Spezialklinik offen. Die Kluft zwischen arm und reich ist erschreckend.

Wer registrierte Arbeit hat, dem steht eine Art Krankenhausversicherung zur Verfügung. Um aber im Krankheitsfalle einen Termin für eine Sprechstunde zu bekommen, muß man schon morgens um 3.00 Uhr vor dem Krankenhaus Schlange stehen und den Weg dorthin zu Fuß zurücklegen, da die Busse erst ab 4.00 Uhr fahren. Wenn es sich nicht um Notfälle handelt, muß man oft wochenlang warten, bis man an der Reihe ist. Nur für die im Krankenhaus selber und vom Arzt bewilligten Untersuchungen braucht man nichts zu zahlen. Für alle anderen Labor- und sonstigen Untersuchungen und für jedes Medikament muß man selbst aufkommen. Den vielen Arbeitslosen stehen nur ein paar wenige, entsetzliche Krankenhäuser, die jeden aufnehmen müssen, zur Verfügung.

In ein solches gehen die Favelafrauen, um ihre Kinder zu gebären. Fast 80 % kriegen einen Kaiserschnitt, denn dafür zahlt der Staat den Krankenhäusern, wenn die Frauen nichts zahlen. Ein Uni-Krankenhaus lernte ich kennen, wo routinemäßig bei allen Erstgebärenden, die keinen Kaiserschnitt bekommen, eine Zangengeburt gemacht wird.

Alle Frauen werden geschnitten, selbst wenn sie schon zehn Kinder auf dem Lande allein bekommen haben. Ich bin manchmal wütend und verzweifelt, den Frauen ihren blinden Glauben nicht nehmen zu können. Mit einer Schwangeren habe ich lange gerungen, doch wenigstens den Arzt oder das Krankenhaus zu wechseln. Sie hatte ein großes, 4500 g schweres Kind mit Zange geboren; in der zweiten Schwangerschaft setzte der Arzt schon im siebten Monat einen späteren Kaiserschnitt fest, mit der Begründung «não tem passagem» = Es gibt keinen Durchgang. Aber sie hatte doch schon ein Kind geboren! Das Kind, das sie dann herausschnitten, wog knapp 5 Pfund, und die Frau glaubte dem Arzt, daß auch dann ein Kaiserschnitt notwendig geworden wäre, wenn das Kind noch kleiner gewesen wäre. Eine andere hatte ein Kind normal geboren, zwei Kinder per sectio, mit derselben Begründung wie oben. Ich lernte sie zehn Tage nach der Geburt des vierten Kindes kennen; sie erzählte mir fassungslos: «Diesmal ging alles so schnell, daß keine Zeit blieb, den Kaiserschnitt zu machen.» Aber auch in großen, angesehenen Unikliniken ist es nicht anders. Den Medizinstudenten, die ich kenne, vergeht jede Lust an der Geburtshilfe nach zwei Wochen Praktikum im Kreißsaal. Hektik, Routine, Massenabfertigung, nach max. 6 Std. Wehen sectio, nach max. 15 Min. Preßwehen Zange. Männer dürfen nicht dabei sein. Nach einem Kaiserschnitt werden die Frauen spätestens am dritten Tag entlassen, ohne daß für Stillen, Stuhlgang oder OP-gerechte Ernährung gesorgt wurde. Viele Frauen betreue ich dann noch, die wochenlang mit eiternden Wunden herumgelaufen sind. Immer wieder gibt es Kindbettfieber, Mastitis und ein verzweifeltes Anrennen gegen die Nestlé-Trockenmilch-Herrschaft. «Meine Milch ist schwach, ist dünn, ist diesmal nur Wasser, schmeckt dem Kind nicht; mein Kind war zwei Tage interniert, jetzt ist die Milch abgestanden und sauer...» kriege ich zu hören. Die meisten stillen zwei bis sechs Wochen, wenige auch lange über ein Jahr. Den Frauen steht vor und nach der Geburt insgesamt drei Monate Schwangerschaftsurlaub zu, aber viele nutzen nicht einmal diese Zeit aus Angst, den Arbeitsplatz zu verlieren.

Angela G.

Hebammensprechstunde

In der Hebammensprechstunde im Ambulatório wird es nie langweilig. Frauen aller Altersstufen suchen mich auf, verschämt, fordernd, kameradschaftlich, mütterlich, kindlich, in allen Variationen. Der erste Kontakt ist oft scheu und abtastend; eine unausgesprochene oder ausgesprochene Angst, sich ausziehen zu müssen, macht dann bald einer Erleichterung und Entspannung Platz, wenn klar wird, daß dies nicht zu sein braucht. An die dreißig kommen regelmäßig zur monatlichen Vorsorge. Wenn es nicht extrem voll ist, versuche ich, mir genug Zeit zu nehmen, so daß sie wirklich erzählen, ob alles in Ordnung ist oder körperliche bzw. seelische Beschwerden ihr Wohlergehen beeinflussen. Auf die erste Frage hin ist immer alles in Ordnung. Die unerträglichen Kopfschmerzen von Nair ließen sich aber bald auf eine Schießerei zwischen Mann und Bruder in der Wohnung zurückführen, die Fehlgeburtsbestrebungen von Cida auf die Sorgen wegen der durch ein Unwetter fast ganz eingefallenen Hütte oder die nicht aufhörenwollenden Brechreize von Maria darauf, daß schon vier Kinder unter fünf Jahren da sind und sie sich diesem fünften einfach nicht gewachsen fühlt. Aber es gibt auch die fröhlichen, umkomplizierten Schwangeren, bei denen alles ganz normal verläuft, die sich an dem Herzschlag des Kindes freuen, den ich mit einem Gerät hörbar machen kann, und die freudig die Geburt erwarten.

Cecília gehört zu keiner der Beschriebenen. Sie ist eine liebenswerte, hypochondrische, 43jährige Fünftgebärende gewesen, deren Lebensinhalt das Ambulatório ist, da ihre Kinder alle schon relativ groß sind (13–22 Jahre). Neun Monate schaffte sie es, jeden Tag einen Grund zu finden, warum sie mich aufsuchen müßte. Manchmal hat sie meine Geduld schon strapaziert. Die Geburt der kleinen Silvia war dann aber so witzig, daß es alle Bemühungen wett gemacht hat. Die leichten Wehen des Anfangs verwandelten sich nach dem Blasensprung unmittelbar in Preßwehen, es blieb weder Zeit, den Vater zu holen, der so gern dabei sein wollte, noch bis zum Gebärbett zu gelangen. Mit einer Preßwehe im Stehen schoß mir die kleine Dame in die Arme, ich konnte mich gerade noch rechtzeitig bücken, und wäre die Nabelschnur nicht zweimal um den Hals und einmal um den Körper geschlungen gewesen, hätte ich das glitschige rosa Bündel nicht aufzuhalten vermocht. Nie haben wir bei einer Geburt so gelacht. Nachher galten dann die täglichen Ambulatoriumsgänge dem Kinde.

Neben den regulären Schwangeren kommen auch immer wieder Frauen, die mich verzweifelt bitten, das Kind abzutreiben. Bei allem Verständnis, das ich oft für ihre Situation habe, tue ich es nicht, kann es nicht tun, selbst wenn ich weiß, daß einige dann eine von den brutalen Engelmacherinnen aufsuchen, die das Problem noch bis zum sechsten Monat auf oft grauenvolle und lebensgefährliche Art und Weise lösen. Andere schaffen es allein, die Frucht durch Tees und sonstige Gebräue auszustoßen.

Bei positivem Schwangerschaftstest sehe ich Freuden- und Verzweiflungstränen, Angst vor dem Unbekannten oder resigniertes Hinnehmen. Sicher ahnt keine, daß die erste Reaktion auf das neue Leben dem Ungeborenen schon seine erste Prägung geben kann.

Eliane sucht mich seit Monaten auf, da ihre Regel nicht kommt, der Test aber immer negativ ist. Sie ist 12 Jahre alt, hat einen Freund, den sie aber nicht oft sieht und wenn, dann heimlich. Viele Male habe ich versucht, ihr den Fruchtbarkeitszyklus zu erklären, aber sie vergißt es immer sofort wieder und schläft außerdem mit dem Freund, wann es sich gerade ergibt. Vielleicht hilft ihr die Natur, die die Periode nochmal verschwinden ließ. Das letzte Mal kam sie anders, wollte plötzlich schwanger sein, um den Freund zu halten, der sich in eine andere verliebt hat. Die kindlichen Spielregeln treffen aber auf die Realitäten der Erwachsenenwelt nicht zu. Das fällt ihr nicht leicht zu begreifen. Die Verhütungsprobleme der Kinder und Jugendlichen bereiten mir viel Kopfzerbrechen, aber ich bin schon froh, wenn sie Vertrauen zu mir haben, und gemeinsam gelingt es dann schon, einige dieser Kinderschwangerschaften zu verhindern.

Vanilda, die letzte Woche (mit ihren 15 Jahren) schnell und natürlich im Ambulatório eine schöne kleine Tochter gebar und noch am selben Tag wieder heimging, hinterließ ein gutes Gefühl bei allen, nicht aber das Versprechen, im Jahr darauf wiederzukommen. Der überglückliche, stolze und nicht viel ältere Vater ist dermaßen verliebt in die Tochter, daß er am liebsten immer die Milch der Mutter abpumpen will, um sie dann selber dem Kinde mit der Flasche einzuflößen.

Leider sind die Männer selten bereit, sich mit dem Problem der Verhütung auseinanderzusetzen. Für die meisten ist es Sache der Frau oder sie genieren sich, darüber zu reden. Wenn aber doch einer daran interessiert ist, spürt man gleich den viel besseren Zusammenhalt in der Ehe. Aber wenige sind zur Benutzung von Präservativen oder gar zum Sterilisieren bereit.

Wenn es sich ergibt, versuche ich, Gruppen zu bilden mit Frauen, die Verhütungswünsche haben, um ihnen mit Hilfe von Anschauungsmaterial den männlichen und den weiblichen Sexualorganismus und seine Funktionen zu verdeutlichen und ihnen die verschiedenen Möglichkeiten zu erklären, dabei einzugreifen. Das ist immer sehr schön. Die Frauen werden wie Kinder und nehmen das neue Wissen auf wie trockene Schwämme. Oft haben sie viele Kinder, aber keinerlei Vorstellung von ihrer Anatomie. Das Menstruationsblut, glauben sie, sei z. B. das Blut des Körpers, das im Laufe des Monats schmutzig wird, zum Kopf steigt, von dort dann herunter kommt und ausgeschieden wird; daher das Kopfweh. Die Nachwehen nach der Geburt erklären sie sich als ein verzweifeltes Suchen der «Mutter des Körpers» = Uterus, nach dem Kind, das plötzlich fort ist. Eigentlich haben sie für alles Erklärungen und finden oft so schöne Bilder, die das Wesen der Sache treffen, daß es mir fast leid tut, sie ihnen zu nehmen. Aber es zeigt sich, daß diese Bilder sich nicht so leicht verdrängen lassen, trotz des mit Staunen aufgenommenen neuen Wissens. Wenn ich dann das Gefühl habe, daß sie die Zusammenhänge wirklich begriffen haben, kommen plötzlich Fragen wie: «Und die Männer, warum haben die keine Periode?» oder: «Kann man denn von schwulen Männern eigentlich auch schwanger werden?»

Wer nie gelernt hat, ein abstraktes Vorstellungsvermögen zu entwickeln, hat es schwer mit diesen Dingen.

Die etwas älteren Frauen, die zur Krebsvorsorge kommen oder sich sterilisieren lassen wollen und mich um Rat aufsuchen, erzählen oft interessant aus ihrem Leben: von ihren vielen Geburten auf dem Lande, oft ohne jede Hilfe, von ihren vielen Heilmitteln da und den großen Schwierigkeiten.

Nach Angst und Verkrampfung bei einer gynäkologischen Untersuchung bricht manchmal dann im Gespräch das Eis, von lang verdrängten Erlebnissen zu erzählen, Geschichten aus ihrem Eheleben, die sie noch nie in Worte gefaßt haben, Geschichten von Angst, Gewalt und Demütigung, und sie spüren eine große Erleichterung, auch wenn ich gar nicht viel dazu sage, sondern nur zuhöre oder durch Fragen etwas weiterhelfe.

Ein wichtiger Teil dessen, was wir im Ambulatório schaffen können, ist sicher der, den Kontakt zu den Menschen herzustellen, Anlaufstelle zu sein für Probleme körperlicher und seelischer Art. Mir selber ist die Geburtshilfe bei der Arbeit ein ganz besonderes Anliegen, da ich davon überzeugt bin, daß schon im Moment der Geburt gewisse Weichen fürs Leben gestellt werden. Je mehr Kraft den Kindern durch ein harmonisches, ruhiges, angstfreies Geburtserlebnis mit auf den Weg gegeben wird, desto leichter haben sie es vielleicht einmal, mit den harten Realitäten ihres hiesigen Lebens fertig zu werden.

Angela G.

Finanzen

«Hast du zwei Brotlaibe,
gib einen dem Armen,
verkaufe den zweiten,
um Hyazinthen für ihn zu kaufen.»

Indisches Sprichwort

Finanzen in Monte Azul

Die Favelainitiative Monte Azul existiert offiziell seit 1979, hatte aber eine Vorbereitungszeit von etwa 7 Jahren. Während dieser sieben Jahre wohnten im Hause von Ute Craemer im ganzen etwa 20 Kinder und Jugendliche, die dort neben einer allgemein menschlichen Förderung eine Schul- bzw. Berufsausbildung erhielten.

Erst von 1979 an, nachdem Monte Azul als juristischer Verein gegründet worden war, konnte eine richtige Finanzplanung überlegt werden. Unsere einzige regelmäßige Spende für die damals 110 eingeschriebenen Kinder im Jugendzentrum war die Bezahlung zweier Lehrergehälter durch die Giroflex-Fabrik und die Deutsche Katholische Gemeinde und eine Spende für die Schulspeise von der deutschen Porto Seguro-Schule. Dies reichte natürlich nicht. Wir schrieben also an alle uns bekannten Entwicklungshilfeorganisationen mit der Bitte um Unterstützung. Die deutsche Kindernothilfe interessierte sich für unsere Arbeit und bot für die Hälfte der eingeschriebenen Kinder (55) einen Pro-Kind-Betrag von DM 36,– an. Nach einem Jahr wurde dieses Patenschaftsprogramm erweitert auf 155 Kinder, was aber auch nur einen Bruchteil unserer Unkosten deckte.

Zu diesem Zeitpunkt kam uns auch die Hilfe eines Waldorflehrers in Stuttgart zugute, der in seinem Bekanntenkreis in- und außerhalb der Waldorfschule Monte-Azul-Freunde warb und somit den ersten Fördererkreis gründete.

Die heutige Situation (1986) in Monte Azul sieht folgendermaßen aus: In Kindergarten, Kinderkrippen, Vorschule, Freizeitschule, Berufsausbildung betreuen wir ca. 450 Kinder. In der Favela Monte Azul mit ihren allgemeinen sozialen und gesundheitlichen Problemen wohnen etwa 3500 Menschen. Außerdem arbeiten wir seit 1983 in einer zweiten Favela, der Favela «Peinha», die Monte Azul direkt benachbart ist.

Unsere monatlichen Einkünfte kommen aus folgenden Quellen: Zuschüsse der brasilianischen Regierung, Kindernothilfe, Beiträge von Paten und Freunden aus Europa, Beiträge von Firmen wie Mercedes Benz, Giroflex, Ciapar usw., Einkünfte durch Bazare und Schulgeld (symbolische Beiträge).

Auf der Ausgabenseite sieht es – überschlagmäßig – so aus: Etwas weniger als ein Drittel der monatlichen Ausgaben fallen auf den Einkauf der Schulspeise, über ein Drittel auf die Gehälter der inzwischen über 80 fest angestellten Mitarbeiter und ein Drittel auf die anderen Ausgaben wie Benzinkosten, Schulmaterial, Instandhaltung der Gebäude, Kauf von Medikamenten usw. Die monatlichen Ausgaben Ende 1986 beliefen sich auf etwa 30000,– DM.

Das Durchschnittsgehalt der Mitarbeiter liegt bei 200 DM im Monat, wobei man berücksichtigen muß, daß der reelle Wert wegen der Inflation ständig fällt. (Inflationsrate 1985: ca. 500 %). Wenn man dann noch sieht, daß von vielen Mitarbeitern auch Kosten übernommen werden, die eigentlich Kosten der Assoçiação Comunitária Monte Azul sind, z. B. Benzinkosten, Pflegekosten für Pflegekinder, Übernahme von Patenschaften in der Favela usw., dann kann man einen kleinen Begriff davon bekommen, was es an Beschneidung persönlicher materieller Bedürfnisse bedeutet, in Monte Azul zu arbeiten und wie dies zusammenhängt mit der Schulung des eigenen Willens.

Zu den laufenden monatlichen Ausgaben kommen die Baukosten hinzu. Die Baupläne für ein über 1000 qm großes Gemeinschaftszentrum mit Werkstätten, Versammlungsräumen und erweiterter Gesundheitsstation sind seit drei Jahren bei der Baubehörde eingereicht. Bisher haben wir keine endgültige Bauerlaubnis bekommen. Deshalb haben wir inzwischen angefangen, Teillösungen zu realisieren: Die neugebaute Gesundheitsstation ist seit Anfang 1985 fertiggestellt. Eine neue, große Schreinerwerkstatt wurde im Juni 1986 eingeweiht. Momentan ist es unsere Hauptsorge, wie wir die zusätzlichen laufenden Kosten finanzieren, wenn alle Neubauten in Betrieb sind.

Lösungsversuche: In Europa entstanden Förderkreise, die teilweise sehr ideenreich und aktiv sind. Eine Sonderstellung innerhalb

Bausteinherstellung

dieser Förderkreise nimmt der von ehemaligen freiwilligen Helfern gegründete Förderkreis ein, der zweimal jährlich die Zeitschrift Covoama mit Neuigkeiten von Monte Azul, anderen Sozialwerken und von Brasilien im allgemeinen herausgibt. Es entstehen dadurch auch Info-Abende und ein Kreis von zwar nicht ausgebildeten, aber mit viel Engagement und aus eigener Ansicht und Überzeugung sprechender Vortragsredner, die jetzt immer mehr zu Erzählabenden eingeladen werden.

In Brasilien gründeten wir einen Finanzausschuß, bestehend aus Mitarbeitern von Monte Azul und einem Berater aus der Finanzwelt. Wenn sich unsere Hoffnungen erfüllen, dann werden die berufsbildenden Aktivitäten immer mehr sich selbst tragen oder sogar einen Überschuß erwirtschaften.

Ute C.

Die Gehaltsfrage

Nach welchen Gesichtspunkten sollen wir die Gehälter verteilen? Das ist die Frage, die wir uns dauernd stellen, und zu der wir bis heute noch keine zufriedenstellende Antwort gefunden haben. Auf der einen Seite ist unser Ideal: Arbeit darf nicht verkauft werden, d. h. den Wert einer Arbeit kann man nicht in Geld messen. Wieviel ist es z. B. wert, wenn eine Putzfrau ihre Arbeit verrichtet und alles schön und sauber aufgeräumt läßt, oder wieviel ist die Sprechstunde eines Arztes wert, oder die Arbeit einer Krippenmutter, der Arbeitstag eines Maurers oder der Behördengang eines Sozialarbeiters, der um staatliche Unterstützung kämpft? Man merkt sofort das Absurde dieser Frage, obwohl es heute allgemein üblich ist, die verschiedenen Arbeiten verschieden hoch oder niedrig zu bewerten und dementsprechend zu bezahlen. Wir wollen von dieser absurden Bewertung wegkommen und eine Arbeitsgemeinschaft schaffen, in der jeder mit seinen Fähigkeiten gleichwertig steht und verantwortungsbewußt mithandelt.

Die Putzfrau soll merken, daß die Sauberkeit, die sie schafft, für die gute Arbeit aller anderen wichtig ist, der Rechnungsschreiber im Büro soll ebenso den Wert seiner Arbeit in bezug zum Ganzen sehen. Jeder soll bemerken, daß er den Bereich in der Gemeinschaft ausfüllt, den er nach seinen Fähigkeiten ausfüllen kann, und daß jede Arbeit ein Baustein eines einzigen Gebäudes ist. Fehlt ein Stein, fällt manches zusammen. Wie können wir aber die Gehälter bestimmen, so daß diese nicht unser Ideal untergraben? Ein Gehalt brauchen wir, um unsere Lebenshaltungskosten bezahlen zu können. Seine Höhe sollte sich also nach den Bedürfnissen eines jeden richten, unabhängig von der Art der Arbeit, die er leistet. Hat jemand viele Kinder, oder ist er alleinstehend; bezahlt er Miete, oder hat er ein eigenes Haus; will er ins Theater oder ins Fußballstadion gehen: Alle diese Bedürfnisse sollten bei der Gehaltsbildung ins Gewicht fallen. Das ist die eine Seite. Auf der andern Seite steht die Menge des Geldes, die für Gehälter ausgegeben werden kann. Bei uns ist sie immer zu klein. Also muß jeder seine Bedürfnisse so weit wie möglich zurückschrauben.

Nun leben wir aber nicht auf einer Insel, weit weg von jeder übrigen Gesellschaft, wo wir unserem Ideal entsprechend leben könnten, ohne mit anderen Gruppen oder uns selbst in Konflikte zu kommen. Wir leben inmitten einer Gesellschaft, die in weit auseinanderklaffende Schichten geteilt ist, in der manche Arbeiten zu höchsten Preisen verkauft werden und andere zu Hungerlöhnen. Der Preis der Arbeit richtet sich nach Angebot und Nachfrage. Die Arbeit ist verkäufliche Ware. Das Angebot an ungelernten Arbeitern ist groß, folglich sehr schlecht bezahlt. Ärzte gibt es wenig, und sie werden sehr gebraucht, deswegen schnellen deren Gehälter hoch. In unserer Mitarbeiterschaft kommt das alles zusammen. Es gibt Menschen, die nie die Gelegenheit gehabt haben, einen Beruf zu lernen und die in der Favela wohnen, und es gibt solche, die von «draußen» kommen, auf einer Universität studiert haben und dadurch etwas zum Ganzen beitragen wollen. Handeln wir nun in der Gehälterverteilung strikt nach unserem Ideal, kommen wir in die größten Konflikte mit der Gesellschaft und auch mit den Mitarbeitern selbst, für die dieses Ideal noch fremd ist. Bezahlen wir z. B. die Mitarbeiter aus der Favela nach ihren Bedürfnissen, würden viele mehr verdienen als ihre Nachbarn, die in Fabriken oder Haushalten arbeiten. Das würde unter den Favelabewohnern Eifersucht und Zwiespalt hervorbringen. Außerdem würden sie selbst meinen, weil sie das so gelernt haben, daß das höhere Gehalt mit der besser geleisteten Arbeit zu tun hat und nicht mit Bedürfnissen. Die Menschen, die von außen nach Monte Azul kommen und eine sachliche Ausbildung haben, sind wohl bereit, mit einem kleineren Gehalt auszukommen als vorher, wollen aber bestimmte Grundbedürfnisse, auch kultureller Art, befriedigt haben.

Um diesem Problem zu Leibe zu rücken, gründeten wir eine comissão salarial (Gehälterausschuß). Die vorläufige Lösung ist die folgende: Wir versuchen, die Gehälter der in der Favela lebenden

Mitarbeiter etwas anzuheben, wenn sie bei uns etwas gelernt haben. So gibt es z. B. drei Gehaltsstufen der Krippenmütter: Die Anfänger bekommen etwas mehr als den offiziellen Mindestlohn, d. h. dasselbe, was sie in einer Fabrik oder in einem Haushalt etwa verdienen würden. Nach einigen Monaten wird ihr Gehalt etwas erhöht, und wenn sie später ganz selbständig arbeiten können und auch Initiative ergreifen, um Probleme der Krippen zu lösen (z. B. mit Eltern, Einkäufen, Reparaturen), verdienen sie noch mehr. Hier werden also Kriterien benützt, die sich auf die Qualität der Arbeit beziehen.

Die Gehälter der Mitarbeiter, die von außen mit einer fachlichen Ausbildung kommen, versuchen wir soweit wie möglich zu senken, damit der Unterschied zu denjenigen, die in der Favela wohnen und manchmal dieselbe Arbeit verrichten, nicht zu groß ist. Dabei fallen die Bedürfnisse ins Gewicht. Eine große Schwierigkeit ist es, in der comissão über diese Bedürfnisse zu diskutieren, ohne die Privatsphäre des Mitarbeiters zu verletzen.

So sind wir zu einer Gehaltsordnung gekommen, bei der die niedrigsten Gehälter um 100 DM und die höchsten um 300 DM liegen. Zu diesen Gehältern kommen dann verschiedene Kostenbeihilfen, die den individuellen Bedürfnissen Rechnung tragen, Studienbeihilfen, Beihilfen für Alleinverdiener mit Kindern, Fahrtkosten oder Mietzuschüsse, aufgebessertes Kindergeld. Oder aber man kann ein zinsloses Darlehen aufnehmen, um eine schäbige Hütte in ein kleines Häuschen zu verwandeln.

An der Gehaltsfrage entzünden sich viele Fragen weltanschaulicher Art. Denk- und Lebensgewohnheiten, die von der Vergangenheit in die Gegenwart hineinreichen, fließen genauso in die Diskussion ein, wie neue Vorstellungen und Ideale, die mit dem anthroposophischen Menschenbild zusammenhängen. Aber gerade aus diesem Grunde finden wir die oft langwierigen Diskussionen wichtig: Am Geld scheiden sich die Geister – oder finden sich!

Renate K.-I.

Wie soll man Spendengelder ausgeben?

Vor einiger Zeit hatte ich ein Gespräch mit einem anthroposophischen Arzt aus Brasilien. Wir sprachen über den Volksgeist Brasiliens, die Art, wie Anthroposophie sich in Brasilien verwirklichen kann. Dann kamen wir auf die Brüderlichkeit zu sprechen. Was ist das, eine bewußte Brüderlichkeit, wie geht man die Armut an? Ja, wie? Da erzählte er mir von einem Gespräch zwischen ihm und einem chilenischen Anthroposophen.

«Weißt Du, warum Judas Christus verraten hat?» (Betroffenheit. Denn was hat das mit der Frage nach der Armut zu tun?)

«Weil eines Tages Christus von Maria Magdalena mit dem feinsten aller Öle eingerieben wurde, und Judas wütend sagte: ‹Was machst Du mit diesem Öl? Das können wir an die Armen verteilen.› Worauf Christus sagte:

‹Die Armen habt Ihr immer, aber mich habt Ihr nur jetzt.›»

Ja, da hat er recht. Wie oft steht man vor derselben Frage: Soll ich mich darum kümmern, den Menschen eine gute Ernährung zu ermöglichen, bessere Kleider, Wohnmöglichkeiten usw., oder soll man ihnen auch das Schöne beibringen? Wie soll man die Spendengelder ausgeben?

Der Mensch lebt nicht von Brot allein, er lebt von der Verehrung eines Geistigen; das ist es, was Christus sagen will. Also wie kämpft man nun gegen die Armut? Brot geben? Brot für die materielle Armut. Geist für seelische und geistige Armut.

Aber wie verwirklicht man das konkret im täglichen Leben? Luciana sitzt am Bordstein der Favela, fünf Jahre alt, spricht nur stammelnd, Läuse fressen an ihrer Kopfhaut, ihr Mund sabbert ununterbrochen, die Spucke läuft seit Jahren das Kinn und den Hals herunter und hinterläßt eine wunde Spur. Vor zwei Jahren hatten wir versucht, über den staatlichen Gesundheitsdienst eine Behandlung zu bekommen. Das über Monate sich hinziehende, stundenlange Anstehen beim INPS war umsonst. Da hockt sie also auf dem Rinnstein, spielt nicht, guckt nur dösend vor sich hin. Jetzt sieht sie mich. Ich sage: «Oi, Luciana!» Sie hebt den Kopf, in ihrem Gesicht bildet sich ein Lächeln, sie kommt zu mir. Diese fragenden Augen bitten: Tut doch etwas für mich. Immer wenn ich sie sehe, denke ich, was um Himmels Willen können wir für sie tun? Vor einigen Wochen eröffneten wir einen neuen Kindergarten. Ich steige den steilen Weg zu ihrer Hütte herunter und sage es ihrer Mutter. «Komm gleich mit, ich bringe dich in den Kindergarten.» Dieses Gesicht strahlt. Ja, das ist es, was sie versuchte auszudrücken: Etwas tun für ihren Körper, damit er sich wohler fühle als Haus ihrer Seele, und etwas tun für ihre seelische Entwicklung.

Jeder Mensch hat Anrecht auf Entwicklung. Der Körper wächst, richtet sich auf, die Organe bilden sich heran, er wird geschlechtsreif, kann Kinder bekommen, welkt allmählich dahin und stirbt. Das ist das Recht auf körperliche Entwicklung. Der Mensch hat aber auch Anrecht auf seelische Entwicklung. Er lernt das Schöne kennen, das Gute, das Wahre zum Nachahmen, das Vorbild, er fühlt in sich und außerhalb das Heilige, er lernt, seinen Willen zu betätigen, lernt zu denken – alles den verschiedenen Lebensstufen entsprechend. Und das ist eigentlich die schrecklichste Form der Armut, daß die Entwicklung bei den meisten Menschen, die sich in der Favela inkarnieren, irgendwo auf der Strecke bleibt, daß sie nicht die Möglichkeit bekommen, ihre Seelen in ihrer Vielfalt zu entfalten. Es erinnert mich an eine Kiefer, die sich nicht hinrecken kann zum Himmel, sondern sich, an der Baumgrenze wachsend, verknotet und verhärtet, am Boden hinschleppt – eine Krüppelkiefer.

Sandra, Lucianas Schwester, ist ein Beispiel dafür. Sie ist zehn Jahre alt und sozusagen fertig. Sie kann Reis und Bohnen kochen, etwas lesen und schreiben, etwas putzen, weiß mehr oder weniger Bescheid über Mann und Frau – ihre Entwicklung ist abgeschlossen, nichts wird sich wesentlich verändern und weiterentwickeln.

Wie setzt man Spendengelder ein? Bei uns in der Favela soll neben der körperlichen auch die geistige Entwicklung der Kinder ermöglicht werden. Was heißt das konkret? Ich habe einen Batzen Geld. Wie verwende ich ihn?

Neulich kam Besuch aus Deutschland. Ich zeigte ihm die Favela und die Escolinha. Er drückte mir einen Geldschein in die Hand und fragte: «Wofür werden Sie es benützen?» – Ich überlegte kurz.

«Wir möchten gern für die neue Kinderkrippe einen Kunstdruck kaufen.»

Er stutzte. «Aber wäre es nicht notwendiger, Haferflocken und Obst zu kaufen?»

«Ja, das wäre auch wichtig, aber in der crechinha muß auch ein Eckchen sein, wo die Kinder das Gefühl haben: Hier ist etwas, das über uns hinaus geht, zu dem wir hinstreben, und das wir verehren können. Das ist wahr und schön.»

Aber ich hatte ihn noch nicht richtig überzeugt.

«Das kann doch danach kommen, wenn die Kinder ganz gesund und ganz satt sind», meinte er.

«Nein, ich glaube, dann ist es zu spät. Materielle und seelische Entwicklung müssen Hand in Hand gehen, wie eine Spirale, immer höher. Das eine nicht ohne das andere. Es wäre falsch zu denken, daß man das Materielle aufbauen muß, um das Seelische und Geistige daraufzupfropfen. Wenn man als Kind den Materialismus eingepflanzt bekommt, dann ist er so einfach nicht mehr herauszuholen. Es entsteht eine entsetzliche Leere, eine innere Öde, wie bei so vielen europäischen Jugendlichen.»

Um zu dem Bild zurückzukommen: etwas Öl um ein Ei darin zu braten, für das leibliche Wohl; den Rest des Öls für Christus oder das Heranwachsen des Seelisch-Geistigen im Kinde. Bei Luciana merkt man an ihrem Blick, ihrem versuchten Lächeln, wie ihre Seele von innen heraus gegen einen Kerker anrennt. Aber sie schafft es nicht allein, irgend jemand muß ihr helfen. Das ist für uns ‹Entwicklungshilfe›, Hilfe zur menschlichen Entwicklung, ein Ringen um jede einzelne Seele, die zu uns geführt wird.

(Jetzt, nach sechs Monaten, ist Luciana dabei, sprechen zu lernen. Ihr Inneres kann jetzt besser zum Ausdruck kommen: im Sprechen, wenn auch stammelnd, im Malen, im Panschen mit Ton.)

Ute C.

Mitarbeiter

Das entscheidet über die Gesamtart des Lebens,
ob der Mensch nur ein Verhältnis
zu einer gegebenen Welt sucht
oder ob er sich als Mitarbeiter
an einem werdenden Weltbau fühlt.

Eucken

Die Mitarbeiter von Monte Azul

Monte Azul war und ist in erster Linie ein Engagement für die Favelakinder. Den Menschen, die hier angefangen haben, sich um die Kinder zu kümmern, war von vorneherein klar, daß sie die erwachsenen Bewohner der Favela in ihr Engagement einbeziehen wollten. Sie machten sich deshalb auf die Suche nach Mit-Helfern unter den Müttern, Vätern und Heranwachsenden in der Favela. Langsam wurden dann aus den Helfern und Lehrlingen Mitarbeiter und Kollegen. Die Gehaltsfrage tauchte auf, da einige ihre alten Berufe als Putzfrauen, Autowäscher, Marktgehilfe usw. aufgaben und im Kindergarten oder in der Freizeitschule Kindergruppen übernahmen oder als Heranwachsende anfingen, für ihren eigenen Lebensunterhalt zu sorgen.

Je größer die Gruppe der Mitarbeiter wurde, desto dringlicher wurde die Frage nach Lern-, Diskussions- und Entscheidungsstrukturen. Wer ist wofür verantwortlich? Wer entscheidet (beispielsweise) über die Einstellung neuer Mitarbeiter oder über die Höhe der Gehälter? Wie sollen die einzelnen Arbeitsbereiche koordiniert werden? Wie sollen die Mitarbeiter ausgebildet werden? Wenn sich solche Fragen in Monte Azul stellen, fangen immer die, die zunächst damit befaßt sind, an, darüber nachzudenken. Dann versuchen sie, möglichst alle, die etwas zur Lösung beitragen können, mit in die Bearbeitung des Problems hineinzuziehen. Die Strukturen entwickeln sich beim Bearbeiten der Fragen. Sie werden wieder verändert, wenn sie sich als unpassend oder unproduktiv erweisen.

Es ging in Monte Azul nie vordergründig um Veränderungen im ökonomischen Sektor, also nicht in erster Linie um die wirtschaftliche Besserstellung der Favelabewohner. Aus diesem Grund war es nie ein vorrangiges Ziel, Arbeitsplätze zu schaffen. Monte Azul will keine Firma sein, die Dienstleistungen erbringt oder für einen anonymen Markt produziert. Man versucht aber, realistisch zu planen und sich nicht in die Abhängigkeit von privaten oder öffentlichen Geldgebern zu bringen. Wer also von «Mitarbeitern» liest, der sollte nicht an «Personal» denken, sondern sich eine Arbeitsgemeinschaft vorstellen.

Der Expansionsprozeß, den Monte Azul in sieben Jahren (1979–1986) durchmachte, war ständig begleitet von Versuchen, Kommunikations- und Entscheidungsstrukturen zu finden, die den Aufgaben und der Zahl der Menschen gerecht wurden.

Als vor neun Jahren in Utes Haus alles begann, da konnte sie mit Cido beim Mittagessen alles besprechen und entscheiden. Später dann, als Paulo und Renate dazukamen, genügte eine Versammlung im Monat, um die Arbeit zu überdenken und Entschlüsse zu fassen. Aber schon bald war die wöchentliche Donnerstags-Versammlung aller Mitarbeiter das Diskussions- und Entscheidungsforum geworden. Um sich näher kennenzulernen, fuhr man mit Kind und Kegel auch schon mal für einige Studientage aufs Land. Die ganze Zeit über haben Feste und Feiern zu Weihnachten und Ostern, zu Johanni und Michaeli, zu Geburtstagen und vielen anderen Anlässen diese Gemeinschaft durch die Zeit begleitet. In ihnen verwirklichen die Mitarbeiter ein Stück gemeinsames Leben, was mehr ist, als gemeinsam zu arbeiten.

Wie organisiert sich eine so buntgemischte und große Gemeinschaft von Menschen, in der sich Favelabewohner, die nie eine Schule besucht haben, Handwerker, Familienmütter, Krankenschwestern, Ärzte, europäische Freiwillige und viele andere zusammengefunden haben? So wie die Mitarbeiter versuchen, die Lebensbedingungen von Kindern, Jugendlichen und Erwachsenen in der Favela zu verbessern, so sind sie auch immerzu bemüht, unter sich Regeln, Strukturen und Mitmenschlichkeit wachsen zu lassen.

Die einzelnen Arbeitsbereiche in Monte Azul und Peinha sind relativ selbständig und haben ihre eigenen Versammlungen, wo die Mitarbeiter ihre Angelegenheiten besprechen und entscheiden: Die Krippenmütter und Kindergärtnerinnen treffen sich jeden Samstag, um Organisatorisches zu klären und um unter Anleitung von Renate in pädagogischen Fragen weiterzukommen. Ebenso haben die Gruppenleiter der «escolinha» ihre wöchentliche «reunião» (= Versammlung), wo Pädagogisches und Organisatorisches zur Sprache kommt. Man versucht durch praktische Übungen, die gemeinsame Erfahrungsbasis zu vergrößern, um auch denen eine Möglichkeit zur Beteiligung zu geben, die sich nicht in hochgestochenen Formulierungen ergehen können. Die Mitarbeiter, die mit den Erwachsenen zu tun haben, treffen sich ebenfalls wöchentlich. Die Kollegen aus dem Ambulatorium haben ihre Dienstagskonferenz und die Schreiner ihre regelmäßige Arbeitsbesprechung. Ebenso trifft sich die «comissão dos moradores da favela» (Kommission der Favelabewohner) zusammen mit der Sozialarbeiterin, um in der Favela auftretende Probleme zu besprechen oder Arbeitstage und Feste zu organisieren.

Einige Mitarbeiter, die sich vorgenommen haben, langfristig in den Favelas zu bleiben und schon viel von ihrer Zeit und ihrer Energie in dieses Projekt haben einfließen lassen, treffen sich in der «reunião das metas» (= interne Konferenz). Dort werden langfristige organisatorische und inhaltliche Fragen besprochen und entschieden.

Jeden Donnerstag sind alle Mitarbeiter zur großen Versammlung eingeladen. Hier sollen Fragen von allgemeinem Interesse besprochen werden. Die Erfahrung hat gezeigt, daß wichtige Entscheidungen hier nicht mehr gefällt werden können, weil die Kompetenz und der Grad der Verantwortlichkeit der Teilnehmer zu unterschiedlich sind. Die Donnerstagskonferenz ist ein Forum für Mitteilungen und Diskussionen. Sie ist ein wichtiges Bindeglied der einzelnen Arbeitsbereiche. Viele Menschen und Ideen kommen hier zusammen. Für den einzelnen ist dies eine Gelegenheit, wahrzunehmen, mit welchen anderen Menschen er zusammenarbeitet. Gemeinsames Spielen und Singen sind daher ständige Programmpunkte. Wichtige und weitreichende Entscheidungen sollen in den einzelnen Arbeitsbereichen bzw. in der «reunião das metas» getroffen werden. Als Beispiel mag genügen, daß über die Frage, ob und wie der angefangene Neubau der Schreinerei beendet werden soll, in ihrer Kompliziertheit und Tragweite nicht jeder Mitarbeiter gleichermaßen befinden kann. Diese Frage wurde von denen entschieden, die sich langfristig mit Monte Azul verbunden haben und von den Baufachleuten. Diskutiert wurde sie allerdings auch in der großen Konferenz: Jeder konnte sich informieren und seine Meinung äußern.

Neben diesen «reuniões» gibt es eine ständig wachsende Zahl von Mitarbeiterkommissionen, die bestimmte übergreifende Aufgaben wahrnehmen: Da ist zum Beispiel die Finanzkommission und die Studienkommission, die für Weiterbildung und Studientage zuständig ist, sowie der Festausschuß, der die großen Feste in der Favela organisiert. Seit 1985 gibt es auch die besonders wichtige «comissão salarial», die die Frage der Gehälter bedenkt. Diese Kommissionen sind von Mitarbeitern besetzt, die zum Teil in diese Funktionen gewählt werden oder sich je nach Fähigkeiten und Interesse bereiterklären, solche Aufgaben zu übernehmen.

Monte Azul hat heute (1986) 78 bezahlte Mitarbeiter. Von diesen leben oder lebten 64 in der Favela, 10 sind Brasilianer, die nicht aus den Armenvierteln der Städte stammen, zwei sind in Brasilien assoziierte Deutsche, und zwei Mitarbeiter sind als deutsche Freiwillige nach Monte Azul gekommen und inzwischen fest angestellt. Nur ca. ein Drittel der Mitarbeiter (19) hat eine außerhalb von Monte Azul abgeschlossene Berufsausbildung. Die meisten haben sich ihre Qualifikationen bei der Arbeit und mit Hilfe von Fortbildungsangeboten angeeignet.

Der Schwerpunkt der Arbeit liegt nach wie vor auf dem pädagogischen Sektor. Über die Hälfte der Mitarbeiter (40) sind in Krippe, Kindergarten, Schülerhort oder als Sozialarbeiter tätig. 27 sind produktiv in Küche und Handwerk, 6 Personen arbeiten im Gesundheitsdienst, 5 sind mit Verwaltung und verschiedenen Dienstleistungen beschäftigt.

Monte Azul unterstützt außerdem Initiativgruppen der Favelados: Im Ambulatorium bekamen eine Näh- und eine Bastelgruppe Räume und Material zur Verfügung gestellt. Dort arbeiten Frauen aus der Favela für ihren eigenen Bedarf bzw. für Bazare und Märkte, auf denen sie ihre Produkte in eigener Regie verkaufen.

Monte Azul wurde während der ganzen Zeit seines Wachsens

und Bestehens von zahlreichen freiwilligen Helfern aus Brasilien, Europa und den USA unterstützt. Die Zahl der ehemaligen deutschen, holländischen, schweizerischen, italienischen, dänischen und US-amerikanischen «voluntarios» ist inzwischen auf über 70 angewachsen. Sie alle waren für 6 bis 14 Monate in Monte Azul und haben in verschiedenen Bereichen gearbeitet: als Krankenpfleger, Schreiner, Maurer, als Helfer bei den vielen Kinder- und Jugendgruppen etc. Die «voluntarios» haben vor allem am Anfang des Projektes viel Pionierarbeit geleistet, bis die einzelnen Dienste nach und nach organisiert und meist von Favelados übernommen werden konnten. Diese tatkräftige Unterstützung und ebenso die Begegnung der verschiedenen Kulturen und Lebensgewohnheiten hat sich für beide Seiten als sehr fruchtbar erwiesen.

Monte Azul lebt auch von der ideellen und materiellen Unterstützung vieler brasilianischer Freiwilliger: Ärzte und Zahnärzte behandeln im Ambulatorium kostenlos die Patienten, zwei Anwälte beraten in Rechtsfragen, ein Betriebswirt in ökonomischen Fragen, eine ältere Dame hilft im Büro. Es gibt zahlreiche Verbindungen zu Bürgerinitiativen und anderen Sozialwerken, mit denen ein reger Austausch über politische und pädagogische Fragen gepflegt wird. In jüngster Zeit werden große Anstrengungen unternommen, um gemeinsam mit anderen Sozialwerken Erfahrungen und Ideen zur Favelaarbeit zu sammeln und einer größeren Öffentlichkeit zugänglich zu machen. Unter dem Stichwort «educação comunitária» (etwa: gemeinwesenorientierte Pädagogik) werden in Zusammenarbeit mit regionalen, nationalen und internationalen Organisationen Tagungen veranstaltet, und man versucht, speziell in São Paulo eine Art Interessengemeinschaft der Sozialwerke zu gründen, um die sozialarbeiterische und pädagogische Diskussion zu fundieren und zu verbreitern und um auch politisch mehr Einfluß zu gewinnen.

Johannes S., freiwilliger Helfer

Warum nach Brasilien?

Frühjahr 1983: Auf einem Büchertisch entdecke ich das Buch «Favelakinder» von Ute Craemer und kann mich lange nicht entschließen, es zu kaufen. Kurz vor Abbruch des Standes tue ich es doch! Mit wachsender Begeisterung lese ich das Buch und denke: «Dort möchte ich hin!» Also schreibe ich an Ute Craemer und frage, ob es möglich wäre, in Monte Azul ein Praktikum zu machen. Ich halte meine Idee für einmalig – bis ich einige Zeit später erfahre, daß schon ungefähr 40 junge Menschen dort waren, in eben der Art, wie ich es mir vorstelle: als freiwillige Helferin (voluntária). Eine kleine Ernüchterung, doch nicht so einmalig zu sein!

Im September erfahre ich, daß ich im Herbst 1984 erwartet werde. Merkwürdig, so einfach hatte ich mir das nicht vorgestellt – und so einfach ist es in vielen Fällen auch nicht, mittlerweile gibt es eine lange Warteliste.

Ein Jahr lang habe ich Zeit, mich innerlich und äußerlich auf Brasilien einzustellen. Ein Jahr lang hält aber die Abenteuerlust nicht an, d. h. die Frage wird immer brennender, was ich denn eigentlich dort will.

Was hat denn das Buch in mir berührt, außer meiner ständigen Lust, aufzubrechen, Neues zu erleben? Es ist die alte Frage nach der Gerechtigkeit. Ich habe im Grunde (auch heute noch – drei Jahre später) ein ständig schlechtes Gewissen. Wie kann ich in Deutschland mit dem Bewußtsein der Armut, des Elends in anderen Ländern leben? Ständig erlebe ich an mir die Inkonsequenz und das Ringen um Bewußtsein. Darum will ich mich den Eindrücken aussetzen, will mich zeichnen lassen, in der Hoffnung, klarer zu werden, um konsequenter zu leben; in dem Glauben, wenn ich mich äußerlich in extreme (Grenz-)Situationen brächte, würde ich mich gleichzeitig innerlich verändern.

Was kann ich nach Brasilien mitbringen? Außer ein paar pädagogischen Erfahrungen kann ich «außer mir» gar nichts anbieten! Aber dieses «außer mir» kommt mir gar nicht so wenig vor, ich will doch etwas «Großartiges» dort vollbringen!

Vage Vorstellungen sind es, die mich nach Brasilien begleiten; aber der Wille ist groß, sehr viel Sensibilität mitzubringen, mich soweit wie möglich zu vergessen und offen zu sein. Nicht hereinplatzen wollte ich, mein europäisches Selbstbewußtsein nicht zur Schau stellen, mich also einfügen, um wirklich mitarbeiten und mitleben zu können.

Wie ist es mir aber in Monte Azul mit meinen großartigen Vorsätzen ergangen, was ist daraus geworden? Ich bin sofort nach meiner Ankunft auf die Chácara gekommen und habe dort begonnen, abwechselnd im Haushalt Helenas und im Kindergarten zu arbeiten. Schon wenn ich jetzt die ersten Seiten meines Tagebuches lese, merke ich, wie wenig ich diese Sensibilität verinnerlicht hatte: schreibe ich doch, wieviel es hier zu gründen gäbe, aufzubauen, daß die Menschen hier einen Energiestoß brauchen könnten... Am dritten Tag putze ich Helenas Küchenschrank, weil ich ihn zu dreckig finde. War das sensibel?

Ich will nicht mit Einzelheiten fortfahren, um darzustellen, ich sei an meinen Vorsätzen gescheitert. So fühle ich mich nicht. Ich weiß nur, daß ich einige Male kräftig ins Fettnäpfchen getreten bin: Immer dann, wenn ich, schon nicht mehr so stark mit Sprachschwierigkeiten kämpfend, so richtig meine Meinung herausposaunt habe, nichts wissend von der Verletzlichkeit der Brasilianer. Schonend brachte Ute mir dann bei, warum dieses oder jenes verkehrt gewesen sei. Das erschreckte mich sehr, und ich habe gemerkt, wieviel mir an Kenntnis und Gespür fehlte, um richtig zu verstehen.

Das Zusammenleben auf der Chácara war schwierig. Begriffen habe ich damals, daß meine Bereitschaft, mich anzupassen, immer geringer wurde, daß ich mich unfähig fühlte, ein Miteinander zu leben. Ich habe den starken Unterschied unserer Kulturen erlebt und auch gemerkt, daß ich so wie auf der Chácara nicht leben könnte und mögen würde. Daß mich meine Erziehung, Vergangenheit etc. noch immer nach mir verwandten Menschen suchen ließen, daß mir vieles zu fremd erschien, als damit selbstverständlich umgehen zu können.

Der Wunsch nach einem besseren Zusammenleben hatte auf beiden Seiten bestanden. Helena, zu der ich den intensivsten Kontakt hatte, wollte dies genauso stark wie ich. In einem für mich eigentlich traurigen, aber doch befreienden Gespräch sagte sie, daß auch sie spüre, daß es einfach nicht gehe. Befreiend war dies für mich, weil ich plötzlich merkte, wie diese Einsicht uns lockerte. Traurig ist es zwar, seine eigene Unfähigkeit zu spüren, aber erlösend doch das Erkennen und Akzeptieren.

Es war eine Illusion zu glauben, das Zusammenleben mit den Brasilianern könne so einfach gelingen. Welche deutsche Wohngemeinschaft, die aus einander fremden Menschen besteht, funktioniert schon? Wie dann eine brasilianisch-deutsche, wo das Einanderfremdsein noch viel größer ist? Geklärt hat sich für mich auch, daß dies nicht die Form sein wird, in der ich Solidarität verwirklichen kann. Meine vage Vorstellung, womöglich mit den Favelabewohnern in einer Hütte zu leben, hat sich als unrealistisch erwiesen.

Im Februar zog ich in die Favela um, um dort in den creches (Kinderkrippen) zu arbeiten. Ich hatte also jetzt die Möglichkeit, zu erfahren, wie es sein würde, wenn Arbeit und Freizeit bzw. Wohnen voneinander getrennt waren.

Freier habe ich mich anfangs gefühlt und auch viel Freude an den Kindern gehabt – aber die Probleme mit meinem Selbstverständnis wurden dort nicht einfacher. Irgendwie ist es doch merkwürdig, wenn deutsche Jugendliche für eine bestimmte Zeit an einem solchen Platz mitarbeiten wollen. Mittlerweile sind die Menschen es gewohnt, sind fast schon müde ob so vieler Abschiede, die sie hinnehmen müssen – aber können sie eigentlich verstehen, was ich suche? Ich denke, es muß schwer sein, zu hören, daß mir der Luxus, die Selbstverständlichkeit des Lebens nicht mehr selbstverständlich sein können!

Wieder fühlte ich mich nicht richtig plaziert, spürte, daß mein Aufenthalt mir selbst viel bringt, habe aber auch lernen müssen, daß es für die Arbeit mit den Menschen dort eigentlich nur sinnvoll sein würde, wenn ich eine feste Mitarbeiterin wäre. Im kleinen ist das, was ich tue, schon sinnvoll; wie Ute sagte, «ein Gewürz in der Mitarbeiterschaft», das immer neue Spannung bringt – nur leider auch negative.

Was bleibt, nachdem ich seit einem Jahr wieder in Deutschland bin?

Das selbstverständlich Erwartete ist nicht geschehen: die radikale Veränderung! Ich verändere mich also nicht automatisch, indem ich mich in extreme Situationen bringe. Ohne mein eigenes Zutun dringen die Eindrücke nicht tief genug. Ich muß mich weiterhin immer wieder neu um Konsequenz und Bewußtsein bemühen. Ich hatte gehofft, dort einen Ort zu finden, an dem ich mich «richtig» fühle; diesen Ort habe ich dort nicht entdeckt.

Der Alltag in Monte Azul zeigt mir, daß ich als Regina nie so werde arbeiten können, wie eine Julieta oder Mariza, Sozialarbeiterinnen in Monte Azul. Auch nicht wie eine Renate oder Ute, die sich als Deutsche mit den Brasilianern innerlich so gut verbinden können. Ich kann es nicht, ich bin zu fremd als Deutsche und als Ich. Ohne diese Verbundenheit jedoch ist es mir nicht vorstellbar, eine gute Sozialarbeiterin in Brasilien zu sein.

Aus den «großartigen», sehr verschwommenen Ideen wurden nur kleine Einsichten, die aber wertvoll sind, weil sie konkret sind und eine konkrete Zukunft ermöglichen.

Ob ich den «richtigen Ort» in Deutschland finden werde, das ist die Frage; die Voraussetzung dafür ist wohl die, den «richtigen Ort» in mir zu suchen.

Sehr viel habe ich in Monte Azul gelernt, und ich bin dankbar, dort gewesen sein zu dürfen.

Regina B., freiwillige Helferin

Anthroposophie und Favela

Heilsam ist nur, wenn
Im Spiegel der Menschenseele
Sich bildet die ganze Gemeinschaft;
Und in der Gemeinschaft
Lebet der Einzelseele Kraft.

Rudolf Steiner

Anthroposophie und Favela: ein absurder Kontrast? Unter Anthroposophie stellt man sich etwas Helles, Geistiges vor. Mit dem Wort «Favela» verbindet man hingegen menschliches Elend, Schmutz, Krankheit und sogar Verbrechen. Beides sind überaus oberflächliche Assoziationen, die nur einen Teil der Wahrheit berühren.

Anthroposophie ist die Erkenntnis vom Menschen. Der Mensch ist die Brücke, die die geistige mit der irdischen Welt verbindet. Daher ist es die Aufgabe der Anthroposophie, dem Menschen verständlich zu machen, woher er kommt, wo er steht, wohin er geht, wie er sich in seiner Zeit und innerhalb des Entwicklungsprozesses der Menschheit situiert und welche Aufgabe er auf der Erde und in seinem Land hat. Auf alle Fälle sollte man sich bei der Gegenüberstellung Anthroposophie – Favela klar darüber sein, daß ein Favelabewohner genau so ein menschliches Wesen ist wie wir alle, eine Seele, die durch mehrere Reinkarnationen gegangen ist, jetzt hier in Brasilien lebt und innerhalb von Brasilien in einer Favela. Selbst in einem Menschen, dem das Leben seine Würde genommen hat, leuchtet, vielleicht ganz im Geheimen und versteckt, etwas Geistiges.

Dieses Ich kommt nun in Berührung mit der Erde, mit der Favela. Für dieses Ich ist das eine sehr große Herausforderung: Werde ich imstande sein, dieser so feindlichen Welt entgegenzutreten? Stellen wir uns ein Kind vor, ein Kind im Mutterleib. Was will es? Es möchte die Welt kennenlernen und auf der Erde willkommen sein. Was widerfährt jedoch den meisten Kindern? Eine große Enttäuschung. Die Welt zeigt sich ihnen als eine feindselige: verseuchtes Wasser, zerrissene Windeln, Lärm, Kälte; bald nach der Geburt Brechdurchfall, Darmkatarrh. Das einzige, das das Kind in diesem Elend retten kann, ist die Liebe der Eltern und Geschwister. Das Leben geht weiter: Nichts Schönes, keine Stille, keine geeignete Ernährung, die die Intelligenz und Willenskraft zu entwickeln hilft, keine Anregungen. Es ist ein täglicher Kampf, die Erinnerung an die geistige Welt zu erhalten. Das ganze Leben wird ein Kampf sein gegen Hindernisse, die es dem Menschen schwer machen, ihre menschliche Würde zu bewahren. Manche scheitern auf dem Wege;

man sieht solch menschliches Strandgut in Bars und an Billardtischen. Anderen gelingt es, mitten in dem ganzen Schlamm, Mensch zu bleiben.

Wenn wir also innerhalb der brasilianischen Realität von Anthroposophie sprechen, muß man bedenken: Es gibt 120 Millionen Brasilianer, nicht nur Menschen, sondern Seelen, die sich Brasilien ausgesucht haben, um diese Welt kennenzulernen. Die meisten werden folgendes finden: Hunger, Arbeitslosigkeit, Geldknappheit, kulturelles Vakuum, Mangel an menschenwürdiger Unterkunft (sechs Millionen Menschen allein im Staate São Paulo), «Verlust der Mitte» bei den Landflüchtigen, Intellektualismus, der sich hinter unverständlichen Worten versteckt, usw. Was soll man tun? Und – wichtiger noch – in welchem Geiste sollen wir etwas tun?

Brüderlichkeit

In einem Vortrag «Wie wirkt der Engel in unserem Astralleib?», den Rudolf Steiner am Ende des ersten Weltkrieges hielt, sagte er folgendes:

«Die Engel formen im menschlichen astralischen Leib Bilder, die man mit dem zur Hellsichtigkeit entwickelten Denken erreichen kann... Und zwar so werden sie geformt, daß in der Art, wie diese Bilder entstehen, gewissermaßen Kräfte für die zukünftige Entwicklung der Menschheit liegen...Es wirkt der Grundsatz, daß in der Zukunft kein Mensch Ruhe haben soll im Genusse von Glück, wenn andere neben ihm unglücklich sind.» (aus R. Steiner: Der Tod als Lebenswandlung. Dornach 1976. GA-Biblio.-Nr. 182. S. 140) Was heißt das? Niemand in unserer Nähe darf hungern, ohne daß wir ihm Bedingungen zu schaffen versuchen, satt zu werden. Niemandem soll die Möglichkeit fehlen, seine geistigen Anlagen zu entwickeln – geistig in dem Sinne, in dem Rudolf Steiner dieses Wort versteht, nämlich handwerkliche und intellektuelle Gaben. Niemand in unserer Nähe soll sich einsam fühlen, ohne daß man versucht, dieses menschliche Wesen aufzurichten. Das heißt, daß Brüderlichkeit das Leben lenkt. In Monte Azul versuchen wir etwas davon zu verwirklichen, indem wir gemeinschaftlich die Verbesserung der materiellen Voraussetzungen besorgen und in der pädagogischen Arbeit das kulturelle Leben bereichern.

Hunger ist physischer und seelisch-geistiger Art.

Gleichheit

Das zweite Bild, das in den Astralleib eingepflanzt wurde, verlangt, daß in Zukunft jeder Mensch in jedem andern menschlichen Wesen etwas Göttliches sehe. Das Zusammenkommen eines Menschen mit irgendeinem andern ist in sich selbst schon eine religiöse Tat.

Dieser Gedanke soll kein leerer Satz bleiben, sondern Lebensform werden. Für uns in Monte Azul ist das die Quelle für den Geist der inneren Gleichberechtigung. Nur so kann man in der Favela arbeiten – gleich zu gleich. Aus dieser Beziehung eines Menschen zum andern, die wie ein Sakrament ist, kann eines Tages eine neue Gesellschaft hervorgehen, die nicht auf Gesellschaftsschichten, Klassenunterschieden und anderen Trennungslinien aufgebaut ist. Deshalb versuchen wir in Monte Azul, Schranken zu überwinden und Brücken zu bauen, Brücken zwischen den verschiedenen sozialen Schichten, den Völkern zwischen der Ersten und der Dritten Welt, zwischen anthroposophischen und nicht-anthroposophischen Einrichtungen, zwischen Akademikern und Menschen, die aus Lebenserfahrung und gesundem Menschenverstand handeln.

Praktisch heißt das, daß die Kindergärten, die Krippen, die Freizeitschule von jungen Menschen und Müttern betreut werden, die ihre Kindheit in der Favela verlebt haben oder noch immer dort wohnen. Sie sind es, die die pädagogische Arbeit unter Anleitung von Waldorfpädagogen leisten.

Ein anderes Beispiel eines Ansatzes für eine Gesellschaft, die sich auf die Gleichheit in menschlichen Beziehungen stützt, sind unsere Arbeitsbesprechungen. Es ist ein Versuch, alle, wirklich alle Mitarbeiter (ungefähr 80) zusammenzubringen: Köchin und Chauffeur, Arzt und Erzieher, Sozialarbeiterin, Lehrer, Maurermeister und so weiter. Alle zusammen bilden das Herz von Monte Azul. So begann die Escolinha mit Schülern aus einer besser situierten Schicht, die den Favelakindern etwas von dem Gelernten weitergaben. Und so geht es weiter, wenn z. B. freiwillige Helfer aus Übersee in der Favela arbeiten, nicht nur um etwas beizubringen, sondern auch, um zu lernen. Die Basis für eine neue Gesellschaft ist der *Mensch*. Ihr Fundament ist ein tiefes Interesse für dieses menschliche Wesen, das sich hinter den sozialen, nationalen, bildungsmäßigen Schranken verbirgt.

Bewußtsein

Es gibt noch ein drittes Bild, das den Menschen verliehen wird: Menschen müssen die Fähigkeit erwerben, das Geistige über das Denken zu erreichen.

Wir stehen im Zeitalter der Bewußtseinsseele; deshalb müssen die Menschen nach und nach ein bewußtes Verständnis erwerben für die Dinge, die die Welt bewegen.

Das ist vielleicht innerhalb der Favela die am schwersten durchzuführende Aufgabe. In der Favela wohnen Menschen, die aus ihrer natürlichen Umgebung auf dem Lande herausgerissen worden sind. Dort lebten sie innerhalb ihrer Traditionen. Tradition ist erblich, d. h. sie geht vom Vater auf den Sohn über. Sie ist unbewußt. In der Stadt angekommen, erwachen die Menschen – sie *müssen* aufwachen, wenn sie überleben wollen. Wenigstens äußerlich müssen sie bewußter werden, sobald sie in der Stadt wohnen. Aber kulturell kommen die meisten am Nullpunkt an: ein kulturelles Vakuum, entsteht in ihnen.

Wenn wir mit den Favelabewohnern im Sinne einer inneren Gleichheit leben, d. h. mit vollkommenem Respekt vor dem Wesen, das sich in ihnen zu offenbaren sucht, und in der Haltung eines Menschen, der gibt, der aber auch empfängt, merken wir nach und nach, wie dieses kulturelle innere Vakuum sich wieder füllt. Anfangs durch Nachahmung. Zum Beispiel lernen die Mütter der Kinderkrippen, mit den Kindern umzugehen, indem sie die Waldorflehrerin nachahmen. Aber diese Nachahmungszeit geht vorüber, und es beginnt ein immer bewußteres Verstehen der Pädagogik. Fragen tauchen auf, eigene Ideen. Man muß Vertrauen haben in die Entwicklungsfähigkeit eines jeden menschlichen Wesens, auch Geduld, um zu warten, bis die Keime sprießen. Es nützt nichts, sie aus dem Boden herauszuzerren, dann keimt nichts.

Unsere Erzieher und Krippenmütter sind meist keine Anthroposophen. Aber bei unserer Arbeit kann man beobachten, wie vier oder fünf Menschen, die mit der Anthroposophie verbunden sind, wie Gärstoff wirken, durch den etwas Neues aufkommt, etwas Neues innerhalb einer veralteten Gesellschaft. Wichtig aber ist: Diese Menschen müssen erstens auf einer intensiven Suche nach neuen Wegen sein, zweitens unter sich einig sein, drittens bescheiden sein.

Die drei Bilder leben in uns. Es ist unsere Aufgabe, sie in Willenskraft und Taten umzusetzen.

Ute C.

Sergio und Divino

Poema Para Rezar

Senhor, por que me mandaste amar todos os homens, meus irmãos?
Senhor, estava tão tranquilo em minha casa, tinha organizado,
já me achava instalada
Meu lar mobiliado, e lá dentro
sentia-me tão bem
Sózinho, estava de acordo comigo mesmo: Mas na minha fortaleza
descobriste, Senhor, uma brecha.
Obrigaste me
a entreabrir a porta.
Lá fora os homens me espreitavam.

Não sabia que estavam tão perto.
Entraram os primeiros.
Acolhi-os.
Até aí era razoável.
Mas os que vinham depois,
Senhor, os outros homens, eu não tinha visto,
ocultos por trás dos primeiros!

Nada mais posso fazer;
quanto mais chegam,
mais a porta se abre…

Gedicht zum Beten

Herr, warum befahlst Du mir, alle Menschen zu lieben,
alle meine Brüder?
Herr, ich lebte so ungestört in meinem Hause,

hatte alles organisiert,
mich eingerichtet,
mein Heim möbliert, und darin
fühlte ich mich wohl:
Allein, stimmte ich mit mir selber überein. Doch in meiner Festung
entdecktest Du einen Spalt.
Und ich war gezwungen
die Tür einen Spalt zu öffnen:
Dort draußen blickten mich die Menschen an.

Ich wußte nicht, daß sie so nahe waren.
Die ersten traten ein.
Ich beherbergte sie.
Bis dahin ging es noch…
Aber die, die später kamen,
die anderen Menschen, die hatte
ich nicht gesehen
sie standen versteckt hinter den ersten!

Ich kann nichts mehr dagegen tun,
je mehr kommen umso mehr
öffnet sich die Tür…

In der Favela Monte Azul wimmelt es von Kindern, die sich selbst überlassen sind, weil die Mütter arbeiten müssen. Dona Ifigenia zum Beispiel hat acht Kinder, ihr Mann ist gestorben. Sie geht um fünf Uhr aus dem Haus zur Arbeit. Ihr Tag beginnt mit dem Kampf um den Bus – die Menschen hängen wie Trauben an den offenen Bustüren; als Frau hat man kaum die Kraft, sich ohne Lebensgefahr daran zu hängen. Irgendwie schafft man es doch.

Um sechs Uhr fängt die Arbeit an: Putzen. Sie arbeitet acht Stunden, anschließend täglich Überstunden. Sie kommt also nach der üblichen strapaziösen Busfahrt gegen 22 Uhr nach Hause. Ihre Kinder sieht sie nur schlafend, außer sonntags. Sie arbeitet, um diese Kinder am Leben zu erhalten. Aber sie ist inzwischen so abgestumpft vom Leben, vom Leiden, von den Problemen, die ihr über den Kopf wachsen, daß sie gar kein Verhältnis mehr zu ihren Kindern hat. Ganz im Innern liebt sie sie sicher, aber äußerlich ist sie abgestumpft. Vielleicht ist dies auch die einzige Art, selbst zu überleben. Denn wie soll ein Mensch verkraften, daß ihre älteren Jungen schon längst von zu Hause ausgerissen sind, oft von der Polizei aufgegriffen und in Erziehungsanstalten untergebracht werden, von wo aus sie immer wieder fliehen?

Neulich, als sie von der Arbeit kam, sah sie auf dem Trottoir-Pflaster ihren eigenen Sohn liegen, auf Zeitungspapier schlafend, vollkommen verschmiert und verdreckt.

Ihre kleineren Kinder im Alter von zehn bis ein Jahren, überläßt sie sich selbst. Die zehnjährige Cida kocht und wäscht die Wäsche, womit sie völlig überfordert ist. Der fünfjährige Serginho und der vierjährige Divino spielen auf der Asphaltstraße in einer Kurve. Es ist ein wahres Wunder, daß sie noch nicht überfahren wurden.

Immer ist eins der Kinder krank, die Mutter ist nicht zum Pflegen da, also verschleppen sich die Krankheiten, bis die Kinder eiligst ins Krankenhaus gebracht werden müssen, aus dem sie aber selten ausgeheilt zurückkommen.

Und alles wird schicksalsergeben ertragen. Neulich verbrannte sich Cida am Rücken. Es dauerte eine Woche, bis die Mutter die eitrige Wunde entdeckte. Bis dahin hatte sie alles still ertragen. Aber was heißt «ertragen», sie stumpft ab gegen Schmerz, aber eben auch gegen andere Dinge, die die Umwelt an sie heranträgt. Auch fürs Lernen, auch für das Schöne.

Mai 1981

Das ganze Leben hat sich verändert dadurch, daß Sergio und Divino jetzt hier wohnen. Noch nie hatte ich Kinder in diesem Alter hier, fünf und sechs Jahre alt. Ich entwickle mich zurück, denke ich manchmal. Während in einem normalen Lebenslauf es so ist, daß man die Kinder vom Kleinkind zum Erwachsenen erzieht, ist es bei mir gerade umgekehrt: Erst wohnten hier Jugendliche, dann Schulkinder, jetzt Kindergartenkinder. Mal sehen, ob ich es noch bis zum Baby bringe!

Das erste, was ich frühmorgens höre, wenn ich aufwache, ist Divinos Stimme: qui, qui, qui. Irgendjemand will etwas von ihm und er ist empört. Er ist immer empört, wenn jemand etwas von ihm verlangt. Dann geht der Wettkampf gleich weiter: sou primeiro. Ich bin der Erste! Oder, ich habe es als erstes gesehen, oder bin als erster angekommen, oder habe als erster Ute kennengelernt, oder bin als erster aufgewacht usw.! Dann geht es weiter: é meu. Alles gehört mir, mir, mir! Ich, ich, ich! Der Kampf ums Überleben. Schon in diesem Alter ist er eingeprägt in den Körper, in die Seele. Wie kommt man da zu einem normalen Beisammensein, einem Teilen, einem Wir? Das Essen wird in rasender Geschwindigkeit und in rauhen Mengen hineingestopft. Möglichst viel, möglichst schnell, im Bauch ist es sicher vor dem Zugriff des anderen. Wenn absolut nichts mehr reinpaßt, dann wird es in irgendwelchen Ecken versteckt, gehortet. Neulich, beim Hausputz, fand ich trockenes Brot im Kamin, eine Banane hinter dem Bett.

Auch das Spielzeug ist nicht da zum Spielen, sondern zum Ansichreißen. Jeder, sowohl Divino als auch Sergio, grapschen sich etwas und vor lauter Festhalten und überfüllten Händen haben sie keine Hand mehr übrig, um das kleine Pferdchen, das Häuschen aufzustellen und etwas damit zu spielen. Divino ist da besonders schlimm.

Man hat keine Minute Ruhe. Im Nebenzimmer hört man's pol-

Divino und Sergio

tern, alles mögliche fällt herunter, Geschrei von Divino. Oder João stürzt indigniert ins Zimmer: Wo ist mein Füller?! Nach langem Hin- und Herfragen stellt sich heraus, daß Divino ihn auf den Kleiderschrank geworfen hat. Oder Bea kommt, liebevoll, aber doch irritiert, und sagt:

«Jetzt sag du ihm mal, er soll endlich damit aufhören», (nämlich mit Steinen zu werfen und an die Tür zu poltern).

Dann ist man aber wieder ganz gerührt, z. B. wenn Sergio und Divino an meiner Hand gehen, zur Escolinha. Oder wenn Divino sich selber auf meinen Schoß setzt und nicht mehr wie ein Stock steif darauf sitzt, sondern sich weich anschmiegt. Ruhe, Ruhe bräuchten sie, eine gelöste Atmosphäre, in der sie nicht mehr auf Abwehr und Kampf eingestellt sein müßten. Eine Atmosphäre, in der sie gelöst leben können, und wo auch anderes in sie einfließen kann als nur Grausames, Lautes, Rohes.

Gut wäre es, wenn sie Musik hören könnten. Vor der Geschichte spiele ich immer etwas auf der pentatonischen Flöte. Aber Kantele, habe ich das Gefühl, wäre besser, reiner. Vielleicht am besten morgens, wenn sie noch weicher sind, noch nicht so auf Abwehr. Aber wo ist meine Zeit für so etwas??

Ihre Stimme. Sergio hat eine grelle Stimme, sie durchsticht manchmal mein Ohr, es tut direkt weh. Divinos Stimme ist schwer zu beschreiben. Etwas knarrig, tiefer als Sergios; wie eine Radiostimme, automatischer? Er spricht abgehackt und alle weichen Konsonanten spricht er hart. Was will sich im Klang dieser Stimmen ausdrücken?

Beide malen gerne. Sergio malt sehr schön, immer in lichten Farben, mit sicherer Kraft in den Strichen. Divino ist noch im Kritzelalter, seine Farben sind meist trübe, braun.

(Nach einem Monat wurde Sergios Stimme hell und sanft, fast zärtlich.)

Sergios etwas hämisches Lachen, mit diesem Seitenblick zu mir, Divinos todernste Augen... was steckt dahinter?

Sergio weiß genau, wie er jemanden ärgern kann. Er wirft mit Steinen, wenn man ihm etwas verbietet, spuckt, schimpft die gräuslichsten Schmutzwörter, pinkelt auf Sybilles Schuhe aus Wut, ihre Tasche nicht öffnen zu dürfen. Divino ist verstockter, antwortet gar nicht, wenn man etwas von ihm will. Sergio ist da zugänglicher, verständiger, er versteht schon, daß es bestimmte Regeln einzuhalten gilt.

Das Haus und der Garten waren übersät mit Bananenschalen. «Divino, sammel die Bananenschalen ein und wirf sie in den Mülleimer!»

Keine Reaktion.

«Divino, nimm die Bananenschalen!»

Keine Reaktion.

Da muß man konsequent sein, bei der Stange bleiben mit dem, was man gefordert hat, auch wenn es über 1000 Umwege geht, bis er es tut. Oft dachte er, ich hätte meine Aufforderung schon vergessen. Man darf es nicht vergessen, auch nach einer halben Stunde nicht. Sehr anstrengend für den Erzieher! Divino kommt und fragt, ob er eine Apfelsine haben kann. Ja, aber erst die Bananenschalen aufheben. Bei der Stange bleiben, sonst wird er nie zu gehorchen lernen. Manchmal erbarmt sich Sergio und sagt:

«Eu faço para ele.» «Ich mach's für ihn.»

Deswegen gehorcht er auch fast immer, tut dann oft die Dinge, die eigentlich Divino tun sollte. Er ist nicht so verstockt wie Divino. Andererseits hat man bei ihm das Gefühl, daß die Mißhandlung und die seelischen Entbehrungen bei ihm schon so tief sind, daß nur das «Liebhaben» alleine bei ihm nicht mehr das einzige «Heilmittel» sein kann. Er hat viel weniger von seiner Härte verloren als Divino. Wenn er schläft, erinnert er mich an die Mumie von Ramses. Die erste Nacht war ich erschrocken. Tagsüber hat er immer noch sein wissendes Lächeln und diesen Blick zu mir, um zu sehen, wie ich reagiere.

Sie merken sich alles, das Gute und das Schlechte. Schon nach dem ersten Tag ihres Hierseins aßen sie manierlicher, wußten, daß man vor dem Schlafengehen die Zähne putzt und betet. Sie saugen alles auf wie ein Schwamm. Aber natürlich nicht nur jetzt. Auch schon in der Favela und auf der Straße. Wie man den Lebenskampf mit schimpfen, stehlen, raufen übersteht, wußten sie schon mit vier, fünf Jahren.

Gleich am ersten Tag fand ich in Sergios Hosentasche einen 50-Cruzeiroschein, den er mir gestohlen hatte. Aus Angst, zu verhungern, legten sie sich in allen Ecken des Hauses, im Kamin, unter dem Bett, im Schrank, kleine Vorräte an: Bananenreste, Brotstückchen, Orangen. Alles mußte gerafft werden, bloß nichts weitergeben.

(Jetzt, da ich dies durchlese nach einem Jahr, macht Divino gerade ein Geschenk für Bettina zurecht: ein Stück Kuchen, ein Bild und eine kleine Zuckertüte vom Flugzeug. Früher wäre es unmöglich gewesen, daß er irgend etwas von sich abgegeben hätte, besonders nichts Eßbares. Trotzdem, bis jetzt hat er sich noch nicht ganz erlöst von der Stopferei des Essens. Beispielsweise, wenn man nicht aufpaßt, stopft er so viel Essen in seinen Mund, daß seine Backen sich aufblähen wie Hamstertaschen.)

Sergio

So kommen sie auch gar nicht zum Spielen. Divino ist da besonders egoistisch. Im Kindergarten sah man oft, wie er mit einem Haufen räderloser Plastikautos ankam, krampfhaft an sich gepreßt. Er kommt gar nicht dazu zu spielen, aus Angst, man könnte ihm alles wegnehmen. Auch hier war anfangs ewiger Streit, wenn beide gleichzeitig mit dem gleichen Spielzeug spielen wollten.

Heute spielten sie allerdings sehr schön. Sie bauten ein Häuschen mit Tüchern und Kissen unter dem Küchentisch. «Vem tia, na minha casa!» «Komm in mein Haus!» Ich schlüpfte also unter den Tisch, Divino deckte mich zu, und so schliefen wir einträchtig im Häuschen.

Lange dauerte die Ruhe zwar nicht. Schon wird etwas anderes gespielt und erforscht. Vom Bücherschrank zum Garten, vom Garten zum Waschtrog, vom Waschtrog zum Schreibtisch, vom Schreibtisch auf Joãos Bett, vom Bett zum Wecker: an allem wird gefummelt, herumexperimentiert, es wird versteckt, zum Spielen benutzt. Schaden: zerbrochene Vase, auseinandergefallene Puppenwiege. Aber am Anfang kann man nicht überall Verbotsschilder aufstellen.

Gestern legte ich zwei übriggebliebene Ostereier ins Gras und sagte, sie dürften sie suchen. In der Küche entdeckten sie zwei riesengroße Holzlöffel und zogen damit los in den Garten. Wie wild hackten sie auf dem Gras herum, so, als wollten sie Unkraut jäten und die Erde umgraben. Sie gaben es einfach nicht auf, suchten und suchten. Divino sah aus wie ein Zwerg auf Goldsuche. Welche Kraft und Ausdauer steckt in diesen Jungen. Sie hackten so lange, bis sie ein Osterei fanden. Dann noch eins. Heute zogen sie wieder mit ihrem Hacklöffel los:

Procurar ovos de Pâscoa!! Ostereier suchen!!

Nach 10 Tagen, 17. Mai

Nach 10 Tagen kann man sich gar nicht mehr vorstellen, wie Sergio und Divino früher immer in die Escolinha kamen:

Mit hängender Hose, verschmiert und verrotzt von oben bis unten, ungekämmt, der Pullover (oder auch keiner), viel zu groß, der irgendwie über die Schultern hing. Mit diesem seltsamen seitlichen Gang von Divino, runter die Treppe zum Kindergarten zu Renate, dieses todernste Gesicht, dem weder Worte noch Lächeln zu entlocken waren. Ab und zu erbarmte sich Neuza oder Lucia und wusch die Kinder im Waschtrog. Ging ich in den Kindergarten, hockte Divino immer in einer Ecke oder turnte auf den Stühlen herum, selten machte er mit.

Heute, als ich meine «Führung» von an unserer Arbeit Interessierten machte, freute ich mich direkt auf den Kindergarten: Sergio und Divino sind da und freuen sich sicher, wenn ich komme! Aber ich freute mich bestimmt noch mehr als sie: Divino stand im Reigen, dem São João Reigen (Reigen zu Johanni) und machte ganz natürlich mit, bewegte seine Lippen beim Versesprechen und Singen, lief mit im Kreis. Ich war mächtig stolz! Mit Renate sprach ich auch darüber: Sie sagt, es sei jetzt viel besser.

Kommen sie vom Kindergarten zurück, hört man schon von weitem das Fußgetrippel und Geplappere der Beiden. Sie stürmen in die Küche, halten an, gucken mich an, ich nehme sie in die Arme und das Geplappere geht weiter. Divino lacht viel jetzt, so daß man fast vergißt, wie ernst er immer war. Nur manchmal schaut er einen noch so ernst an, so wie neulich beim Zubettgehen, als er seinen Brustwickel abzerrte und ich, die Geduld verlierend, sagte:

«Dann eben nicht, bleib' bei deinem Husten.» Sofort schnappte er zu, das lustige Lachen war vorbei, seine runden großen braunen Augen guckten mich so verdattert und traurig an, daß es mir leid tat. Er schien zu sagen: Diese Erwachsenen, diese schreckliche Erwachsenenwelt, voller Ungeduld und Lieblosigkeit.

Mit Härte erreicht man nichts. Befehle muß man umgehen mit Singen, Umarmen, Spielen und was einem sonst noch einfällt. Auf Bitten oder Befehle sagt er nur não, não. Erst ist einmal alles nein, nein, nein. Die ganze Welt scheint für ihn ein einziges Nein. Und im Grund hat er recht, denn was ist die Welt wert ohne die Liebe, die er bis jetzt nie erfahren hat? Man merkt aber, wie er auftaut, sich löst, sein Körper sich entspannt, wie seine harte Kruste durchlässig wird. Das merkt man z. B. auch, wenn er aufwacht. Die ersten Tage blie-

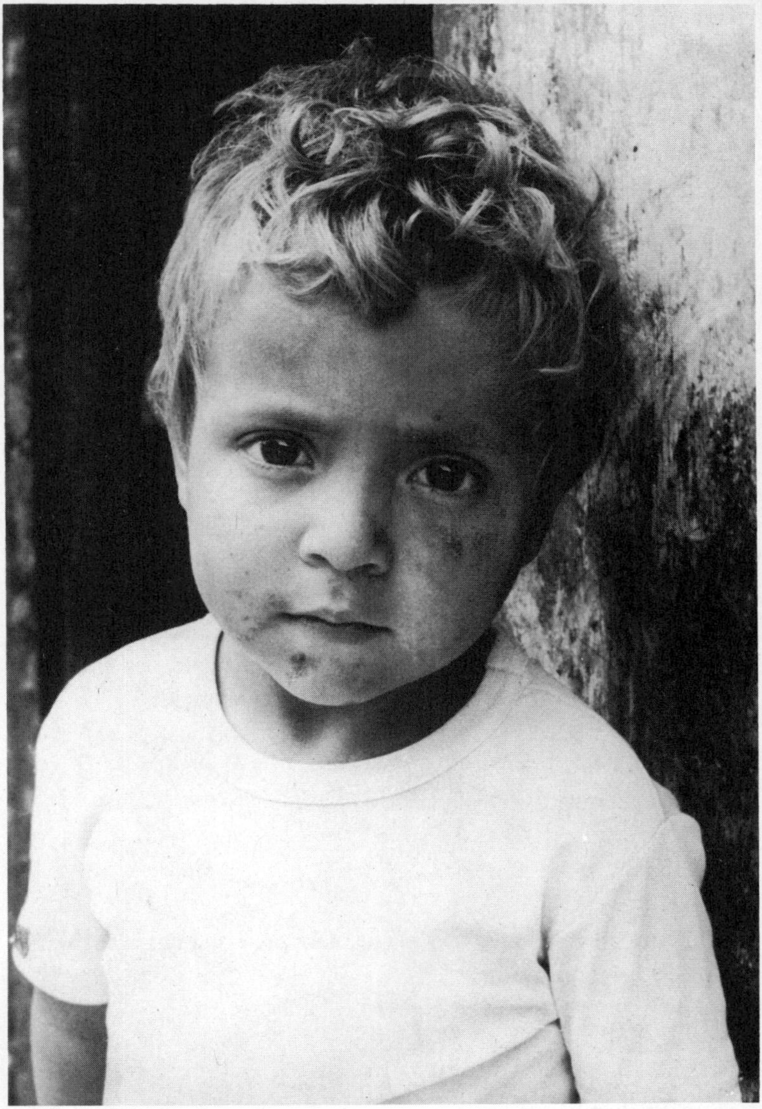

Divino

ben beide wach im Bett; wenn Divino bemerkte, daß ich aufwachte, torkelte er in die Küche, ich bückte mich, umarmte ihn und er ließ sich mit diesen todernsten Augen wie ein Sack in meine Arme fallen, wo er blieb, bis man sich von ihm lösen mußte, um Frühstück zu machen. Jetzt nicht mehr: Früh morgens hört man schon das fröhliche Gezwitscher, Turnen im Bett, Schwatzen mit João. Sergio ist einerseits leichter, andererseits schwerer zu haben. Obwohl nur ein Jahr älter, ist er Divino in bezug auf Bewußtsein sehr weit voraus. So versteht er wohl nicht nur gefühlsmäßig wie Divino, daß es ihm hier sehr viel besser geht. Es war seine Idee, hierher umzusiedeln!

Nach 12 Tagen war Sergio auf einmal verschwunden. Der Bruder hatte ihn nach Hause geschleppt und am nächsten Morgen war er schon mit ihm unterwegs, um Alteisen zu sammeln und zu verkaufen. Valdir braucht ihn wahrscheinlich zum Schieben des Karrens und wohl auch, damit er in die Gärten hereinschlüpft und Alteisen klaut. Mittags ging ich zur Mutter und sagte ihr, daß sie Sergio zwar immer besuchen könne, aber die Brüder ihn nicht einfach wegschleppen sollten. Anschließend gingen wir zusammen in den Kindergarten und er meinte, er wolle bei mir bleiben. Dasselbe geschah heute mit Divino, als wir auf dem Praça da República spazieren gingen und er sichtlich müder wurde. Da fragte ich ihn:

«Wollen wir nach Hause gehen!»

«Não.»

«Willst du noch hierbleiben?»

«Não.»

«Willst du nach Hause?»

«Não.»

Auf einmal kam's mir, daß er vielleicht meinte, zum Haus seiner Mutter. So fragte ich ihn:

«Wollen wir zu mir nach Hause?»

«Ja!»

Wie so oft bei Favelakindern, habe ich das Gefühl, daß die Kinder und nicht ihre Eltern ihr Schicksal in die Hand nehmen und Entscheidungen herbeiführen. Wie seltsam, als Sergio und Divino eines Tages selbst beschlossen, mit mir nach Hause zu kommen, in diesem bestimmten Ton, der ihnen eigen ist:

«Vou na casa da tia!» «Ich ziehe ins Haus von Tante (Ute).»

Und als Abklatsch Divino: «Vou na casa da tia!»

Mittags und abends wieder. Jeden Tag, bis sie es nicht mehr nötig fanden, dies festzustellen, da es zu einer Selbstverständlichkeit geworden war. Sie selbst entschieden: Wir wollen bei Ute wohnen. Aber eigentlich noch seltsamer war es, daß sie dies nie früher gesagt hatten, sondern erst in dem Augenblick, wo ich mich innerlich vollkommen darauf eingestellt hatte und innerlich wirklich bereit war, sie bei mir aufzunehmen. Wie haben sie das gespürt? Welche schützenden Kräfte sind trotz allem über diesen Kindern, die sie dorthin führen, wo sie besser aufgehoben sind?

Obwohl ich eigentlich dachte, ich hätte keine Stunde mehr frei in meinem Tageslauf, verbringe ich Stunden mit ihnen, nehme sie auf den Arm, spiele, erzähle Märchen, mache Essen mit ihnen usw. Alles, was nicht absolut wichtig ist im Haushalt, bleibt liegen oder wartet auf eine Seele, die sich dessen annimmt, irgendwelche Kinder aus der Favela, die spülen, oder Maristela, die manchmal die Wäsche wäscht und natürlich Bea, die mir sehr hilft und einfach ideal mit Kindern umgehen kann und sie sehr lieb hat.

Divino

Divino wird am 3. Juli fünf Jahre alt. Dafür ist er sehr klein, aber nicht dünn, sondern kräftig. Wenn er aufrecht steht, streckt er seinen Bauch etwas heraus und hat ein leichtes Hohlkreuz. Seine Beine neigen ein wenig zum X. Seine Füße sind sehr kurz, aber muskulös, und haben eine dicke Hornhautsohle vom vielen Barfußlaufen. Die Wölbung der Füße ist noch mit Speck ausgefüllt wie bei kleineren Kindern. Die Zehen sind ausgesprochen kurz. Sein Popo steht etwas heraus und ist sehr hart und immer wie zusammengekniffen. Sein Bauch ist babyhaft gerundet, aber nicht weich, sondern sehr stramm. Seine Arme sind kurz und kräftig, die Hände ebenfalls kurz, aber breit und muskulös. Die Finger sind sehr kurz. Sein Kopf ist rund und schön geformt und sitzt auf einem kurzen, dünnen Hals. Sein Gesicht ist rund. Er hat ein feines rundliches Kinn, einen kleinen Mund mit schmalen Lippen. Seine Nase ist schön geformt, nicht zu groß und nicht zu klein. Er hat große, immer weit offene braune Augen, kaum sichtbare Augenbrauen und eine zum Quadratischen neigende gleichmäßige Stirn. Er hat blonde, lockige Haare.

Er geht mit schweren, kurzen Schritten, als ob sein Körper ihn bei jedem Schritt fest auf den Boden drücken wollte. Er springt kaum einmal in die Höhe, springt aber gerne von der Höhe in die Tiefe. Er macht auch gerne Purzelbäume oder versucht, Rad zu schlagen, aber alles ohne die geringste Leichtigkeit. Er kann gut klettern.

Divino spielt fast ausschließlich alleine. Er versucht, so viele Spielsachen wie möglich zu ergattern, verzieht sich damit immer ins hinterste Eck und baut sich dort sein Reich. Wenn ihm jemand etwas nehmen will, bricht er in babyhaftes Geplärr aus. Seine Häuser sind meistens so klein, daß nur er hereinpaßt. Wenn er sich sicher ist, spielt er versunken und führt Selbstgespräche. Die bunten Tücher sind seine Lieblingsspielsachen. Darauf stürzt er sich als erstes. Seit neuestem fängt er an, mit den Stehpüppchen Theater zu spielen. Das macht er sogar manchmal mit einem anderen Kind zusammen. Er spricht aber sehr undeutlich und wie aus der Brust gequetscht ohne Atem. Wenn er sich sehr weh tut, heult er und kann dann nicht mehr einatmen. Er wird dabei fast blau. Auch wenn er ganz in sein Spiel versunken ist, lächelt er nie. Sein Gesicht ist immer todernst. Er kann eigentlich nur hämisch lachen, wenn er sich über jemanden lustig macht oder jemandem weh tut. Beim Reigen im Kindergarten macht er selten mit. Manchmal kommt er aber plötzlich dazu, und wenn er sich dann vergißt, macht er schöne andächtige Bewegungen. Wird er aber durch irgendetwas herausgerissen, fängt er entweder an, bewußt zu stören, oder er verkriecht sich unter einem Tisch und macht nichts mehr mit.

Obwohl er eine so harte Schale nach außen hin hat, ist er innerlich doch weich und möchte liebevolle Zuwendung. Man muß ihn aber dazu überlisten, denn er läßt sich nicht so einfach umarmen oder auf den Schoß nehmen. Hat man es aber einmal geschafft, so entspannt sich allmählich sein harter Körper, und er kann sich sogar anschmiegen.

Divino zeichnet gerne. Er benützt eher dunkle Farben, drückt aber nicht stark auf. Er zeichnet noch nicht gegenständlich. Mit Wachs und Ton arbeitet er sehr gerne und ganz geschickt. Da bekommt er auch Gegenständliches zuwege (Männchen, Schüsselchen) usw.

Ich habe gerade meine Bücher durchforscht, aber die Stelle über Bettnässen nicht gefunden. Nur bei Dr. Simonis steht, daß das Kontrollieren der Ausscheidungen mit dem Durchdringen des Leibes mit der Seele zu tun hat. Mit drei Jahren sollte das wenigstens soweit sein, daß das Kind tags und nachts trocken ist. Es gibt aber Kinder, die man bis zum Schuleintritt jede Nacht topfen muß, erst dann lernen sie's, von selbst aufzustehen.

Ich glaube, daß man Divino aus dem Babyhaften etwas heraushilft, wenn man ihn ohne Windeln schlafen läßt und nachts topft.

Wenn ich abends an Divino denke, sehe ich ihn vor mir wie etwas Dunkles, Finsteres, Verstocktes, umsichschlagend, mit diesen riesigen, aufgerissenen Augen, die die Angst und Unsicherheit ausdrükken. Verschlossen, eingemauert in seine Selbstverteidigung. Die ersten Tage ließ er sich auch nicht auf den Arm oder Schoß nehmen, er sperrte sich dagegen, seine ganze Körpermuskulatur wurde hart und angespannt. Ich nahm ihn manchmal fast gegen seinen Willen auf den Schoß, streichelte ihn. Und erst jetzt löst er sich, wird weich.

Als Mama hier in Brasilien war und wir viele Ausflüge in die Stadt und Umgebung machten, waren Divino und Sergio meistens dabei. Sergio sah alles, Vögel, schöne blühende Bäume, einen Pferdewagen, die Busse, Ampeln, alles. Und alles wurde in der schrillen Stimme, die er damals noch hatte, lauthals hinausgeschrien, direkt in das Ohr meiner Mutter:

«Fala mais baixinho, tá!» «Sprich leiser, ja!»

«Olha, uma estrêla», «Schau, ein Stern», schrie er schon wieder.

«Olha, dois ônibus ultrapassando! Olha avião!» «Schau, zwei Omnibusse, die vorbeifahren! Schau, Flugzeug!»

«Olha! Olha!» «Schau! Schau!»

Für Divino gab es nur eins: janelas, Fenster. Alle paar Minuten rief er wieder: «O, uma janela!, O, uma janela!» Es gibt natürlich tausende von Fenstern, an denen wir vorbeikamen. Warum, fragte ich mich, bemerkt er ausgerechnet die Fenster. Es ist doch nichts Besonderes. Aber vielleicht doch, nicht das Fenster an sich, sondern die Öffnung, die ein Fenster zur Welt vermittelt. Er entdeckt in seinem Geist das Fenster, öffnete sich zur Welt.

Anders konnte ich mir's nicht erklären. Auch malte er dauernd Kringel und sagte, es seien Fenster. Und er selbst wurde ja immer weniger verstockt, immer offener, ließ alles an sich herankommen, die Mauer, die er um sich gebaut hatte, um sich zu schützen vor dieser Welt, die für ihn nichts Schönes brachte, keine Liebe, keine Wärme, diese Mauer bröckelte allmählich ab. Er fühlte sich immer wohler, wurde kindlich, fast babyhaft. Man hatte das Gefühl, er wollte es nachholen, daß er es nie erfahren hat, was es heißt, Baby sein zu können.

Muttertag 1981

Wie schon Tradition geworden, luden wir die Mütter der Favela ein, um an diesem Tag einen Ausflug zu machen. Familie Ens stellte uns wieder ihr Sítio (Landgut) zur Verfügung. Meine Kindergruppe hatte ein Theaterstück vorbereitet, um es den Müttern vorzuführen. Da in diesem Monat auch der Tag der Sklavenbefreiung stattfindet, handelte das Stück von zwei Brüdern, einer schwarz, der andere weiß, beide sehr schön, die sich später entzweiten und der weiße den schwarzen verkaufte. Anschließend dann die Geschichte der Sklavenverschleppung, der Fronarbeit auf den Zuckerrohrplantagen und schließlich die Befreiung.

Sergio war der Herold, der den weißen Bruder ankündigte:

«Meu amo está chegando, ele quer conversar com seu irmáo preto.» «Mein Herr kommt gerade an, er will mit seinem schwarzen Bruder sprechen.»

Er schob sein Steckenpferd zwischen die Beine und kam angaloppiert. Divino hinterher und sagte, obwohl er ja kaum geübt hatte, alles ganz richtig.

Wie stark sind sie doch aufeinander eingespielt, aufeinander angewiesen. Divino macht alles, alles nach. Es ist direkt beängstigend, denn wie wird er jemals der Führerschaft Sergios entgehen, ein Mensch werden, der er selbst ist? Andererseits hätten sie sicher nie so gut überlebt, wenn sie nicht immer gegenseitig sich hätten stützen können. Sergio als der Anführer, der Ideenreiche, der sich ausdenkt, wo es etwas zu essen gibt, der instinktiv wußte, wann der Markttag war und dort hinlief, um die auf dem Boden liegengebliebenen Reste aufzuheben und wohl auch schon etwas von den Markttischen zu klauen. Divino als Hinterherläufer, der Sergio sozusagen Gesellschaft leistet, damit der nicht alleine ist.

Sergio war sehr stolz, daß er so einen Teil des Theaters, das von Schulkindern der 1. und 2. Klasse gespielt wurde, schon mitmachen durfte.

Sie sind jetzt gerade eine Woche bei mir. Benehmen sich einigermaßen. Aber, als ich alle Mütter und Kinder einlud, ins Haus zu kommen, um Dias von unserer Escolinha anzugucken, da brachten keine zehn Pferde Divino von dem Schwimmbad weg. Schließlich hatte ich ihn soweit, nach tausend Überredungskünsten. Aber kaum hatte ich die Augen woanders, verschwand er klammheimlich. Ich suchte ihn. Dieser Schreck, daß er vielleicht ins Schwimmbad gefallen ist.

Dieser Schreck, den man ständig bekommt bei diesen Kindern, die nie so reagieren, wie man es erwartet, unberechenbar.

Was tut man den Kindern an, die ohne richtige Nahrung, ohne Schönheit, ohne die Ruhe für ihre Entwicklung aufwachsen müssen.

«Auch das Gehirn ist bis zum siebten Lebensjahr in der Ausbildung seiner plastischen Formen begriffen; was bis dahin an diesen feinen Ausbildungen, Ausgestaltungen der Form nicht ausgebildet ist, das ist für immer verloren. Da das physische Gehirn das Instrument ist, durch welches sich der Geist äußert, ist es von ungeheurer Wichtigkeit, daß dieses Instrument so fein als möglich ausgearbeitet, respektive in den ersten sieben Jahren veranlagt wird. Denn mit einem mangelhaft ausgebildeten Gehirn kann selbst der größte Geist nichts anfangen, sowenig wie der größte Pianist auf einem verstimmten Klavier gut spielen kann.

Geradeso, wie sich die Rachitis in einer Mißbildung und Mißgestaltung der Knochen äußert, so äußert sie sich sehr häufig auch zugleich in einer Mißbildung im Drüsensystem und in den Schleimhäuten; d. h., die von Rachitis befallenen Kinder zeigen sehr häufig die Erscheinungen von Drüsenschwellungen, alenoide Wucherungen usw. Als dritte Krankheitserscheinung bemerkt man bei diesen Kindern sehr häufig, daß sie auch geistig zurückbleiben, daß sie in der Schule zurückbleiben, unaufmerksam, ja direkt blöde werden. Das ist aber in Wirklichkeit dieselbe mangelhafte Ausbildung des physischen Gehirns, namentlich der sogenannten Rindensubstanz, die ja gerade in diesen Jahren in ihrer feinsten Organisation ausgebildet werden muß, wie die anderen Erscheinungen auf einem Entwicklungsmangel beruhen.» (R. Steiner)

Wie naiv sind doch die Meinungen, daß Dummheit und intellektuelle Schwäche der Favelakinder auf Vererbung beruhen.

Ich glaube, es ist selten, daß man dumm geboren wird. Man wird dumm durch die Umstände, in denen man aufwächst. Dummheit ist eher verkümmerte Intelligenz. Wenn ein Mensch in diesen Umständen trotzdem klug ist, so ist er es den äußeren Bedingungen zum *Trotz*. Sein Ich ist so stark, daß es sich durchgeboxt hat durch alle diese Widrigkeiten, diese Unterernährung physischer, seelischer und geistiger Art. Diesen Eindruck hat man oft bei Sergio. Eine starke Persönlichkeit, die sich durchsetzt und halb unbewußt den Weg sucht, der für ihn der beste ist, der beste auch für seinen «inneren Menschen», den er gebären möchte. Nicht umsonst hat er selbst die Initiative übernommen, sich im Kindergarten anzumelden oder bei mir zu wohnen.

Juli 1981

Liebe Cordula, (ein junges Mädchen, das vier schöne Pullover für Sergio und Divino strickte)

heute haben wir ein schönes Fest hinter uns. Gerade sind Sergio und Divino ins Bett. Der Anlaß des Festes: Deine Pullis!!!!!!!!

Die Freude war groß, erst einmal bei mir, als Frau Bartsch sie mir brachte. Ich habe mich nicht nur gefreut, sondern fand es auch wirklich toll, daß Du Dich einfach hinsetzt und strickst, also nicht lange nachdenkst, ob Deine Tat Sinn hat, sondern Du sie einfach tust. Leider ist das nicht immer der Fall, meist überlegt man zuviel, um dann zum Schluß zu kommen, daß es sich doch nicht lohnt, und so verändert sich nie etwas in der Welt! Nun aber zurück zum Fest.

Es war gerade schrecklich kalt. Ich dachte, heute könnten wir am Feuer sitzen, und danach werde ich die Pullis eingepackt verstecken und die Kinder suchen lassen. Das Feuer kündigte ich Sergio und Divino morgens an, gleich liefen sie überall herum, um Holz, Tannenzapfen, Papier usw. zu sammeln. Sie waren übereifrig bei der Sache, schleppten lange Äste heran und konnten es kaum erwarten, bis es abend wurde. Inzwischen kamen sie auch auf die Idee, Laternen zu basteln, was wir auch machten. Eine Freiwillige, die gerade bei uns arbeitet und auch wohnt, kaufte Joghurt. Na, das war ein Schmaus! Wir saßen alle ums Feuer, aßen unser Abendessen, gingen in die Nacht mit den Laternen, sangen etwas und zum Schluß erzählte ich eine Geschichte. Es war auch noch ein anderer Anlaß zu der Feierei, nämlich, daß Divino, der trotz seiner gerade fünf Jahre immer noch nachts ins Bett machte, es jetzt schaffte, die Nacht über sauber zu bleiben.

Und jetzt ein großes Dankeschön für Dich!

August 1981

Divino nachts: Oft schreit er, manchmal rief er: «Mãe, Mãe» (Mutter, Mutter). Ich nahm ihn in mein Bett und beruhigte ihn. War es ein Alptraum, oder hat er Sehnsucht nach seinem Zuhause, nach seiner Mutter?

Man weiß es nicht. Man weiß nie, ob man es richtig macht. Kinder von ihrer Mutter wegholen?? Es sieht so aus, als ob es eine richtige Entscheidung war, sie entwickeln sich so schön. Aber wirklich wissen kann man es vielleicht erst in zehn, zwanzig, dreißig Jahren. Vielleicht ist etwas richtig für jetzt, und in zehn Jahren stellt es sich heraus, daß die Entscheidung falsch war. Oder etwas sieht heute falsch aus, aber in zwanzig Jahren sieht man, es war doch eine richtige Entscheidung. Da spürt man, wie begrenzt man als Mensch ist. Wie kann man wissen, daß man eine Entscheidung richtig fällt, die die ganze Zukunft eines Kindes, eines Menschen bestimmt, wenn man selbst nicht in die Zukunft sehen kann!

Bei Sergio und Divino habe ich immer den Eindruck, sie gehören zu meinem Leben, zu mir; so wie ein Kind vor der Geburt seine Mutter «sucht», so suchten diese beiden Kinder mich, nach ihrer Geburt. Aber vielleicht ist das nur eine Illusion, die in mir entsteht, weil ich sie lieb habe, vielleicht ist es auch eine Art von Hochmut, weil ich oft denke, ich kann ihnen mehr bieten als andere Menschen.

Nachtrag 1982

Anfangs wollten die Kinder nie ihre Mutter besuchen, besonders Divino sperrte sich dagegen.

«Não vou!» «Ich gehe nicht!»

«Por que?» «Warum?»

«Não quero!» «Ich will nicht!»

Sergio war neutraler. Divino mußte ich praktisch zwingen, ab und zu sonntags zu seiner Mutter zu gehen. Obwohl sie oft zurückkamen mit Plastikrevolvern und voller Schauergeschichten – echten oder vom Fernsehen – finde ich es wichtig, daß diese Kinder nicht die Verbindung verlieren zu ihren Eltern und auch zu dem Ort und Milieu, in dem sie die ersten Jahre ihres Lebens verbrachten. Sie sollen weiterhin ihre Mutter respektieren und gern haben. Und sich auch nicht besser finden als die anderen Favelakinder, nur weil sie jetzt nicht mehr in der Favela leben müssen. Anfangs hatten weder Sergio noch Divino ihre Mutter lieb. Sie war eigentlich «niemand» für sie. Einmal machte ich mit Divino ein Fingerspiel: Jeder Finger war jemand aus seiner Familie, Cida, Valdir, Andrea, Fernanda, alle seine Geschwister also, und dann Ifigenia, die Mutter. Er sagte nicht: Minha mãe (meine Mutter), sondern Ifigenia.

Allmählich merkte man, daß sie ein normales Verhältnis bekamen zu ihrer Mutter. Sie fingen an, gerne nach Hause zu gehen:

«Hoje vamos na casa da nossa mãe!» «Heute gehen wir nach Hause zu unserer Mutter!»

Sie sagen jetzt mãe und denken auch öfters an sie, so wie z. B. neulich Divino, als er sagte, daß es zu Hause kein Klopapier gäbe.

«Na casa da nossa mãe não tem papel higienico, posso levar?» «Bei uns zu Hause gibt es kein Klopapier, darf ich welches mitnehmen?»

Ich finde das positiv. Man kann nicht einfach das frühere Leben verleugnen, man muß weiterbauen und sehen, daß man es für die Kinder besser werden läßt. Man kann nicht sagen: Deine Mutter darfst du nicht mehr besuchen, du gehörst jetzt hierher, um das Leben von vorn anzufangen. Das könnte man sowieso nur äußerlich; neue Kleider, manierliche Umgangsformen, ein Bett für jedes Kind alleine usw. Das ist alles wichtig, aber wichtiger ist, daß sie mit ihrem Schicksal fertig werden. Und dazu gehören auch die Erinnerungen, die sie in den ersten fünf oder sechs Jahren gesammelt haben. Dazu gehört es auch, daß es ein Teil ihres Schicksals war, in eine Favela hineingeboren worden zu sein. Das kann man nicht ausradieren wollen. Vielleicht ist es etwas Wichtiges. Warum wird ein Kind in eine Favela geboren und bekommt dann die Chance, herauszukommen? Nur für sich?

September 1981

Es war ein schöner Tag auf Sítio Ens. Einige Voluntários und die Kinder waren eingeladen. Schwimmen, Sonne, nicht an Probleme denken – nur Ruhe mit den Kindern. Sie spielten friedlich und waren, wie Frau Ens sagte, nicht wiederzuerkennen. So ein Lob freut mich!

Als wir nachmittags wieder zu Hause waren, bereitete ich mich vor, um in der Finanzkommission die Situation der Favela zu besprechen (Unterstützung der anthroposophischen Einrichtungen). Sergio spielte im Garten, Divino spielte im Flur. Er spielte «light», d. h. er nahm eine Leiter und befestigte eine Schnur (die elektr. Leitung) an der Leiter und an der Türklinke. Daran bammelte ein Teil einer alten Taschenlampe. Er hatte gesehen, wie vor einigen Monaten in der Favela Licht gelegt wurde und machte nun sein Spiel daraus. Wie phantasievoll spielt er jetzt, dachte ich und freute mich. Da kam Sergio herein, stürzte sich mit dem Schrei «é meu» «das ist meins» auf die Taschenlampe und wollte das ganze Spiel zerstören.

«Sergio, laß Divino spielen, nachher gibt er dir die Taschenlampe zurück!» Ich versuchte, ihn mit einem strengen Blick zu bändigen, denn ich hatte keine Zeit zu langwierigen Umgehungsmanövern, um zu meinem Ziel ohne Auseinandersetzungen zu kommen. Ich mußte schleunigst zum Bus, um rechtzeitig bei der Finanzkommission anzukommen.

«Nein, nein, wenn du weggehst, werde ich alles zerstören, ich mache alles kaputt!» knurrte er revoltierend.

Wenn ich jetzt weggehe, dauert es drei Stunden, bis Dorle und João die Kinder ins Bett bekommen. Nach langem (unnützen) Gerede packte ich Sergio und versuchte, ihn auf meinem Schoß zu schaukeln, ihn zu beruhigen durch die gleichmäßige Bewegung. Das Gekreische ging weiter.

Zwischen all diesem Getobe und Kreischen kam Divino angerannt, er ließ sich einfach nicht stören beim Spiel:

«Tia, vem ver a luz do São Miguel Arcanjo!» «Tante, komm und schau Dir das Licht vom Erzengel Michael an!» Es war eine Kerze, die er jetzt auf seiner Lichtleitung montiert hatte.

Weiteres Gebrüll.

«Eu vou na rua, na avenida, para a casa da minha mãe!» «Ich geh' auf die Straße, auf die große Straße, nach Hause zu meiner Mutter!»

«Gut, dann gehen wir.» Schließlich sollte er nicht das Gefühl haben, ich zwinge ihn, hier zu wohnen. Mit einiger Anstrengung zog ich ihm die Schuhe und den Pulli an. Ich nahm ihn bei der Hand und ging den Berg hinunter zur Bushaltestelle. Dort hielt ich an, wartete auf den Bus zur Finanzkommission. Sergio ging weiter, den Berg zur Favela hinauf.

Was tun??? Soll ich ihn gehen lassen? Ach Gott, diese Zweifel, ob man es richtig macht, Zweifel selbst dann, wenn man eigentlich täglich sieht, wie die Kinder aufblühen. Was hat Divino z. B. früher mit seiner Spielphantasie gemacht, als er nie spielte, immer nur hockte und knurrte? Wer hat früher Sergios Fragen über Gott, Engel usw. beantwortet? Wo konnten sie auf dem Schoß sitzen, wie heute im Bus, als beide gleichzeitig auf meinem Schoß saßen und mich mit Fragen bestürmten. Und trotzdem? Ist es richtig???

Sergio verschwand allmählich den Berg hinauf. Verdammte Finanzkommission, dachte ich, dann komme ich eben zu spät. Ich ging hinter Sergio her. Sah, wie er langsam den steilen Berg hinaufstieg. Bald holte ich ihn ein, nahm seine Hand in die meine und gemeinsam gingen wir jetzt den Hügel bis hinauf. Dann kam die Entscheidung: entweder links zur Favela hinunter, er allein zu seiner Hütte, oder rechts weiter zu mir. Ich bog nach rechts und bemerkte kein störrisches Zerren in seiner Hand. Und dann kam die Erlösung. Bis dahin hatte keiner von uns etwas gesagt und da sahen wir beide auf einmal einen herrlichen Sonnenuntergang, in den schönsten Farben und tolle Wolkenbildungen.

Olha o céu, sagte ich. Schau dort, der Himmel.

Sind dort die Engel?

Ja.

Haben sie uns gerne?

Ja, und wie!

Und mein Schutzengel?

Er ist auch da und beschützt dich.

Guck, es sieht aus wie das Schwert des Erzengel Michael.

Ja, genauso golden.

Ist das Schwert aus dem Sonnenlicht gemacht?

Ja.

Verbrennt sich der Heilige Michael nicht an der Sonne?

Nein, er mag die Sonne, er wohnt dort.

Ja, aber er ist doch auch auf der Erde?

Ja, da hilft er uns, gegen den Drachen zu kämpfen. Gegen alles was böse ist, wenn wir lügen oder stehlen oder streiten.

Und hilft er auch den Engeln?

Ja, den kleineren Engeln.

Meinem Schutzengel?

Ja, auch deinem Schutzengel.

Alles Dunkle schien von ihm abgefallen zu sein, vergessen. Er war nur noch Licht. Ruhig gingen wir nach Hause.

Uli fuhr mich mit dem VW Bus zur Finanzkommission.

Spät abends, zu Hause, schrieb ich alles auf, als Entschuldigung vor Sergio, daß ich ihn fast aufgegeben hätte.

St. Michaelstag, 29. September 1981

Sergio steht in aller Herrgottsfrühe auf, rennt in den Garten und ruft mich, ganz beeindruckt:

«Tia, olhe, o São Miguel está chegando na nuvem!» «Tante, guck, Sankt Michael kommt auf der Wolke hierher!»

Ich renne hinaus und er sagt:

«Olhe, a luz do sol!» «Schau, das Licht der Sonne!»

Das Sonnenlicht bricht durch dunkle Wolken hindurch. Wie ein dunkler Vorhang, der sich öffnet und das Licht freigibt!

Abends am Bett, nach dem Beten, sagt Sergio noch einmal:

«O São Miguel Arcanjo dá força para mim, se eu peço a ele?» «Der Erzengel Michael gibt mir Kraft, wenn ich ihn darum bitte?»

«Dá, sim.» «Ja, das tut er.»

«Ele dá força para os anjos menores também?» «Gibt er den kleineren Engeln auch Kraft?»

«Dá.» «Ja.»

Dann schlief er zufrieden ein.

Eine Lehrerin der Waldorfschule sagte einmal zu mir: In der Michaelszeit, da scheinen sich die Probleme zu verknoten, danach geht aber alles leichter. Dieses Jahr mußte ich an diesen Satz denken und hoffte, daß bald Michaelstag sei! Alles schien so schwerfällig zu laufen. Sergio und Divino wurden wieder schwieriger, Cido schien oft unlustig und ohne Begeisterung, Zéca hatte seine ewigen menschlichen Probleme um ihn herum, Dorle und Bea ihre Schwierigkeiten mit den noivos (Freunden) und ich selber hatte immer das Gefühl: Ach Gott, wo fällt jemand vom Himmel, der all das macht, was ich

nicht kann, aber von mir erwartet wird: ein kollegialer Führer, ein Gründungslehrer, ein Mensch, der versteht mit Direktoren multinationaler Firmen, draufgängerischen «Vertreter»typen, Regierungsbeamten usw. umzugehen, außerdem ein Redner für unsere Sache zu sein, ein pädagogischer Ratgeber. Wo ist der Mensch, der das wirklich kann und nicht nur wie ich es macht, weil es zu tun ist, obwohl ich es nicht kann; damit ich wieder unbekannt und bescheiden eine Klasse oder Kindergruppe führen, dort mit den Kindern zusammen mehr über die Menschennatur lernen kann, um dann noch besser zu sehen, was wir für eine Favelapädagogik entwickeln müssen.

Immer mehr entsteht bei mir das Gefühl: auf der einen Seite diese vielen bewundernden Briefe, bewundernde Besucher, diese ganze Popularität und Berühmtheit, andererseits dieses Gefühl der eigenen Nichtigkeit, diese Last des Nichtschaffens, des Über-die-eigenen-Fähigkeiten-Gehens. Dazu kommen diese ständig sich wiederholenden Überlegungen zu Sergio und Divino. Sollen sie in ein Adventisten-College, in ein SOS Kinderdorf, zu F. nach Deutschland oder sollen sie endgültig hier bleiben, d. h. aber, daß ich 10 Jahre mindestens an diese beiden Kinder gebunden bin und dadurch vielleicht meine allgemeine Aufgabe beeinträchtigt wird? Da kam F. K. aus Deutschland und wollte sie adoptieren. Wir saßen beim Mittagessen und auf einmal sagt sie das. Ich bekam einen Schlag. Ich konnte in diesem Augenblick den blöden Gedanken nicht loswerden: Jetzt, wo sie einigermaßen manierlich und lieb sind, ihre harte Schale zerbrochen und diese lebendigen geistdürstenden Seelen hervorblitzen und diese ganze konsequente und gedankenreiche Erziehung diese Kruste zerbrach, jetzt findet sie jeder nett und will sie weitererziehen. Über ein Jahr hatten wir damals, bevor sie dann zu mir kamen, gesucht und nichts gefunden. Natürlich war dies etwas übertrieben, aber trotzdem entstanden durch diese eventuelle Möglichkeit Probleme. Ist es gut, diese Kinder, die schon Erinnerungen an ihre eigene Familie und ihr Land hatten, nach Europa zu verpflanzen?

Anscheinend macht sich niemand bewußt, daß man diese Kinder nicht nur «aufzieht», sondern inzwischen auch lieb gewonnen hat; und daß es mir weh tut, sich von ihnen zu trennen. Aber gleich kommt auch wieder das Gefühl, ihnen doch nie alles geben zu können, was ein Kind braucht, z. B. einen Vater, ein Kinderzimmer, wo nur sie spielen können, die Sicherheit, daß ich Tag und Nacht nur für sie da bin usw. Bei dem Gedanken, daß sie vielleicht doch nur noch einige Monate hier bleiben würden, wurde es mir auf einmal schwer, mich wirklich innerlich mit derselben Begeisterung um sie zu kümmern, konsequent ihr Sprachvermögen zu verbessern oder Fingerübungen mit Divino zu machen.

Dann kam der St. Michaelstag. Mit meiner Gruppe hatte ich das Theaterstück «A Queda de Lucifer» (Der Fall Luzifers) einstudiert und wir gingen in die Waldorfschule, um es der 3. Klasse vorzuführen. Damião war Deus Pai Gottvater, Elias der Erzengel Michael, Paulo Luzifer, Sergio und Divino zwei unwiderstehliche Engel,

Jura, Vania, Adailton, Chaga die Engelschar. Paulo spielte unheimlich gut, erschütternd, als er sich von der Hölle erhob und in die Klasse rief: Um trono só para mim, quero um trono só para mim. Er schmetterte diese Revolte Luzifers gegen Gott in die Luft, mit unheimlicher innerer Kraft. Dieser Junge, der fast nichts hat außer dieser Hütte aus Holz und dem Lehmboden und seiner Großmutter, rief mit einer inneren Überzeugungskraft, die erschütternd war: Einen Thron für mich. Und das in dieser Umgebung, wo alle Kinder anders aussehen als die von Monte Azul – weiß, viele mit Brillen, wie ein Kind bemerkte, keines mit den Geschwüren der Armut. Was wird aus dieser wilden Kraft, wenn sie Wut bekommt auf die Ungerechtigkeiten der Welt?

Nach der Aufführung spielten die Kinder noch im Hof, wo sie prompt auch angerempelt wurden von einem Kind, das meinte, hier sei kein Platz zum betteln und sie sollten woanders spielen. In solchen Augenblicken merke ich, wie wichtig es wäre, mehr auch die Verbindung zu pflegen mit der Waldorfschule, überhaupt mit der oberen Schicht. Da steckt alles auch voller Vorurteile; nie wird sich irgendetwas in der sozialen Ordnung bessern, wenn sich die Menschen auf beiden oder allen Seiten in sich nicht zu einem vorurteilsfreieren Denken, Fühlen und Handeln durchringen. Auch das ist eine Frage der Erziehung. Das Problem der Favelas und überhaupt der Armut muß man versuchen zu lösen, nicht nur in der Favela, sondern auch in den privilegierten Schichten, nicht nur in der Dritten Welt, sondern auch in der sogenannten Ersten. Warum haben wir Voluntários aus Europa? Unter anderem deswegen.

Als wir dann den Weg zum Bus herunterliefen, war ich auf einmal wieder glücklich. Ich fühlte mich frei und unbelastet, nicht mehr so bedrückt. Puxa vida (Meine Güte), ich habe es mir ja nicht rational ausgedacht, aber diese über Wochen gehende Beschäftigung mit São Miguel Arcanjo und das Gut- und Böseabwägen zusammen mit den Kindern in meiner Gruppe ließ in mir dieses Gefühl der Befreiung aufsteigen, des erneuten Vertrauens, daß ich trotz meiner Mängel und Unerfahrenheit für Monte Azul innerlich stärkende Hilfe bekommen würde.

Jetzt, da ich das niederschreibe, muß ich an die Schillermedaille denken, die mir H. gab, bevor ich als Entwicklungshelferin nach Brasilien fuhr: Der Mensch wächst mit seinen höheren Zielen. Graças a Deus! Gott sei Dank.

Jetzt, wo ich das tippe, denke ich: Gut, daß ich damals noch nicht wußte, daß dieses seelische Hin und Her noch mehr als zwei Jahre andauern würde. Damals fühlte ich mich wieder auf einem Berg, einen Monat später im Tal, und so ging's weiter bis 1983/1984.

November 1981

Was ich wirklich fühle ist, daß ich überfordert bin, daß ich es schrecklich finde, wenn alle mich anstarren und ich denke: «Jetzt erwarten sie die Lösung eines Problems» und ich vielleicht auch nicht klüger bin als alle anderen; besonders, daß so viele Menschen aufgrund des Buches denken, ich sei ein «Held». Aber der bin ich gar nicht, und ich enttäusche sie, zerbreche ihre Vorstellung, daß es eine Art zu leben geben kann, die vorbildhaft oder sinnvoll sei. Z. B. schreibt jemand, er möchte wissen, wie jemand aussieht, der so etwas tut. Wie schrecklich, hoffentlich kommt dieser Briefschreiber nie hierher! Aber eines Tages steht er vor der Tür. Ich komme gerade vom Unterricht, schleppe Divino, Sergio und Cesar hinter mir her nach Hause, außerdem sind andere Kinder zu Besuch: Reinaldio, Mauricio, Antonio, Feliciano. Ich muß erst mal spülen, und Gisela steht da, erwartungsvoll. Divino und Sergio spielen, bauen ihren «Zirkus» mit meterlangen Kordeln, Tüchern. «Vem ver tia, vem ver tia.» Dauernd möchten sie zeigen, was sie Neues erfunden haben. Ich gehe hin und bewundere ihr aufgebautes Zirkuszelt. Dazwischen will Gisela wissen, wie ich zu dieser Arbeit gekommen bin. Ich sage einige Sätze und werde unterbrochen, es klingelt das Telefon. Dann sag ich wieder einige erklärende Worte zu unserer Arbeit. Im Grunde hab ich ja keine Lust, aber da denke ich, vielleicht ist sie enttäuscht und ich habe ihr die Lust genommen oder den Glauben, daß es möglich ist, etwas zu tun, ohne immer nur an sich und den materiellen Vorteil zu denken. Dazwischen muß ich eine Auseinandersetzung zwischen Divino und Sergio schlichten. Mit halbem Ohr ist man draußen, wo die anderen Jungen spielen. Im Inneren überlege ich, was ich heute Nachmittag alles erledigen muß. Draußen bate palmas (klopft es); der Indio kommt und will seine Hütte verkaufen.

Ich habe das Gefühl, Gisela will mehr mit mir reden, aber wie soll man das bei diesem Betrieb? Ist sie jetzt enttäuscht, daß dieser Mensch, der ihr vielleicht nach dem Buch wie ein Vorbild vorschwebte, so ist im Alltag? Não sei. (Ich weiß es nicht.) Ich kann nichts daran ändern und fühle mich auch außerstande, einem Fremden dieses Hin- und Hergerissensein zwischen 1000 Menschen, die alle von einem etwas wollen, zu eröffnen. Vielleicht hat sie den Eindruck, diese Ute ist aber nervös, einsilbig, etwas Anständiges zu essen gibt es auch nicht, beim Unterhalten stören die Kinder, der Fußboden war auch nicht gekehrt.

Dasselbe Gefühl, daß ich Erwartungen nicht erfüllen kann, habe ich überall, in den reuniões z. B. oder auch mit den Kindern, die hier zu Hause wohnen. Man möchte sich mehr mit ihnen abgeben, auch überlegen, was man für ihre speziellen Schwierigkeiten noch Heilsames tun könnte. Sich auch seelisch mit ihnen befassen, aber dafür ist zu wenig Zeit. Genauso in der Korrespondenz: Oft kommen Briefe mit guten, interessanten Fragen über den Sinn der Entwicklungsinitiative, des Lebens überhaupt usw. Ich beantworte alle, aber viel Zeit für genaueres, ausführlicheres Eingehen auf die Probleme gibt es nicht. So ist es mit allem. Überall das Gefühl, alles nur halb zu tun; überall ein schlechtes Gewissen, daß man es nicht richtig macht, weil nur halb. Andererseits weiß ich auch nicht, was ich weniger tun könnte. Auf alle Fälle will ich nicht nur administradora sein. Kinder, Menschen sollen immer im Zentrum bleiben und zwar in direktem Kontakt, im Tun.

Dezember 1981

Wir bauen einen Brotbackofen in der Favela. Michael, ein voluntario, der Bäcker «studiert» hat, ist die treibende Kraft. Auch da hab ich leider zu wenig Zeit, ihm die richtige Starthilfe zu geben und

Der erste Backofen in der Favela

deswegen ein ewiges schlechtes Gewissen ihm gegenüber. Er ist praktisch auf sich allein gestellt, lebt fast nur in der Favela, hauptsächlich bei der Familie von Didó, arbeitet wie ein Berserker. Schon allein das Ziegelschleppen runter in die Favela zusammen mit den Kindern ist eine Arbeit, die sich niemand vorstellen kann, der nicht schon mal inmitten der Favela gebaut hat.

Heute, Sonntag, ist es mir doch gelungen, herunterzugehen in die Favela, um zu sehen, wie wir den Ofen bauen. Wir sammelten uns alle an dem Platz vor Didos Haus, wo der Ofen stehen sollte: Dido, Toninho, der schöne Mann der potthäßlichen Bemvinda, Zé Macarrão, Venicio. Immer mehr Männer kamen hinzu, jeder erinnerte sich aus der Zeit, in der er im Interior wohnte, an irgendwelche caipira-Öfen, auch an die Feste, die man um ihn feierte, mit Brötchen, Keksen, gebratenen Hühnern, alles in diesen caipira-Öfen gebacken. Man schwelgte in Erinnerungen, man zeichnete auch in den Sand verschiedene Arten von Öfen. Jeder wollte zeigen, was er wußte, aber dadurch kam man einfach zu keinem Schluß. Da ging ich erst einmal zur Bemvinda mittagessen und ließ die Männer alleine beraten. Wir sprachen über die Überschwemmung in ihrer Hütte nach den Regenfällen und wie danach ihre Hütte, Bett, Kleider, Matratzen und alles andere voll war von diesem fürchterlichem Schlamm und danach alle bedeckt waren mit diesem juckenden Hautausschlag. Dann erzählte sie von ihren Kindern. Und ich erzählte von der Escolinha, in die ihre Kinder ja auch gingen, wie ich bei mir zu Hause angefangen hatte und wie ich auch immer wieder reiche Leute hierherbringe, damit sie besser verstehen lernen, wie arme Menschen leben müssen. Es war gemütlich, ich aß Reis und Bohnen, trank den Kaffee, übersüß, aber alles war so herzlich; ich dachte so bei mir: Das ist eigentlich das Richtige für mich – mittendrin im Dreck, in der Favela, mit den Menschen sprechen, sie versuchen zu verstehen, sich in sie hineinfühlen und spüren, wie jeder irgendwie nach etwas strebt, wenn es auch vielleicht nicht mehr für sich ist, sondern für die Kinder. Irgendwie hatte ich Sehnsucht nach diesen Zeiten, wo ich noch Zeit hatte, stundenlang in einer Hütte zu sitzen und bei einer Petroleumfunzel zuzuhören, was die Mutter oder der Vater erzählen von ihrem Leben auf dem Land, ihrem Anfang in der Stadt, der Arbeit, der Favela. Bei diesem oft so langen Sitzen, oft ohne große Absichten – man wartete vielleicht, bis endlich, endlich das Wasser kocht für den café –, in diesem Dabeisein, das manchmal belohnt wird durch ein Gespräch, das mehr Einblick gewährt in das eigentliche Leben und Fühlen dieser Menschen, habe ich ja allmählich gespürt, wie man eine Favelaarbeit anfangen, mit welchem Respekt man sich an diese Menschen herantasten muß.

Das wichtigste Wort, das man jedem Sozialarbeiter im Studium eintrommeln sollte ist: *zuhören*, bescheiden dasitzen und zuhören. Das ist der erste Schritt, wenn man andern helfen möchte, ohne sie dabei zu erniedrigen.

Aber obwohl ich Sehnsucht habe nach dieser Zeit des «Zuhörens» und Lernens, so weiß ich auch, daß das nicht mehr das Wichtigste ist, auch wenn man es natürlich immer wieder erneuern muß, um nicht den Kontakt zu verlieren. Jetzt kommt verstärkt die zweite Phase: Organisieren, damit nicht nur mehr eine, sondern viele Menschen hier arbeiten können; mit diesen Menschen sprechen, was man sich denkt bei der Arbeit, etwas vom Geist dieser Arbeit vermitteln, Finanzen herbeischaffen, Korrespondenz usw., Baupläne, Zukunftspläne, Besuche empfangen und ihnen erklären, was es heißt, in einer Favela zu wohnen und wie unsere Arbeit entstand, unsere Arbeit im anthroposophischen Initiativkreis vertreten, in der Dreigliederungsgruppe mitarbeiten, in der Finanzkommission, usw.

Kleine Fortschritte bei Divino und Sergio

Juni 1981: Divino lernt das Zuknöpfen. Mit rührender Ausdauer und «Assim, tia» (so, Tante)-Ausrufen knöpft er den Pyjama zu.

Juli 1981: Zum ersten Male höre ich Sergio und Divino singen. Divino hüpft dabei lustig herum. Man hat das Gefühl, daß er freier atmet, daß der Druck von ihm gewichen ist.

Juli 1981: Sergio und Divino hocken auf dem Teppich im Wohnzimmer und malen. Da sagt Sergio über Divino:

O Divino estava com uma preguiça, antigamente no Jardim. Não quis desenhar nada. Parece que só queria comer. Agora não, ele brinca. Acabou a preguiça. Der Divino, der war vielleicht träge früher im Kindergarten. Er wollte rein gar nichts malen. Als ob er nur essen wollte. Jetzt nicht, er spielt. Es war Schluß mit der Trägheit.

Diese Beobachtung von Sergio war gut. Es war tatsächlich so, daß früher Divino nichts im Kindergarten mitmachte. Nur beim Essen war er intensiv dabei! Jetzt, seit er hier wohnt und sich wohl fühlt, ist er einfallsreich beim Spielen und immer beschäftigt. Dann ging das Gespräch weiter:

O anjo de guarda ajuda achar as crianças que se perdem? Hilft der Schutzengel, die Kinder zu finden, die sich verirrt haben?

Sim, ajuda. Ele ajudou a achar o Divino. Ja, er hilft. Er hat geholfen, Divino zu finden.

Divino war ja Anfang des Jahres gekidnappt worden. Er war drei Tage verschwunden, wir suchten ihn überall, meldeten es bei der Polizei. Schließlich fand ihn Conceição bei einer Frau, in desolatem Zustand. Divino hat nie ein Wort über diese drei Tage verloren. Als er zu Hause ankam, schimpfte seine Mutter ihn aus. Er sprach viele Tage nichts. Ich besuchte ihn am nächsten Tag in seiner Hütte, nahm ihn auf den Schoß. Er saß darauf wie ein Felsblock, unbeweglich und mit starrem Gesicht. Ich hätte heulen mögen; was macht man mit so einem Menschenkind? Sergio bammelte auf dem Stockbett herum. Die Mutter meinte, wir müßten ein Heim finden für die beiden. Ja, aber wo? Seit Monaten hatten wir schon alle Heime abgeklappert. In diesem Augenblick war ich innerlich bereit, sie bei mir aufzunehmen, obwohl ich wußte, daß es weder für mich noch für die Kinder ideal sein würde. Ich sagte aber nichts, ich wollte erst alles mit den übrigen Mitarbeitern der Escolinha besprechen. Wir erörterten es in einer reunião, fast jeder war dagegen, um meinetwillen, es sei einfach zu viel Arbeit. Ja, ich weiß, sie hatten Recht. Also erkundigte ich mich weiter nach einem Heim, aber innerlich war ich bereit, sie bei mir aufzunehmen. Eines Tages entschloß sich Sergio selbst, daß er jetzt bei mir wohnen wolle. Damit war das Problem gelöst!!

Sergio erinnert sich weiter an den Augenblick, als Divino gefunden worden war:

Chegou com roupa toda rasgada. Er kam an mit total zerfetzter Kleidung.

Ich wagte eine Frage:

Você comeu lá, na casa da mulher? Hast Du dort was gegessen, in dem Haus von der Frau?

Divino sagte nichts, schüttelt nur den Kopf.

August 1981: Sergio spricht zum ersten Mal das Tischgebet mit. Divino, der sonst immer nur dumm dabei grinste und nie die Hände faltete, macht es zwei Tage später auch.

Jetzt, ein Jahr später, erinnert er jedes Mal an das Tischgebet, wenn wir es einmal vergessen. E rezar, tia?

7.8.1981 Divino antwortet zum ersten Mal auf die Frage: Wie heißt Du? Er antwortet fast nie auf Fragen.

18.8.1981 Divino zündet morgens eine Kerze an und legt Brot zurecht. Para deus.

Vou rezar para Deus e o pão. Ich werde für Gott und das Brot beten, sagt er dazu.

Mittags macht er dasselbe: Er pflückt die von João im Garten gepflanzten Bohnen und legt sie zusammen mit Steinchen und Blumen auf die Fensterbank.

D: Vou rezar para Deus. Ich werde für Gott beten.

S: Vou rezar para meu anjo de guarda. Ich werde für meinen Schutzengel beten.

Später suchen sie Käfer und Grillen im Garten. Dann fragt Divino: Was sagt Gott, wenn eine Grille sich auf seine Schulter setzt?

Manchmal bin ich wirklich bei diesen konkreten Fragen überfordert!

Oktober 1981 Der Briefträger bringt wieder wie jeden Tag einen Haufen Post aus Deutschland. Da sagt Sergio: Der Briefträger ist gut.

Und Divino: Der Briefträger ist ein Mensch der Liebe.

Die Umwelt wird nicht mehr als feindlich empfunden. Ihr Gefühl für die Mitmenschen hat sich verändert.

Weihnachten 1981

Um die Weihnachtszeit veranstalteten wir verschiedene Bazare, in der Humboldtschule, in der Waldorfschule und bei uns, im Centro Comunitário Monte Azul. In diesem Jahr hatten wir uns vorgenommen zu «prahlen», d. h. wir wollten wirklich einmal zeigen, was Favelakinder schaffen können, wenn sie Anleitung und Liebe bekommen. Unser ganzer Stolz ist das Holzspielzeug von unserer Tischlerei. Aber auch sonst hatten wir schöne Dinge: Weihnachtsschmuck, Batikkärtchen, gebatikte Hemden und Tischtücher, Steppdecken, gehäkelte Topflappen, mit Borden verziertes Bettzeug usw.

In den höchsten Tönen hörten wir immer wieder Lobeshymnen: Que bonitinho! Que gracinha! Wie hübsch! Wie entzückend! Und immer wieder wurde die einwandfreie Verarbeitung von Paulos Holzsachen gelobt. Die Kinder halfen beim Verkaufen und wir freuten uns, daß sie das Lob mithörten, denn diese Kinder brauchen mehr als andere Bestätigung. Wie oft müssen sie sonst in ihrer Staatsschule oder auf der Straße hören: Ihr seid maloqueiros, Vagabunden! Euch sollte man verbrennen! Solange sie noch nicht mit der Außenwelt konfrontiert werden, also vor dem Schulalter, fühlen sie sich noch nicht so unglücklich in der Favela. Aber sobald sie den Vorurteilen und der Verachtung der übrigen Gesellschaftsschichten ausgesetzt sind, bekommen sie ihre Minderwertigkeitskomplexe. Sehr deutlich merken wir dies bei manchen Kindern, die nie irgendetwas, das sie selbst bastelten, schön finden und sogar ihr Eigenes zerstören, ihr Strickzeug wieder auftrennen.

Im ganzen hatten wir 43 Kinder zum Bazar mitgenommen. Einige halfen beim Verkauf an unserem Stand, andere schwirrten herum und spielten und kauften sich Süßigkeiten oder Würstchen. Die Schule hatte jedem Kind einige Bons geschenkt. Da kam Cesar mit einer Riesentüte an voller Pasteten. Er nahm eine heraus und bot sie mit seinem schwachen Stimmchen Sonja, unserer Lehrerin, an. Dann fischte er wieder eine aus der öligen Tüte und gab mir eine. Und so ging er wie ein König von einem zum anderen und hatte endlich einmal in seinem Leben etwas zum Verschenken. Nachher erzählten mir die Kinder, wie er die Pasteten gekauft hatte.

«Ich möchte Pasteten.»

Der Pastetenverkäufer gab ihm eine.

«Noch eine.»

«20 Cruzeiros.»

«Noch eine.»

Und so weiter bis er seine ganzen Bons in Pasteten angelegt hatte.

Später lief er mit zum Boden gerichtetem Blick durch den Schulhof in der Hoffnung, einen Bon zu finden. Er hatte Glück. Er fand 70 Cruzeiros. Da sehen wir ihn, wie er unter der Last einer Filmwand herangekeucht kam. Er hatte sie auf dem Flohmarkt erstanden.

«Hier, für unser Schülchen.»

Verschwitzt, inzwischen verdreckt, in seiner Hose, die immer unter seine Hüften rutscht, mit zu großen Schuhen, die er verkehrtherum anzieht, damit sie ihm nicht wegrutschen, machte er diese Spende für unsere Diavorführungen im Centro Comunitario. Wir waren gerührt.

Cesar, Nilton Cesar de Souza, kommt aus einer kinderreichen Familie. Sein Name spricht seinem Leben Hohn. Immer tut etwas weh, die Zähne, der Hals, irgendwelche Geschwüre. Mit kläglicher Stimme, nicht anklagend, nur feststellend, sagt er, daß er zu Hause fast nie ißt. Aber auch bei uns ißt er manchmal schlecht, weil ihm der Bauch weh tut oder es ihm übel ist. Neulich, bei der Wurmkur, kamen ihm die Würmer hinten und vorne heraus. Seine Mutter ist eine nette Frau, aber vollkommen überfordert. «Ich habe kein Glück mit meinen Kindern», sagte sie neulich zu mir. Abgesehen vom Jammerbild Cesar hat sie noch Carlinhos, der als Baby wahrscheinlich eine Gehirnhautentzündung hatte und jetzt eine gelähmte Hand hat und hinkt. Der eineinhalbjährige Elio ist so apathisch, daß er zwei Stunden auf dem Bett sitzen kann, ohne sich zu rühren, belegt von Fliegen. Der fünfmonatige Eliomar ist mit einem Herzfehler geboren und verbrachte zwei seiner fünf Monate im Krankenhaus. Der Vater ist ein Raufbold, trinkt viel und muß seine Männlichkeit beweisen, indem er die Frau schlägt und irgendetwas verbietet, z. B. daß das von Läusen verfilzte Haar von Elio abgeschnitten wird.

In der Staatsschule ist Cesar in einer Hilfsklasse. Seine Lehrerin meint, er solle ein Enzephalogramm machen. Aber was soll das helfen! Cesar braucht ein richtiges Zuhause und noch mehr individuelle Hilfe, als augenblicklich unsere Escolinha ihm geben kann.

Seit November 1981 wohnt er bei mir.

März 1982

Divino ist von Botucatú (Demetria-Farm und Kinderheim mehr im Landesinnern) zurück. Ich war froh, als alle wieder zusammen waren: Sergio, Divino, Cesar und João. Wenn einer fehlt, scheint es

Divino

wie ein Loch. Divino hatte ich fast drei Monate nicht gesehen, eine lange Zeit, wenn man bedenkt, daß er vor meiner Deutschlandreise nur acht Monate bei mir war. Und man merkt es. Er versucht wieder wie anfangs unmotiviert não zu sagen, dabei verschmitzt zu lachen und abzuwarten, wie man reagiert. Doch sonst hat ihm das Leben bei Annemarie und Dieter auf der Fazenda gutgetan. Er weiß viel von den Kühen zu erzählen und hat viel gelernt. Er scheint auch wacher zu sein, hat 1000 Fragen, eine Frage hinter der anderen. Warum haben die Zwerge Moos gern? Warum ist die Wolle der Schafe am Bauch dunkel? Warum beißen die Fliegen nicht???

Cesar nahm neulich das Buch «Severino faz chuva» (Severin macht Regen) in die Hand und las. Er *las*, endlich nach fast zwei

Jahren erster Klasse. Wenn auch stotternd, langsam. Diesmal wird er's wohl schaffen.

(Aus unerfindlichen Gründen hat er es nicht in diesem Jahr und auch nicht im nächsten geschafft. Inzwischen liest er fließend, schreibt einigermaßen, wenn auch mit sehr krickeliger Schrift, mit nicht gar zu vielen Rechtschreibfehlern, und macht auch Rechenaufgaben ganz gut. Kein Mensch kann verstehen, warum er noch einmal in die erste Klasse soll. Wie man ein Kind mit so einem ewigen Sitzenbleiben kaputtmachen kann, machen sich die Lehrer wohl nicht klar.)

Renate erzählte mir neulich von Sergios Schulantritt in der Waldorfschule. Mit glänzenden Augen geht er nach vorne und begrüßt seine Lehrerin Leonor Bertalot. Schade, ich hätte das gern gesehen. Ich hatte lange überlegt, ob ich Sergio in eine Staatsschule einschulen oder es noch einmal in der Waldorfschule wagen sollte. Als ich hörte, daß Leonor die Klasse übernehmen würde, habe ich's gewagt. Es wurde auch gleich bewilligt und Sergio kam noch einen Monat in den Kindergarten der Waldorfschule, wo er sich sehr gut benahm, als wüßte er, um was es ging. Er war ja sozusagen auf Probe da, um zu testen, ob er in die erste Klasse dürfe. Nun, ich hatte eigentlich das Gefühl, daß es klappen würde; er ist klug, wollte unbedingt Lesen lernen, machte immer zu Hause schon von sich aus Schreibübungen; außerdem ist er blond und fast weiß, sticht also nicht so ab von den anderen.

Nach einem Monat fragte ich Leonor, wie es ihm in der Schule ginge. Gut, aber... Pronto, dachte ich, da fängt's schon an, und das acht Jahre jetzt. Sie erzählte einiges von seinem Verhalten und ich kannte den mir bekannten Sergio kaum wieder: Er läge auf dem Schreibtisch, mache die rythmischen Übungen nicht mit, spräche nicht mit beim Vers usw. Wo ist die auffallende Lebendigkeit von Sergio? Wo seine schnelle Auffassungsgabe? Die Hefte waren ziemlich durcheinander, Seiten übersprungen, auch die Zeichnungen waren nicht so ausdrucksvoll und farbenfroh wie sonst, das hatte ich auch schon bemerkt. Was war los? Überfordert? Zu anstrengend – fünf Stunden Unterricht und die Busfahrerei? Oder ist er doch nicht so begabt wie wir dachten? Oder fühlt er sich nicht wohl in dem «Milieu»? Schikanieren ihn die anderen Kinder, weil er von der Favela kommt? Wissen das überhaupt die anderen Kinder?

Zu Hause spielte er wie eh und je mit viel Phantasie und Ausdauer. Keine Klage über die Schule, nur manchmal Bemerkungen, daß ihn die anderen ärgern, weil er so klein sei, oder daß so wenig Zeit zum Spielen bleibe. Neulich waren sie den ganzen Nachmittag beschäftigt, eine piscina im Garten zu graben, dann Ziegelsteine zu holen und sie zu mauern, so wie sie es beim Deda abgeguckt hatten.

Ich werde dieses Gefühl der Unzulänglichkeit einfach nicht mehr los. Monte Azul wächst, immer mehr sehe ich, wie wichtig die Auffassung von Sozialarbeit ist, Favela mit Anthroposophie zu verbinden, d. h. im Hintergrund ein Menschenbild zu haben – und da bin ich und bin nicht fähig, das zu sein, was man einen Führer nennt. Warum, warum um Himmels Willen mußte ausgerechnt ich dieses Wichtige vollführen, nämlich das, was die Anthroposophie zu geben hat, mit den Problemen der Dritten Welt zu verbinden? Wenn ich Schicksalsleiter wäre, würde ich einen anderen Menschen ausgesucht haben. Alles tue ich nur halb, z. B. den Unterricht in meiner Gruppe muß ich oft unterbrechen. Es kommt Besuch, will unbedingt einige Erklärungen über Sinn und Erfahrung der Favelaarbeit haben. Oder ich muß zur Prefeitura, einen Antrag auf Unterstützung einreichen und antichambrieren. Entweder muß ich die Kinder mitnehmen, um im Ibirapuera auf dem Spielplatz zusammen mit einer Voluntária zu spielen, oder ich muß sie nach Hause schikken. Auf alle Fälle kommen sie nicht zu dem, was ich eigentlich im Unterricht mit den Kindern erreichen möchte. Zu Hause dasselbe: Natürlich ist es für Sergio, Divino und Cesar besser hier als in der Favela oder auf der Straße. Sie haben sich ja auch völlig verändert in ihrem Verhalten, so daß ihr Wesen herauskommen kann, aber gerade weil man jetzt sieht, was für tolle Kinder das sind, aber auch merkt, wo ihre Schwierigkeiten liegen, die man «behandeln» müßte, möchte man sich auch seelisch mit ihnen mehr befassen können. Doch dann muß ich Abendessen kochen, unsere Arbeit nach außen vertreten...

Ich erzählte die Geschichte vom Bäuerlein, der den Teufel hinters Licht führte. Da fragte Divino:

– Warum gibt es Teufelchen?

– Um den Menschen in Versuchung zu führen. Da freut er sich dran.

– Kommen die Menschen dann in die Hölle?

– Ja, manche schon, wenn ihr Herz ganz schwarz und hart geworden ist.

– Und der Schutzengel, was macht er dann?

– Er versucht, den Menschen zu helfen, damit das Herz nicht mehr so pechschwarz bleibt.

– Nach langer Zeit, ich meinte Divino schliefe schon, hörte ich seine Stimme im dunkeln fragen:

– Und Christus, wurde er auch versucht?

– Ja.

– Und wie hat der Teufel das gemacht?

– Er hat gesagt, er soll vom Berg in den Abgrund springen, um zu beweisen, daß er so mächtig ist wie Gott und seine Knochen nicht brechen werden.

– Und hat Christus das getan?

– Nein.

– Warum nicht?

– Weil er das nicht nötig hatte. Er hatte es nicht nötig zu beweisen, daß er so mächtig sei wie Gott.

– Und wenn er runtergesprungen wäre, hätte er sich dann die Knochen gebrochen?

– Ich glaube nicht.

– Darauf schlief er, hoffentlich befriedigt, ein. Wie viele Fragen um Gott, Teufel, Tod.

Divino spielte mit Betina, fing an zu streiten, schubste sie beiseite und ich sagte: Laß das Divino, laß Betina in Ruh'!

Você não é meu dono. Du bist nicht mein Herrscher. Und schubste mich auch beiseite. Dann murmelte er: Eu sou é dono de todo mundo neste pais. Ich bin Herr über alle in diesem Land.

Ich verstand erst nicht recht und fragte ihn, was er da murmele; er wiederholt: Eu sou o dono de todo mundo. Ich bin der Herrscher der ganzen Welt.

E Deus? frage ich. Und Gott?

Só Deus quem manda em mim! Nur Gott befiehlt über mich!

Welche Herausforderung von so einem Knirps! Aber es sind nicht nur Worte, seine Schwierigkeit ist es ja gerade, das er vor nichts und niemandem Angst hat.

Später fuhren wir mit dem Bus in die Stadt. Er saß auf meinem Schoß, eigentlich ganz lieb. Da sagte er:

O que o cobrador esta olhando? Was guckt der Schaffner so?

Ele olha pela janela. Er schaut aus dem Fenster.

Por que? Warum?

Porque a arvore é bonita. Weil der Baum schön ist. Ele não pode olhar. Er darf nicht schauen.

Porque? Warum?

Ele não é o dono da arvore!! Er ist nicht der Herrscher dieses Baumes!!

Juni 1982

Sergio und Divino kommen nackt aus dem Badezimmer. Ich telefoniere gerade und höre zu, wie Divino fragt:

Sergio você gosta de mim. Sergio, hast du mich lieb?

Sim. Ja.

Eu gosto de Deus. Ich habe Gott lieb.

Eu gosto de você. Ich habe dich lieb.

Ein Sieg! Wenn er da weitermachen könnte: Gott zu lieben und die anderen...

Als ich abends das Wohnzimmerfenster schloß, sah ich auf dem Fensterbrett zwei kleine Pfannküchelchen. Da fiel mir wieder das Gespräch zwischen Divino und Sergio ein, als sie heute nachmittag ihre geliebten Pfannkuchen buken:

«Meinst du, der Erzengel mag Pfannkuchen? Ich werde einen für ihn ans Fenster legen.»

«Aber nicht mit Paprikasoße und Senf, das mag er nicht.»

Da kamen sie zu mir gelaufen und fragten: «Mag der Erzengel Michael Senf?»

«Nein, ich glaube nicht.»

«Und Paprika?»

«Nein, ich glaube auch nicht.»

Beide legten ihren Tribut ans Fenster und freuten sich am nächsten Tag, daß der Engel es geholt hatte.

Vor einiger Zeit geschah dasselbe. Es wurden kleine Päckchen mit Banane, Mandarinen und Brot verpackt für Deus, para o Deus, wie mir Divino sagte.

11. Juni 1982

Wir saßen beim Abendessen: Cesar, Sergio, Divino und ich. Es gab Salat, Ei und Weizenkörner. Da fragte Cesar:

C: Wie wachsen Eier?

U: Sie wachsen im Huhn.

C: Aber wie wachsen sie da drin?

U: Gott hat das Huhn schon so gemacht, daß nachher die Eier darin wachsen können.

C: Ah ja, so wie Gott schon die Frauen gemacht hat, daß ein Baby darin wachsen kann.

D: Ist in meinem Bauch ein Baby?

C: Nein, nur bei den Frauen.

U: Aber der Mann muß helfen, sonst kann es nicht geboren werden.

S: Und wie kommt das Kind aus dem Bauch heraus?

D: Man muß den Bauch aufschneiden.

U: Nein, er öffnet sich, und die Mutter macht eine Art von Gymnastik und das Kind auch, und dann kommt der Kopf heraus. Dann schaut sich das Kind um und freut sich und hat die Welt ganz gern und will ganz herauskommen.

S: Freut es sich immer?

U: Nein, nicht immer.

S: Muß man dann operieren, um es herauszuholen?
U: Ja, manchmal, aber meistens freut es sich und kommt alleine.
S: Vielleicht sieht es eine kleine Ente und freut sich so, daß es herauskommt. Und dann schlüpft es wieder in die Mutter.
C: Nein, das geht nicht.
U: Aber es möchte dann in eine warme Wiege, damit es genauso warm ist wie im Bauch der Mutter.
D: Warum hast du kein Kind?
U: Weil ich nicht verheiratet bin.
D: Warum heiratest du nicht?
U: Möchtest du, daß ich heirate?
D: Ja!
U: Wen?
Alle: T.
D: Und dann bekommst du ein Kind, und wir müssen Spielzeug für es kaufen.
S: Wir haben ja schon Spielzeug, das geben wir ihm.
C: Und es schläft dann in unserem Zimmer, damit wir mit ihm spielen. Da ist viel Platz! (für brasilianische Verhältnisse!)
S: Nein, in deinem Zimmer, da ist es ruhiger.
C: Und wenn es Zwillinge sind, dann kommt eins in dein Zimmer und eins in unser Zimmer.
S: Das gibt aber viel Arbeit.

Dann wurde das Gespräch abgelenkt und kam später auf ein ähnliches Thema.

S: Wenn ich sterbe, dann komme ich in den Himmel, bleibe da ein bißchen und komme dann wieder, não é, tia, nicht wahr?
U: Ja.
C: Mein Brüderchen ist schon im Himmel, ein Engel, ich habe einen Engelbruder.
D: Ich auch, zwei.
U: Wen?
D: Meinen Vater und meinen Großvater, zwei Engel.
S: Werde ich dann wieder in Minas geboren?
U: Nein, ich glaube nicht. Vielleicht in Deutschland!
S: Oba!

C: Und habe ich früher auch schon gelebt?
U: Ja.
C: War ich da weiß?
U: Ja, wahrscheinlich.
D: Ich auch?
U: Vielleicht warst du da schwarz.
Sergio lacht dumm.
U: Warum, schwarz ist doch schön, da gibt's nichts zu lachen.
Cesar betrachtet seine Hände und sagt:
C: Ja, ich bin moreno, und meine Fingernägel sind so schön weiß, sie glänzen (ausnahmsweise).
Und warum weiß ich nicht, daß ich schon einmal gestorben bin?
U: Man erinnert sich nicht mehr daran.
S: Ich schon!! (Natürlich, das kann er nicht zugeben, daß er irgend etwas nicht weiß!)
Hast du früher auch schon einmal gelebt?
U: Ja, wir haben alle schon einmal gelebt, irgendwo anders, und jetzt sind wir hier alle zusammen.
Zähneputzen und das übliche Abendritual. Da sagt Divino: «Komm, wir wollen heute im Wohnzimmer das Licht anzünden und singen für Maria und Jesus.»
U: Gut.
Die drei bereiten alles am Kamin vor: ein kleines Bethlehem, mit Kerzen, Blumen, einem Häuschen aus Ton und Silberpapier.
S: Maria kommt von dieser Seite und dann sieht sie die Blumen zuerst. Und der Stern ist über dem Häuschen.
D: Aber meine Blumen sieht sie auch!
Divino hat einige Steinchen ins Wasser gelegt, kam ganz ehrfurchtsvoll an und sagt: «Schau, tia, wie sie glänzen. Jetzt glänzen sie mehr als vorher.»

Ich erzählte eine Geschichte, und dann sangen wir Weihnachtslieder.

Schon den ganzen Nachmittag sangen sie diese Lieder und spielten Weihnachten. Erst drinnen, im Wohnzimmer. Ein Ast wurde geschmückt für Weihnachten. Ich sagte, jetzt sei aber São João. Dann spielten sie draußen.

Sergio lag als Christuskind in der Schubkarre, in Batiktücher eingewickelt, rundherum geschmückt mit Blumen, Blättern, Gräsern. Cesar und Divino waren die Engel, lange Tücher blähten sich auf von dem Wind und so flogen sie praktisch ans Christuskind heran und sangen Weihnachtslieder. Divino zart, aber Cesar lauthals, fast platzend vor Lebensfreude (auf Kosten des musikalischen Genusses). Divino rief: «Der Wind, der Wind! Er ist stärker als die Tücher.»

Ich weiß nicht, wie oft ich aufstehen mußte, von ihnen gerufen, um die Krippe von Bethlehem zu bewundern. Es sah doch sehr witzig aus, wie Sergio, nicht gerade sehr sauber, in der Schubkarre lag und um ihn die Engel flogen. Aber für die Kinder war es Ernst.

Als sie so spielten, las ich gerade ein Buch über die Punks. Einsamkeit, Beziehungslosigkeit; Zukunft: Ein schwarzes Loch ohne Inhalt, Ungewißheit, Angst. Wahrscheinlich hat diesen Kindern das gefehlt, was Sergio und Divino und Cesar haben: Die Sicherheit, daß etwas Geistiges existiert.

1983

Liebes Dorle,

seit vielen Tagen warte ich auf deinen am Telefon angekündigten Brief. Ich hoffe, du hast ihn nicht in den Papierkorb geworfen. Du ahnst nicht, wo ich bin: auf Sitio Ens, in absolutem Alleinsein, totale Ferien, zehn Tage lang, endlich hat es geklappt, die Kinder sind in Campos de Jordão bei Zimpels Ferienkolonie. Ich sitze hier auf der Veranda, vor mir die Palmen, Christrosen und Azaleen, über mir der blaueste Himmel, den man sich in solcher Nähe von der Miefstadt São Paulo nur als Wunder denken kann, umringt von 50 kg Steiner-Büchern, Tagebuchnotizen, Schreibpapier, Aquarellfarben, in der Küche einiges zu essen.

Apropos Kinder: Sergio mußte ich von der Waldorfschule abmelden und in die Zumiraschule anmelden, das zerschnitt mir das Herz, aber lieber überhaupt eine Schule als gar keine. Er ging aber kaum, erst weil es drei Wochen lang fast ununterbrochen regnete und die ganze Favela im Matsch zerrann, später, weil er wohl gemerkt hat, daß es dort auch kein Zuckerlecken ist und man sich ja nicht einmal umdrehen darf während der Unterrichtsstunden, geschweige Unsinn machen. Ab und zu ging ich ihn besuchen, aber es war schrecklich, wenn ich ihn da fast jedes Mal mit seinem Blechteller voller Reis und Bohnen vor dem Fernseher sah. Er wußte genau, was ich darüber dachte, aber ich wollte ihn frei lassen, nicht den Eindruck erwecken, daß ich ihn wiederholen wolle, weil er sich dann noch mehr verstockte, selbst zu Renate für einen Nachmittag wollte er ja nicht. Weiß Gott, was er eigentlich wollte, man konnte es einfach nicht verstehen, was in ihn gefahren war. Man konnte sich vorstellen, daß er die totale Freiheit der Favela suchte, das grenzenlose Nichtgefordertsein zu Hause, das Herumvagabundieren auf dem Markt, den Straßen (einmal hat man ihn Essen betteln gesehen), in den Bars. Vielleicht war's auch so, daß er nicht mehr in die feine Waldorfschule wollte, wo er natürlich sofort kapiert hatte, daß da alle reich sind und einer anderen Schicht angehören. Aber all diese Gründe, wenn sie's überhaupt waren, sind nur oberflächliche. Wie immer bei Sergio hat man den Eindruck, er ist entweder Engel oder Teufel. Wenn er Theater spielt, den König oder den Erzengel, dann hat man das Gefühl, er strahlt, aber auch oft im täglichen Leben, daß er von innen heraus strahlt; strahlen nicht so, wie man oft sagt: er strahlt aus Freude, sondern tiefer, strahlend, weil man fast augenscheinlich sieht, da ist ein geistiges Wesen inkarniert. Sag nicht, ich spinne, aber diesen Eindruck habe ich wirklich oft bei ihm. Und dann gibt es wieder Augenblicke, wo man den Eindruck hat, er ist vom Teufel besessen, da bekommt er so einen Jähzornanfall aus ganz nichtigem Grund und schreit und strampelt. Einmal, bei so einem Anfall, haute ich ihm eine runter, da kam er irgendwie zu sich, legte sich ganz schlaff und erschöpft auf meinen Schoß und schlief ein. Diesen Seelenkämpfen ist er ausgeliefert, die wüten in diesem kleinen Körper, und er weiß nicht, wie er deren Herr werden soll. Und ich weiß es eigentlich auch nicht. Deswegen tun ihm aber die St. Michaelsgeschichten so gut und all die Geschichten, die zeigen, wie menschliche Schwächen durch Geistiges überwunden werden.

In den ersten Monaten des Jahres 1983 war bei Sergio, und in Nachahmung auch bei Divino, eine starke Tendenz zur Favela zu bemerken. Im Gegensatz zu früher wollte er immer sonntags, manchmal auch samstags nach Hause zu seiner Mutter. Ich selber lebte in bezug auf Sergio in einer Stimmung der Enttäuschung, weil ich nie gedacht hätte, daß Sergio in der Waldorfschule Schwierigkeiten haben würde, nicht spielend leicht lesen und schreiben lernen und sich einigermaßen leicht an das Milieu anpassen würde. Obwohl ich ihn natürlich wie eh und je gerne hatte, ging so etwas wie Enttäuschung von mir zu ihm herüber. Und das merkte er wahrscheinlich. Immer öfter sagte er, wenn ihm etwas nicht paßte: «Então vou na casa da minha mãe. Dann gehe ich eben zu meiner Mutter.» Wahrscheinlich merkte er auch, daß das mich auf die Dauer verletzte. Allerdings waren das immer nur explosionsartige Zwischenfälle und dann war wieder alles normal und ruhig.

Oft kam er sonntags spät abends nach Hause, saudreckig und am nächsten Montag mußte man ihn erst unter die Dusche stecken und abschrubben, bevor er in die Waldorfschule ging. Jedesmal, wenn das passierte, sagte ich ihm, daß das nicht ginge, auch mit der Mutter sprach ich; es war jedesmal ein großes Gezeter, aber es half nichts.

Schließlich, als er wieder so spät nachts nach Hause kam, sagte ich, daß das nicht so weitergehen könne und da drehte er sich um und ging. Das ging so ruhig vor sich, daß Christoph, mit dem ich gerade sprach, als Sergio ankam, wahrscheinlich nichts davon gemerkt hatte.

Divino fing daraufhin fürchterlich an zu brüllen, herzzerreißend Sergio zu rufen und so ließ ich ihn hinterherrennen.

So waren sie also weg. Acabou, vorbei. Genau zwei Jahre waren sie hier, und dann sang- und klanglos verschwunden.

Man sah sie in der Favela rumlaufen, total verschmiert mit Schlamm, Divino ging weiterhin in die Escolinha, mit zerfetzten Kleidern oder zu großen, wie früher, bevor er bei mir wohnte. Wenn er mich sah, guckte er nur traurig oder ernst, sagte aber kein Wort.

Nach drei Wochen, nachdem ich gerade all ihr Spielzeug und ihre

Wäsche endgültig in die Escolinha gebracht hatte und auch überlegte, was ich jetzt mit diesem zu großen Haus machen sollte, kam Divino mit seinem Plastiksäckchen voller Wäsche zurück. Es war sicher sein erster Schritt selbständiger sergiofreier Entscheidung seines Lebens. Ich war erleichtert, daß wenigstens einer nicht mehr in diesem totalen Chaos leben mußte, bewunderte auch Divinos Schritt der Unabhängigkeit sehr. Dann ging alles ganz normal weiter, so als wäre nichts geschehen. Divino spielte alleine, ohne Schwierigkeiten baute er seine casinha (Häuschen) und wollte sonntags auch nicht zu seiner Mutter. Abends ging er ins Bett, ich erzählte eine Geschichte, aber nachts, wenn er aufwachte, kam er immer in mein Bett gekrochen. Irgendwie war er besonders zärtlich in dieser Zeit.

Sergio besuchten wir ab und zu in der Favela, meldeten ihn von der Waldorfschule ab, in die ihn keine zehn Pferde mehr hinbekamen, meldeten ihn in der Zumiraschule mit Müh und Not an. Es war alles eine reine Qual und es tat mir im Herzen leid um ihn, wie er seine Zukunft aus unerfindlichen, unverständlichen Gründen so zunichte machte, auch keine Sehnsucht zu haben schien nach all den Dingen, die er früher hatte. Nicht die materiellen Dinge, denn da ist der Unterschied von mir zur Favela nicht so riesengroß. Oft haben sie in der Favela Dinge, die ich zu Hause nicht habe, z. B. TV, Bonbons, Fleischbrocken usw. Aber die anderen Dinge wie Geschichten erzählen, Ausflüge, die schöpferischen Spiele, das Beantworten der tausend Fragen über Welt und Himmel. Das schlechte Gewissen, das man immer hat, daß man den Kindern nicht genug geben kann, weil man nicht genug Zeit hat, verstärkte sich bis zum Unerträglichen.

Immer, wenn ich Sergio zu Hause besuchte, balancierte er einen Teller mit Reis und Bohnen in der linken Hand, aß und schaute TV; total verschmutzt, verwildert. Ich versuchte nie, ihn zu überreden, wieder zurückzukommen, da er sich dann nur noch mehr verstockte. Er mußte selber wieder zu mir finden, aus seinem Willen heraus, sonst hätte es keinen Zweck.

Aber was ich jeden Abend tat, war, an ihn zu denken, also nicht etwa so, hoffentlich kommst du zurück, sondern ich stellte ihn mir vor, wie er war, von Kopf bis Fuß, wie seine Füße sind, seine Hände, sein Kopf, seine Augen, sein Ausdruck, seine Gebärden und den Hintergrund, vor dem er jetzt lebte, also die Favela, seine Hütte, das Bett, das einzige des Hauses, auf dem er saß und Fernsehen schaute.

Als wir unser São João Fest machten, kam auch Sergio. Seine großen Augen guckten aus diesem verwilderten Haar und dem verkrusteten Körper. Als dann noch G. sagte, er sehe so verkommen aus, zerriß es mir wieder das Herz. Und dann geschah es, daß Julieta, die nach dem Fest bei mir schlief, ihn mitbrachte. Nachts hörte ich ein Husten und dachte, das klingt wie Sergio. Als ich morgens aufwachte, war es tatsächlich er. «Agora vou ficar de novo. Jetzt bleibe ich wieder hier.» Damit war das Thema für ihn erledigt. Ich sagte nur: «Mas aqui voce tem que ir pra escola. Aber hier mußt du in die Schule gehen.» Anfangs war er schrecklich «unzivilisiert» und sehr wüst mit Divino und den anderen Kindern. So sehr ich mich freute, daß er den Weg wieder hergefunden hatte, so waren doch die ersten Tage schrecklich. Man mußte praktisch alles wieder von vorne anfangen. Einmal hatte er sich mit Cesar so schrecklich geschlagen, daß im Kinderzimmer, im Bad, in der Küche überall Blutlachen waren vom Nasenbluten.

Sergio ging, wenn auch widerwillig, in die Schule, und es war alles wieder normal. Aber ich lebte immer noch in der Stimmung, daß ich versagt hatte und auch daß außer mir niemand die Kinder gern hatte, jeder meckerte und reklamierte (meist zu Recht natürlich). Am liebsten hätte ich sie genommen, wäre mit ihnen irgendwo in den mato (Urwald) gezogen und hätte sie allein erzogen, ohne daß sie mit anderen Erwachsenen in Berührung kämen. Natürlich war das doof, eine Flucht. Aber meine Stimmung war so – Tür zu, nur die Kinder und ich, dann werde ich schon fertig mit ihnen. Aber ganz unlogischerweise traute ich es mir auch nicht zu, sie oder überhaupt irgendwelche Kinder zu erziehen. Also wäre es besser, ein gutes Kinderheim für sie zu finden. Und da fingen wieder diese nie endenwollenden Überlegungen an, ob die Kinder nun hier bleiben oder nicht, ob auf die Demetria-Farm, oder nach Belo Horizonte oder sonstwo. Und dazu die Scham, daß die Kinder weggelaufen waren und ich immer mehr dachte, die anderen müssen denken, ich mißhandele die Kinder oder kümmere mich überhaupt nicht um sie, gebe ihnen nur zu essen und werfe sie ins Bett und damit hat sich's. Die «Anderen», sie wurden unbewußt immer wichtiger für mich, was sie dachten über die Kinder, was sie über sie sprachen und klatschten, dieser Druck von außen.

Eines Tages kam es dann zum Knall. B. war zum Abendessen geblieben, die Kinder führten noch ihre Hühner spazieren, ab und zu kamen sie vorbei und berichteten von ihren Erlebnissen.

Laßt uns Abendbrot essen, Vamos jantar, sagte ich.

Nur noch einmal. Só mais uma vez.

Ist gut. 'ta bom.

Und dann dauerte es eine halbe Stunde und sie waren immer noch nicht erschienen. Ich wurde immer nervöser, weil ich schon wußte, wie's ausgehen würde – die Kinder kommen zu spät, ich muß sie zur Rede stellen, sie sagen: Então vou na casa da minha mãe. Dann gehe ich eben zu meiner Mutter. Und das würde B. alles hören, besonders das letztere und ich schämte mich schon im voraus. Dann ging ich sie suchen, fand sie nicht. Schließlich suchte ich sie mit dem Auto, fand sie auch gleich. Ich ging ihnen entgegen und da kamen sie mit ihren Hühnern so gemütlich im carrinho de feira (Einkaufswägelchen). Als Sergio dann tatsächlich sagte: Então vou na casa da minha mãe (dann gehe ich eben zu meiner Mutter), klatschte ich ihm eine.

B. ging weg, die Kinder lautlos ins Bett. Ich hab mich noch nie so geschämt, wie in diesem Augenblick. Vor B., vor den Kindern, vor mir. Ich wollte einfach nichts mehr mit Kindern zu tun haben, auch überhaupt nichts mit Sozialem, weil ich mich einfach nicht dazu fähig fühlte. Warum ich das alles so genau schreibe? Ich glaube, ich hatte den Nullpunkt erreicht, all dieses seelischen Schlamassels der letzten zwei Jahre. Ich hatte es wirklich nun endgültig satt. Wenn es irgendeine anständige Art gegeben hätte, von Monte Azul zu verschwinden, ich hätte es getan.

Am nächsten Tag traten wir unsere schon lange geplante Reise nach Novo Friburgo und Juiz de Fora an mit Wagner, Divino, Sergio, Cesar, Vilmar und Maristela, um dort ein Heim zu finden für die Kinder. Diese Reise war das Lustigste, was ich je an Blitzreise mit Kindern erlebt hatte. Die Kinder fielen von einer Begeisterung in die andere, die Busfahrt nach Rio, das Meer am frühen Morgen, der Pão de Açucar (Zuckerhut) und die Schwebebahn, das Messer, das den Felsen runterkollerte, der Flughafen im Meer, die lange Brücke nach Niteroi, die Berge, Novo Friburgo und Luis, der sich so nett der Kinder annahm, das Appartement von Dr. Weseley in Juiz de Fora. Alles wurde zum Erlebnis, selbst das Kotzen in dem kurvenreichen Gebirge wurde triumphierend festgestellt. Man kam aus dem Lachen gar nicht mehr heraus. Man merkte, wie tüchtig, wie lebenstüchtig und lebensfroh diese Kinder sind, wahrscheinlich mehr als andere besser aufwachsende Kinder. Jeder, der uns sah, lachte uns an, freute sich und half uns weiter. Diese Reise heilte uns. Ich hatte verstanden, mich nicht von den Urteilen der anderen, die ja doch nur alles von außen beurteilen können, verrückt zu machen. Und so konnte ich die Kinder auch wieder ganz akzeptieren, so wie sie sind und so wie sie werden wollen von ihrem Inneren heraus und nicht so, wie andere Menschen möchten, daß sie seien. Ich hatte wieder dasselbe Verhältnis, wie am Anfang, als sie zu mir kamen.

Sergio ist seither sehr zärtlich und ununterbrochen bemüht, mir etwas Schönes anzutun, eine surpresa (Überraschung). Man spürt immer mehr die Einheit der beiden und die zwischen mir und ihnen.

Wenn ich so an dieses Jahr in bezug auf die Kinder zurückdenke, dann habe ich etwas Wesentliches gelernt (und deswegen schreibe ich das auch so ausführlich): daß die Gedanken, die man um ein Kind hegt, genauso viel Einfluß haben, wie das, was man äußerlich mit dem Kind tut, was man mit ihm spricht, mit ihm spielt, ihm zu essen gibt usw. Selbst wenn man äußerlich seine Stimmungen und Gedanken nicht zum Ausdruck bringt, so hat das doch seine Wirkung. Bei Sergio ist das direkt greifbar. In der Zeit, als ich traurig über ihn war, oder besser: enttäuscht, ließ er auch nach, wandte sich innerlich immer mehr ab von mir und dem, was ihn mit mir verband, wie z. B. die Waldorfschule, und wandte sich wieder der Favela zu. Natürlich spielen da noch andere Dinge hinein, z. B. auch die Gedanken, die um ihn in der Waldorfschule und bei Waldorfschuleltern um ihn waren und dann auch der Reiz der unbändigen Freiheit in der Favela, ohne Zwang und Pflichten. Aber das Wesentliche war schon die gedankliche Stimmung, die um ihn war.

In der Zeit, als er in der Favela war, etwa zwei Monate, versuchte ich nie, ihn äußerlich zurückzuholen, aber jeden Abend dachte ich an Sergio, in einer freilassenden Art. Wahrscheinlich kam er zurück, weil ich innerlich bei ihm war.

Und nach dem Knall und der Reise ist der Druck von außen gewichen, und so bin ich wieder ganz bei den Kindern, und das merkt man in allem. Nie wieder sagte er aus Wut, daß er zu seiner Mutter ginge; er ging gerne sonntags in die Favela, aber kommt meist schnell wieder zurück und ist überhaupt sehr lieb.

25. März 1983

Heute, Sonntag, kamen die Kinder von ihren Müttern. Das erste, was sie sagten, war: Mataram uma bicha. Eine bicha ist ermordet worden (bicha = Homosexueller, bicho = Tier).

Ich dachte, ich hätte falsch verstanden, daß vielleicht ein Hund oder eine Katze getötet worden sei. Nein, eine bicha, die immer mit Frauenkleidern rumlief. Mir lief es kalt herunter. Wie im Alten Testament.

So ein Mensch paßt nicht in die Ordnung, stört das Selbstwertgefühl der Männer, also weg damit. Was genau los war, weiß ich nicht. Aber wie weit sind wir noch von einer christlichen Ordnung entfernt, die nicht den Stein wirft, sondern versteht und vergibt, den anderen akzeptiert, ohne immer wieder auf allen Ebenen zu diskriminieren. Die Favelados sind diskriminiert, in die Ecke der Gesellschaft gedrängt, aber sie tun es auch mit anderen, den Homos z. B. oder den gefallenen Mädchen. Da mußte ich wieder an unser Encontro denken, wo wir mit 50 Menschen, die sozial tätig sind, überlegten: In welcher Richtung wollen wir arbeiten, in Richtung auf welche menschliche Ordnung? Welches sind die ersten Schritte in Richtung auf eine neue Gesellschaft? Und allmählich, im Laufe der

Diskussionen, kamen wir dahin: Wir müssen bei uns anfangen, diese menschliche Ordnung aufzubauen, und nicht sie draußen durch Umsturz alter Systeme zu verwirklichen suchen. Dafür ist der heutige Vorfall wieder ein Beispiel: Was hat es für einen Zweck, die Armen nach oben zu Herrschenden zu machen, wenn sie nicht in sich allmählich gelernt haben, Gefühle der Trennung, der Diskriminierung, der Rache zu läutern.

Die Kinder taten mir leid. Was müssen sie oft sehen. Der Tote war nackt, wahrscheinlich hatten sie ihm die Kleider weggerissen. Und was sie alles gehört haben müssen. Sie hatten alle drei Angst und schlafen jetzt zu dritt eng aneinander in einem Bett. Nach der Geschichte sagte ich: Wir können ein Vaterunser beten für den Toten. Als ich die Tür schloß, sah ich, wie Divino das goldene Bild von Maria mit Jesus holte, über das Bett hängte – das ist für den Toten, sagte Cesar.

So schwanken sie dauernd zwischen dem Schrecklichsten und dem Heiligsten.

September 1984

Sergio ist wieder verschwunden. Sozusagen über Nacht. Sonntags ging er nach Hause, es war der letzte Ferientag, und ich mußte ihn direkt nach Hause drängeln, weil er die ganzen Ferien nicht dort gewesen war. Montags kam er nicht wieder, wahrscheinlich weil er gemerkt hatte, daß die Schule anfängt.

Seitdem sah ich ihn nur einmal, auf der Avenida einen riesigen, voll mit Alteisen bepackten Karren schiebend. Inzwischen hat er aber auch dies aufgegeben, was immerhin noch eine anständige Beschäftigung ist. Nach den Anstrengungen des Sammelns und Hinkarrens bekommt man vom Aufkäufer etwas Geld. Jetzt höre ich von allen möglichen Menschen, daß sie ihn in gotterbärmlichem Zustand an Straßenampeln oder Restaurants gesehen haben, bettelnd. Wie seine Mutter und Divino sagten, geht er frühmorgens aus dem Haus und kommt erst nach Mitternacht nach Hause, fährt alleine im Bus. Heute sagte mir Divino, daß andere Straßenjungen

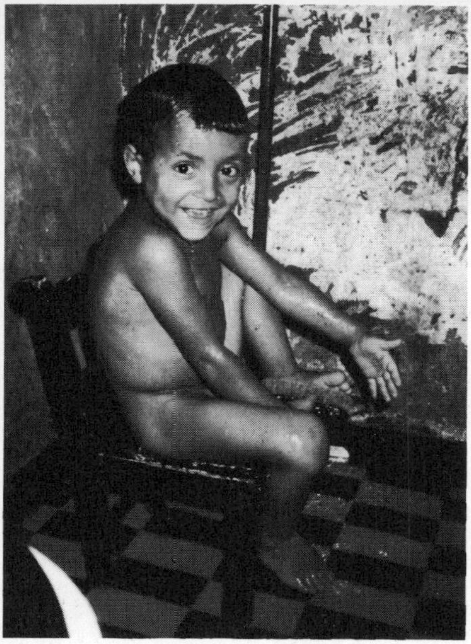

Divino

für ihn Bonbons gestohlen hätten und die Polizei hätte hinter den Jungen hergeschossen.

Sie waren wütend, nicht wahr?

Ja, die Leute sind immer wütend, wenn jemand klaut.

Der Vater von Ali hat einen Revolver, um die Diebe zu töten.

Ich ziehe es vor, keinen Revolver zu haben, sondern zu beten.

Das sind so Gespräche, die am Frühstückstisch geführt werden. Gleich darauf beugte sich Divino mit solcher Hingabe über die von ihm gepflanzten Bohnen und sagte: O sol e a força da terra que ajudam nascer, ne tia. Die Sonne und die Erdenkräfte helfen einer Pflanze wachsen, nicht wahr?

Man konnte an seinem Gesichtsausdruck fast handgreiflich wahrnehmen, wie seine Seele lebendig wurde bei diesem Gedanken der Sonnen- und Erdenkräfte, die eine Pflanze wachsen lassen. Aber daneben dieses Brutale, das auf ihn, auf Sergio, auf so viele sensible Kinder, aber auch auf alle, die hier in der Stadt und besonders in der Favela aufwachsen, hereinströmt. Die «Katja», ein

Homo, der vor ihren Augen starb, zerstückelt von anderen Menschen, die Polizei, die jemanden verprügelt, ein Autounfall, der «alemão», der vor ihren Augen mit Alkohol überschüttet und angezündet wurde und am ganzen Oberkörper verbrannte, als Racheakt des Banditen Vicente, die Geschichten im Radio, jeden Morgen, Reportagen von allen Mordtaten der Nacht in allen Details und im alttestamentlichen Racheton vorgetragen, all das strömt auf diese Seelen ein und zerstört, zerstört. Was äußerlich zerstört wird in der Natur, Erosion des Amazonas, der Luft, des Klimas, des Stadtbildes, das geht weiter: Zerstörung der Familien durch die Illusion des Fernsehens, das Arbeiten der Mütter usw. Es geht bis hinein ins Seelische.

Ist dann alles umsonst?

Was setzt man dagegen? Dieses kleine Lichtlein von Monte Azul oder im Falle von Divino und den Kindern der Escolinha: die Aufbaukräfte des Wachsens, das Erleben des Mutes und Überwinden der Angst in den Geschichten vom Erzengel Michael. Das Erleben des Wachsens und Sichentwickelns und Sichverwandelns in vielen Märchen und die Gewißheit eines Geistigen, das sich versteckt hinter Tierischem; wie im Märchen von Rosenrot und Schneeweißchen. Aber dies scheint so klein im Verhältnis zu den übergreifenden Abbaukräften, der Zerstörungswut des Unmenschlichen.

Sergio kommt mir immer so vor wie ein Kampfplatz zwischen diesen beiden Kräften. Ich habe noch nie ein Kind gesehen, daß so stark das «Heilige» und das «Chaotische» verkörpert. Fast im selben Augenblick, da er mit aller Liebe eine Banane mit einer Zeichnung ans Fenster legt für Sankt Nikolaus, Gott oder Erzengel Michael und gar keinen Zweifel hat, daß diese Geschenke von ihnen abgeholt werden, kann ihn auf einmal die Wut packen und mit unwahrscheinlicher Wucht auf Divino einhauen. Es gibt dann Augenblicke, die oft eine halbe Stunde dauern können, wo er sich total verliert, wie ein rasender Berserker um sich schlägt und man ihn nur unter größter Anstrengung bändigen kann. Und so scheint es mir auch im großen zu sein; jedes Jahr scheint es ihn zu packen und dann muß er in der Favela verschwinden oder wie jetzt im Straßenleben; er schimpft, flucht, streitet, bettelt, läuft herum mit stinkenden Hosen und einer schwarzen Kruste von Schmutz auf der Haut, mit vergrippten Augen, barfuß, das macht ihm alles nichts aus und nichts kann ihn herauslocken. Nicht einmal der Besuch seines Paten aus Deutschland, der ihm eine Uhr mitbrachte, was ihm Divino auch gleich brühwarm erzählte, kein Ausflug, nichts. Mit allen Kräften scheint er sich zerstören zu wollen.

Und dem muß man zusehen und kann nichts tun, außer ihn innerlich nicht fallenzulassen.

November 1984

An Divino hat man Spaß, er blüht auf, man hat das Gefühl, der Boden ist richtig durchgeackert – im Kindergarten und in der Vorschule – er ist innerlich reich geworden, und alles Vorhandene in ihm kommt jetzt zum Tragen. Er ruht viel mehr in sich als früher, malt auf einmal gegenständlich, ein Riesenschritt vorwärts, ist dauernd am Fragen und Denken, das Reich der Zahlen hat sich ihm eröffnet. Er ist lustig, voller Humor und immer voller Begeisterung. Óba ist sein Lieblingswort!

Sergio hat es viel schwerer. Im Grunde ist er ernst, wenn er lacht; sein Mund scheint Mühe zu haben, das Lächeln zu formen, und dann wirkt es auch immer verschämt. Er hat es schwer mit sich selbst; er lebt eigentlich nie richtig in Frieden mit der Umwelt und auch nicht mit sich selbst; dadurch seine Reizbarkeit und diese Hick-Hack-Antworten.

Ein Hauptproblem ist wohl die Schule. Er weiß genau, daß er eigentlich schon längst hätte schreiben lernen können, aber kann sich das nicht recht zugeben, daß er sich das zum Teil selber verpatzt hat.

Er will immer spielen, aber er merkt auch, daß er «unterbeschäftigt», nicht genug gefordert ist.

Sollte man eine eigene 1. Klasse machen für diese Kinder? Wagner, Antonio Neres, Alexandre Fidalgo, Vavá, Reinaldo, Elsa, Jovelina, Edson, Lucia, Eliane, Isabel, Marcia? Wenn man doch mit der Secretaria de Educação einen Vertrag schließen könnte, daß die erste Klasse in der Favela selbst geführt werden könnte. Eine Art Versuchsklasse. In der letzten Zeit wirkt Sergio irgendwie gefesselt. Er hat Zeiten, wo er dieses Strahlende an sich hat, und dann wieder andere, wo man so stark spürt, wie bewußt er schon ist, aber wie dieses Bewußtsein verfrüht ist und ihn dadurch hemmt. Gefesselt durch seine jähzornigen Ausbrüche, wo er kein Pardon kennt, auf den anderen losstürmt, um Rache zu üben. Gefesselt auch durch das Wissen, das er über seine Situation als Favelakind hat; auch das Wissen, daß er mehr fertigbrächte, als er tatsächlich tut. Sergio hat gerade eine Phase, wo er irgendwie dunkel wirkt, wie in einen Tunnel hineingepreßt. Irdisch. Man hat das Gefühl, man müßte ihn trösten.

Divino hingegen wirkt viel freier. Sein früheres Mißtrauen gegen Menschen und Welt, das um ihn herum war wie eine Mauer, ist total verschwunden. Er ist vertrauensvoll und freut sich am Leben.

Oktober 1984

Gerade kam Sergio zurück von seiner zweimonatigen Eskapade, zusammen mit Claudemir. Es war so, als wäre nie etwas gewesen, er guckte nur mit seinen großen braunen Augen auf mich. Lauro redete dauernd auf ihn ein und sagte:

O Sergio esta com vergonha, mas ele quer morar de novo aqui. Sergio traut sich nicht, aber er will wieder hier leben.

Eu não mandei ele embora. Ich habe ihn nicht weggeschickt.

Daraufhin kam ein Schwall von guten Ratschlägen von Lauro und João, die ihm sagten, wie er sich fürderhin benehmen müsse.

Tem que combinar com sua mãe. Du mußt das mit deiner Mutter abmachen.

João ging also in die Favela, um die Mutter zu rufen. Aber jetzt, nach drei Stunden, ist sie noch nicht erschienen.

Spielen, tomar banho (duschen) und abendessen. Da wurden dann die Neuigkeiten ausgetauscht.

Divino und Lauro: Sie erzählten vom Theater von João, vom

Ausflug in die Chácara, von den Kätzchen, die inzwischen geboren wurden.

Sergio erzählte vom Unfall, bei dem ein Auto in Flammen aufging, von einem anderen Unfall, bei dem ein Mann ums Leben kam, als er auswich, um ein Kind nicht zu überfahren: «Ele perdeu a vida para salvar a criança», er verlor sein Leben, um das Kind zu retten: ein Zusammenstoß war die Folge. Dann spielten wir Versteck; ich las die Geschichte von den Goldjungen, wir beteten und sie gingen schlafen.

Auf die peinliche Frage von Lauro, ob er, Sergio, morgen in die Schule ginge, antwortete er, er hätte kein Schulmaterial.

Er ist mir ein Rätsel. Was findet er an diesem Leben, bettelnd, frierend, verschmutzt? Abenteuer, Gefahr, Ungebundenheit? Aber wie kann er dann auf der anderen Seite mit so viel Intensität einer Geschichte zuhören und auch an deren Inhalt glauben? Für ihn scheint da kein Widerspruch zu sein, sondern es sind Teile seines Lebens; einerseits die harte Wirklichkeit der Stadt, der Straße, der Favela, Überfälle, Autounfälle, sterbende Menschen und auf der anderen Seite eine Geschichte wie die vom Goldjungen, der sich während eines Teils seines Lebens mit einem Bärenfell umgibt, um es dann wieder abzulegen. Wenn es doch auch bei ihm so wäre, daß schließlich und endlich das «Goldene» in ihm die Oberhand gewinnt. Daß er durch alles wird hindurchmüssen, was die Stadt, die Zivilisation, diese Endjahre des 20. Jahrhunderts an Verlockungen zu bieten haben, das ist mir inzwischen ziemlich klar. Er wird sicher alles ausprobieren: Rauchen, maconha (Marihuana), Stehlen. Aber wenn er durch das alles hindurchkommt, dann hätte es sich ja gelohnt und er könnte vielleicht wirklich noch in seinem Leben etwas für die Favela tun, wie ich das früher immer in mir spürte.

Eines Tages kam José Candido in die Escolinha und fragte, ob wir nicht einen Platz hätten für diesen Jungen – dabei zeigt er auf einen etwa zwölfjährigen blonden Jungen. Er hieß André, hätte kein Zuhause, und er hätte ihn einige Tage beherbergt, aber er hätte ja schon nichts für seine eigene Familie und das sei doch sehr schwierig. Tatsächlich gehört J. C. zu den ärmsten Familien. Er selber hat acht

Kinder, ist arbeitsunfähig, da er Lepra hat; er beschäftigt sich mit Holzspalten oder ähnlichem, doch wegen der gefühlsabgestorbenen Nerven verletzt er sich immer wieder. Seine Frau arbeitet, ist aber auch oft arbeitslos und kommt dann in die Escolinha, um dort in der Küche Gemüse zu putzen, um dann mit einem Korb Lebensmittel nach Hause zu gehen. Ausgerechnet da ist der heimatlose Junge untergeschlüpft. Seltsam, wie das größte Elend auch das größte Elend aufspürt. Ich wußte nicht, was ich tun sollte. Ich besorgte darum erst einmal Lebensmittel für José Candido und den Jungen und sagte, ich würde dann weitersehen und überlegen. Dummerweise fuhr ich am gleichen Abend nach Argentinien zum Waldorfkongreß und vergaß, mich weiter um den Jungen zu kümmern. Nach zehn Tagen stand er vor meiner Tür, von Divino und Sergio angeschleppt.

«Hier ist noch jemand, der bei uns wohnen kann», sagte Sergio begeistert (ich war's weniger!).

«Wo kommst du denn her?» fragte ich André.

Und da erzählte er seine Geschichte: Er hätte keinen Vater, die Mutter sei gestorben, er hätte noch einen Zwillingsbruder, und er wohnte früher in Diadema, am anderen Ende der Stadt. Jetzt würde er mal hier mal dort wohnen und aufpassen, daß ihn der Jugendrichter nicht ins staatliche Waisenheim steckt.

Die Kinder duschten, wir aßen zu Abend, ich erzählte die Abendgeschichte, und wir gingen schlafen. Das gefiel ihm natürlich. Ich wußte einfach nicht, wohin mit ihm, telefonierte bei allen möglichen Heimen herum, aber niemand wollte ihn haben. Divino war stockeifersüchtig, und es war ein ewiges Gerangel. André konnte auch nicht spielen und störte immer nur das Spiel von Divino. Aber sollte ich ihn auf die Straße schicken, ein Kind in dieser Riesenstadt? Eines Tages kam ich nach Hause, da war der Junge schon in der Küche am Kochen.

Wie kommst du denn hier rein?

Er druckste rum und nach langem Ausgequetsche bekam ich heraus, daß er mit einer Eisenstange und Hammer gegen das Schloß gehämmert hätte, bis es aufbrach. Das war sehr geschickt, aber man sah daran, daß er so etwas schon gelernt hatte, leider.

Ich konnte nichts in Ruhe tun wegen der ewigen Streiterei.

Eines Tages kam er nicht wieder. Er war spurlos verschwunden. Da ich seinen Nachnamen nicht wußte, konnte ich auch nicht bei der Polizei und dem Jugendrichter nachfragen, ob er dort gestrandet sei.

Einige Monate später sagte Sergio: Da draußen steht ein Junge und weint. Es war schon dunkel.

Hol ihn rein.

Kann er bei uns bleiben?

Sergio ist immer begeistert, wenn Kinder bei uns wohnen können.

Der Junge war etwa sieben Jahre alt und schluchzte unentwegt. Er sagte, er hätte den ganzen Tag auf seine Mutter gewartet. Sie hätte Arbeit gesucht, da sie ihre frühere Arbeit verloren hätte und zu Hause gäbe es nichts mehr zu essen und es wäre noch ein Baby zu Hause, auf das er immer aufpasse. Jetzt suche er seine Mutter, weil sie nicht zurückgekommen sei. Er wohnte ziemlich weit weg, war mit dem Bus gefahren und jetzt hier.

Ich gab ihm zu essen, auch etwas zum Mitnehmen und sagt: «Geh sofort nach Hause, sonst sucht dich deine Mutter. Wenn du dein Haus nicht findest, dann komm wieder hierher.»

Er kam nicht wieder. Hoffentlich hat er die Mutter gefunden.

Was wird aus solchen Jungen, wenn sie kein Zuhause mehr haben? Sie betteln, stehen an den Ampeln, um Kekse, Blumen oder Kaugummi zu verkaufen, tun sich zusammen mit anderen Jungen und waschen Autos vor den feinen Restaurants, putzen Schuhe in der Innenstadt (aber die Turnschuh-Mode verhindert die Einträglichkeit des Geschäfts), betteln und fangen ganz allmählich an zu klauen. Wenn sie älter sind, kommen sie oft mit Drogenhändlern in Kontakt, die sie ausnützen, irgendwann bekommen sie einen Revolver in die Hand und gehen auf Überfall.

Dio, eine Frau aus der Favela, machte über so ein Kind ein Gedicht:

Poesia do menino pobre

Aquele menino pobre
que nasceu só pra sofrer

pelas ruas da cidade
mendigando quer comer.

Quando voltava para casa
algum dinheiro trazia
entregava sua mãe,
a velhinha até sorria.

Mas um dia mendigando
pela rua ele encontrou
vinha vindo um bilheteiro
o bilhete ele avistou

Foi tão grande insistência
que o bilhete ele comprou
no caminho de sua casa
um caminhão o matou.

Quando a mãe soube do fato
como louca ela gritava –
como é que vou fazer
meu filhinho que me tratava!

Um bilhete de loteria
no seu bolso foi achado,
quando foram conferir
tinha sido premiado

Aquele menino pobre
que tirou a grande sorte
amparou sua mãezinha
na vida e também na morte!

Gedicht vom armen Jungen

Jener arme Junge
geboren nur zum Leiden
ging durch die Straßen der Stadt
um Essen zu betteln.

Als er nach Hause zurückkehrte,
brachte er etwas Geld

gab es seiner Mutter
die Alte lächelte sogar

Aber eines Tages
durch die Straßen bettelnd
kam ein Losverkäufer,
bot ihm ein Los an.

Er bedrängte ihn so,
daß er das Los kaufte.
Auf dem Weg nach Hause
wurde er von einem Laster getötet.

Als seine Mutter davon erfuhr
weinte sie ganz außer sich
was soll ich nur tun
mein Söhnchen, das mir so viel gab!

Ein Los der Lotterie
wurde in seiner Tasche gefunden
als es eingelöst wurde
war es ein Gewinn.

Jener arme Junge
der das große Los zog
half seinem Mütterchen
im Leben und auch im Tode.

Weihnachtstheater in der Waldorfschule in São Paulo, Dezember 1984

Vinicio, Gorete, Divino, Sergio, Carlinho, Lauro, Valtair Vanderley, Izé, Cristina, Adriana, Andreia, Donato, Paulo, Edvaldo, Pedro – alle liefen wir von mir zu Hause zum Bus, abends, gegen sieben Uhr, einigermaßen herausgeputzt, um in der Waldorfschule nicht zu sehr abzustechen von den anderen Kindern und Eltern. Wir standen an der Bushaltestelle, leider regnete es etwas und unser Feinmachen nutzte wenig – einige wurden von den vorbeifahrenden

Autos angespritzt und die fein säuberlich gekämmten Haare kamen wieder in Unordnung, und die noch schnell mit einem Lappen bearbeiteten Schuhe wurden wieder matschig. Aber jetzt war's auch egal. Wir freuten uns alle auf die Aufführung des Oberufer-Weihnachtsspiels. Einige erinnerten sich an die vorigen Jahre und waren gespannt, ob der Teufel in diesem Jahr wieder im Paradeis-Spiel erschiene und ob wieder jemand den Mut haben würde, ihn am Schwanz zu packen.

Endlich kam der Bus, wir quetschten uns alle hinein, die meisten krochen durch die Absperrung und bezahlten nichts. 15 Minuten Busfahrt, dann noch 15 Minuten zu Fuß. Andreia mußte getragen werden, da sie zu langsam ging. Unser Eintritt in den Theatersaal erweckte einiges Aufsehen, aber ein wohlwollendes. Wir gruppierten uns alle dicht gedrängt in die erste Sitzreihe und warteten.

Immer muß ich bei diesem Spiel denken, daß es eigentlich zu diesen Kinder besonders gut paßt. Auch die Hirten, denn sie sind eigentlich so wie die Menschen in der Favela – sie freuen sich, sie brausen schnell auf, balgen sich, fühlen sich stark.

Und die Kinder – wie viele Schicksale. Gorete, die viele Monate mit schweren Verbrennungen zu kämpfen hatte, Lauro mit seiner Kinderlähmung, Carlinho immer hin- und hergestoßen zwischen Vater, Mutter und Großeltern, Izé, der sich oft durch Klauen sein Geld verdient, Sergio und Divino und dann Vinicio. Vinicio ist das einsamste achtjährige Kind, das ich je in meinem Leben gesehen habe. Oft sieht man ihn, mutterseelenallein, in den Straßen herumlaufen, leicht schwankend, denn wo soll er hin? Allein das will schon etwas heißen, denn in Brasilien ist man selten allein.

Vinicio saß neben mir, legte ab und zu seine zarten Arme um mich. Bald legte er auch sein Köpfchen auf meine Schulter und schaute so, etwas schief von unten, das Paradeis-Spiel an. Sein Krauskopf, seine feinen sensiblen Gesichtszüge, sein schmächtiger Körperbau und dieser Blick, der mehr als traurig ist: resigniert, zerbrochen ist etwas in ihm. Voriges Jahr reagierte er noch kraftvoll auf sein Hin- und Hergeworfensein zwischen Mutter und Großmutter – er brüllte, stampfte, schlug um sich, schrie einmal eine halbe Stunde ununterbrochen. Jetzt wirkt er eher ruhig, apathisch. Mit einer gleichgültigen Stimme erzählt er Schauderhaftes: Er habe Marihuana geraucht, er schlafe auf der Straße, allein, die Polizei habe ihn geschnappt...

Und dann, wie eine Hoffnung, legt er wieder seine Arme um mich. Wenn wir doch ein Heim für ihn fänden!

(Kurz darauf hat er seine Ferien auf der Chácara verbracht und konnte dann dort bei R. bleiben.)

Inzwischen war auch der Teufel aufgetreten, Sergio und Donato packten ihn am Schwanz und übertrieben natürlich mal wieder so, daß er wütend zurückschnaubte, wobei alle kleineren Kinder auf meinem Schoß landeten vor Angst. Nachher hatte ich Mühe, sie davon abzuhalten, den Apfel, den Adam entsetzt wegwirft, auf der Bühne zu suchen (zum Verzehr!). Bei der Geburt waren alle andächtig und bei der Hirtenszene alle begeistert, als sie die Lebkuchen ins Publikum warfen... Beim Rückweg erzählte jeder, wie viele er erobert hatte...

März 1985

Das schlimmste, was einem bei der Erziehung sogenannter schwererziehbarer Kinder passieren kann, ist, wenn Menschen, die man schätzt, sagen: Dies ist ein hoffnungsloser Fall. Da stürzt alles ein: Die mühsam immer wieder lebendig gehaltene Flamme der Hoffnung, der Glaube, daß man die Herausforderung, die ein solches Kind für einen erziehenden Menschen darstellt, nicht meistern werde und doch alles keinen Sinn habe im Leben des Kindes und auch nicht im eigenen Leben; der Glaube an die Fähigkeiten des Kindes, der Glaube an sich – all das stürzt mit so einem Satz ein. Damit innerlich fertig zu werden, braucht wieder eine lange innere Aufbauarbeit. Als Sergio aus dem Kinderheim in Novo Friburgo ausriß, anderthalb Tage und eine Nacht ohne Erwachsenen und ohne einen Pfennig Geld mit dem Bus als blinder Passagier reiste – und dann eines Morgens wieder hier auftauchte, da hört man so einen Satz. Und als er dann zwei Monate später ins «Arbeitsleben» einstieg und nachmittags und nachts, oft bis Mitternacht an den

Ampeln Rosen verkaufte oder bettelte, um für sich und seine Mutter Geld nach Hause zu bringen – da denkt man wieder: Es hat doch alles keinen Zweck. Und während ich dies gerade schreibe, werde ich unterbrochen, und eine Frau kommt wutschnaubend zu mir, weil Lauro, Divino und Edson Steine auf ihre Veranda warfen. Aber hoffnungslos? Daß sie einen unbändigen, übertriebenen Freiheitswillen haben! Daß Sergio sich nicht in die Gemeinschaft einordnen will, daß er sich immer an Menschen stößt, die nicht sehr viel jünger sind als er, daß er ein Gruppenleben stört – das ist alles richtig. Aber wohin das führt, wohin er sich entwickelt, was aus all dem noch werden wird in fünf, zehn Jahren, bis zum Ende seines Lebens, das weiß niemand – es wäre vermessen, jetzt, nach zehn Lebensjahren, schon die Bilanz seines Lebens zu ziehen. Wenn es ihm gelänge, zumindest als Erwachsener diese oft chaotisch aus ihm herausbrechende Kraft zu regeln, dann kann aus diesem Leben etwas werden. Sein Leben, das aus der Favela entsprang, seinen Weg bei mir aus eigenem Entschluß mit sechs Jahren suchte, sich aber nie ganz lossagte von der Favela. So wie ich es in einer Geschichte, die ich für die Kinder erfand, beschrieb.

Immer klarer wird mir: Hoffnungslos erscheint dies alles einem nur, wenn man nicht das eigentliche Selbst anerkennt, das zweite Ich: «Bilderhaft, wesenhaft, wie wenn es sich als Eigenwesen offenbaren wollte, taucht aus den Seelenfluten ein zweites Selbst auf, das dem Wesen, das man vorher als sein Selbst angesprochen hat, wie selbständig übergeordnet erscheint. Es nimmt sich wie ein Inspirator dieses Selbstes aus. Der Mensch fließt als dieses letztere Selbst zusammen mit dem inspirierenden, übergeordneten.» (R. Steiner: Die Schwelle der geistigen Welt. Dornach ⁵1956, S. 32. GA-Biblio.-Nr. 17) «... Nur ist diese Inspiration keine solche in Gedanken oder inneren Worten; sie *wirkt durch Taten*, durch Vorgänge, durch ein Geschehen. Dieses ‹andere Selbst› ist es, welches die Seele hinführt zu den Einzelheiten ihres Lebensschicksals und welches in ihr die Fähigkeiten, Neigungen, Anlagen hervorruft.»

Die Tatsache, die für Sergio so entscheidend war, nämlich daß er sagte: Ich werde bei Ute wohnen, war so ein Schritt, veranlaßt durch das andere Selbst. Es war – wenn ich es ohne Überheblichkeit sagen darf, der Schritt gegen die totale Verhärtung seines Wesens in der Favela (nicht alle in der Favela Aufwachsenden müssen unbedingt verhärten, aber bei der Art, wie er aufwuchs, war dies zunehmend sichtbar). Genauergenommen war es sein zweiter eigenständiger Schritt, der erste war der, daß er sich mit vier Jahren selbst im Kindergarten anmeldete. Im nachhinein ist es immer leichter, solche Schritte des anderen Selbstes zu erkennen und zu unterscheiden: Dies ist ein Teil seiner «Dauerwesenheit» – und dies ist sein minderes Ich, das handelt. Aber in der Gegenwart ist es verzweifelt schwer. Warum ist er zum Beispiel nach zwei Wochen aus dem Kinderheim in N. Friburgo ausgerissen? War es ein Schritt seines höheren Ich: «Ich will nicht aufwachsen in einem bürgerlich geprägten Heim mit Dienstmädchen und feinem Essen, sondern in der Nähe der Favela, dort, wo die Menschen leiden und erniedrigt werden und wo mein Platz ist? Oder war es einfach Faulheit, Unlust, sich einzuordnen??? Da scheiden sich die Geister. Wer nur das niedere Ich sieht, oder überhaupt nur *ein* Ich, der sieht jetzt in ihm einen hoffnungslosen Fall. Wer ein höheres Ich anerkennt, sieht diese Etappe seines Lebens als einen Schritt innerhalb seiner Entwicklung. Ob er ihn in etwas Positives oder in etwas Negatives im Laufe des Lebens verwandelt, wird sich erst später herausstellen können.

Wenn Sergio gerade meinen Schreibtisch mit einem jähzornigen Stoß zerstört und alle Schubladen herausfallen, dann denke ich: Vielleicht haben doch die Vertreter der ‹Hoffnungsloser-Fall›-Theorie recht. Wenn ich ihn dann aber wieder sehe, wie er alle seine Ostereier den Kindern der Chácara schenkt, um ihnen eine Freude zu machen, spüre ich, was in diesem Jungen steckt. Oder gestern, als ich die Ostergeschichte von Christus erzählte und er sagte: «Wenn ich damals gelebt hätte, würde ich die Nägel aus den Händen des Christus ziehen und ihn vor den Soldaten verstecken. Und das Gespräch ging so weiter: Und Judas, hast du Mitleid mit Judas?

(ich) Ich, ja. Er war nicht schlecht, nur schwach.

(Sergio) Ich auch, hab Mitleid mit ihm.

(Divino) Ist Judas schon wieder auf die Erde zurückgekehrt?

(ich) Ja, wahrscheinlich.

(Divino) Und verrät er immer noch Jesus?

(ich) Nein, ich glaube nicht. Er hat es schon damals bereut, das wird er sicher nie wieder tun wollen.

So können die Kinder fast gleichzeitig aggressiv sein und voller Mitleid. Schaut man Sergios Bilder an, dann sieht man dieses Ringen seiner Seele. Fast nie zeichnet er konkret, nur irdische Dinge, fast immer innere Bilder: Die Welt aus der Perspektive des Himmels, mit kräftigem Strich, voller Farbenpracht; darüber wölbt sich der Himmel, entweder mit riesengroßen Sternen belebt oder mit St. Michael, gegen den Teufel kämpfend. Manchmal St. Michael mit zwei Schwertern, je eins in jeder Hand, so als würde ein Schwert nicht genügen, um gegen all das Böse zu kämpfen. Überall dieser Kampf des Guten gegen das Böse.

Gedicht

Deine Kinder sind nicht deine Kinder.
Sie sind die Söhne und Töchter der Sehnsucht des Lebens nach sich selbst.
Sie kommen durch dich, aber sie sind nicht von dir.
Und obwohl sie mit dir leben, gehören sie dir nicht.
Du kannst ihnen deine Liebe geben, aber nicht deine Gedanken,
denn sie haben ihre eigenen Gedanken.
Du kannst ihren Körpern Obdach gewähren, aber nicht ihren Seelen,
denn ihre Seelen wohnen im Haus von morgen, das du nicht besuchen kannst, nicht einmal im Traum.
Du kannst dich anstrengen, wie sie zu sein,
aber suche nicht, sie dir gleich zu machen.
Denn das Leben geht nicht rückwärts und hält sich nicht mit dem Vergangenen auf.

Wir hockten alle, die Kinder und ich, um eine große Schüssel, in dem zwei Fischchen schwammen inmitten von Steinen und Blumen, die die Kinder ihnen als Behausung geschaffen hatten. Ein Fischchen war gestorben. – Das andere leidet, nicht wahr?

Ich glaube ja. Divino meinte, der überlebende Fisch sei über den Tod des anderen traurig.

Einige Stunden vergingen. Wir hatten ein Feuerchen gemacht, um 300 Gramm Fleisch, auf Bambusstöckchen gespießt, zu braten. Dabei war ein Splitter in das Fischbecken gefallen und der kleine Fisch schien verletzt zu sein, war reglos, schien tot.

Da sagte Divino: Não adianta mesmo. Es hat eh' keinen Sinn.

Was?

Ele vai sofrer do mesmo jeito. Er wird sowieso leiden.

Aber trotzdem will er gerne leben. Als dein Großvater starb, warst du traurig, aber trotzdem lebst du gerne.

Mich hat diese Bemerkung erschrocken. Sie war so gar nicht kindlich. Wenn man stirbt, so braucht man wenigstens nicht mehr zu leiden, diese Einsicht schien in diesem Satz mitzuschwingen. Aber das aus dem Munde eines achtjährigen Kindes. Auf alle Fälle wird das Leben Leiden sein. Leiden, Krankheit, Tod, Schmerzen werden diesen Kindern schon in ihren ersten Lebensjahren tief eingesprägt. In seinen acht Lebensjahren hat Divino mehr Tote gesehen als ich in 47.

Und wenn es nicht Leiden ist, in seiner puren Form, dann ist es der Kampf ums Überleben. Ein anderes Gespräch:

Minha mãe vai arrumar serviço para mim. Meine Mutter wird mir einen Job suchen.

Onde? Wo?

Vou trabalhar no supermercado. Vou pôr as compras no carrinho. Ich werde im Supermarkt arbeiten. Ich werde die Einkäufe in die Wagen tun.

Das ist natürlich pure Illusion, denn diese Dienste werden von Jungen ab zwölf verrichtet und sind eine heißbegehrte Tätigkeit, an die es nicht so leicht ist heranzukommen. Aber was er tut und die Mutter gutheißt, ist, mit einem Plastikbeutel und zerfetzten Kleidern an die Straßenampeln zu gehen zum Betteln oder in den Restaurants, um Essen zu holen. Wenn es wirklich notwendig wäre, dann könnte man es noch verstehen. Aber es wäre nicht nötig und somit verbaut sie die Zukunft ihrer Kinder aus Kurzsichtigkeit.

Die Geschichte von Sergio und Divino könnte man verstehen als eine Geschichte ohne happy-end. Aber es ist eine wahre Geschichte, eine, die in jedem Augenblick, wo man sie liest, gelebt wird und weiterlebt. Sie hat erst ihr Ende, wenn die beiden Kinder irgendwann einmal den Tod finden. Erst dann kann man sagen, ob es einen Sinn hatte, daß sie bei mir wohnten und so viele Menschen sich um sie Gedanken machten. Im Grunde meines Herzens bin ich überzeugt, daß es *immer* Sinn hat, auch wenn es äußerlich vielleicht nicht in konkreten Resultaten sichtbar ist. Ein menschliches Leben ist keine Buchführung: hier wird etwas investiert, und dort muß etwas herausspringen. Eigentlich pflanzt man nur: Wann die Saat aufgeht, kann niemand wissen. Aber nicht deshalb sollte man sich entmutigen lassen, zu pflanzen und zu säen. Ich schreibe das, weil ich selber diese Entmutigungsphasen immer wieder durchstehen mußte und manchmal denjenigen Recht geben wollte, die sagten: Du machst dich kaputt und gibst dir solche Mühe, aber es hat keinen Zweck: O pau que nasce torto, fica torto. Dieser Satz ist eine Verführung, und dieser Verführung sollte man trotz aller ihr innewohnenden Logik nicht verfallen.

Diese Zeilen schreibe ich noch zur eigentlichen Lebensgeschichte hinzu, um denjenigen Mut zu machen, die es nicht aufgeben, auch Straßenjungen, Räubern, Gefängnisinsassen ihr Vertrauen zu schenken.

Hoffnung für ein Menschenleben ...

Es war einmal ein Kind, das im Himmel wohnte, wo es lange, lange ruhte und schlief. Alles war Licht. Am hellsten und stärksten strahlte es in der Nähe vom Throne Gottes. Aber das Licht war so hell und blendete so sehr, daß das Himmelskind nie in die Nähe des Thrones kam.

Eines Tages erwachte das Kind, schaute herunter, und sah etwas Furchtbares: Pechschwarze Wolken, lila schillernde Wellen, gegen das Wasser kämpfendes Feuer, Blitze, die Häuser zerstörten, brennende Wälder, und mitten in diesem Chaos sah das Kind Menschen, die andere retten wollten.

Der Junge erschrak darüber so, daß er seinen Schutzengel rief und ihn fragte:

– Was bedeutet das Chaos da unten? Wo geschehen diese Greuel?

– Auf der Erde, war die Antwort des Engels.

– Und was soll das bedeuten? wollte das Kind wissen.

– Die Menschen, die auf der Erde leben, sind einander fremd geworden. Was du dort siehst, sind die Folgen der Zwistigkeiten und des Egoismus der Menschen, die dort leben. Sie sind ungeduldig, wollen alles auf einmal haben; jeder denkt dabei nur an sich selbst. Du siehst, was daraus geworden ist: die Wälder sind ausgebrannt, die Erde verdörrt, das Meer verschmutzt, die Tiere sterben aus, die Vögel können nicht mehr richtig fliegen, die Fische verschwinden und viele Menschen leben in elenden Hütten, im schlimmsten Elend, während andere in steinernen, eisigen Palästen wohnen.

– Das ist ja schrecklich, rief das Kind. Aber wie soll das weitergehen? Bei dem Elend müssen doch alle sterben, es wird kein Essen mehr geben, kein reines Wasser, keine Luft, keinen fruchtbaren Boden und keine Menschen, die einander lieben!

Ja, sagte der Schutzengel. Es scheint, als ob es zu Ende ginge. Ich weiß auch nicht, was daraus werden soll. Ich werde den Erzengel Michael fragen.

Der Schutzengel ging hin in das hellere Licht, wo er den Erzengel Michael traf, und fragte ihn:

– Das himmlische Kind fragt mich, wie es möglich ist, auf der Erde weiterzuleben.

– Und der Erzengel antwortete:

– Sag dem Kind, es soll sich zur Erde begeben. Es soll gegen das Chaos kämpfen. Falls er es tut, werde ich ihm beistehen. Alleine kann ich nicht das Böse besiegen; die Menschen müssen dabei mithelfen.

Der Schutzengel kehrte zum Kinde zurück:

– Das sagte mir der Erzengel Michael: Falls du die Erde retten willst, mußt du dich dorthin begeben. Der Erzengel Michael wird Dir helfen, das Böse, daß du dort unten antreffen wirst, zu bekämpfen. Um das Böse besiegen zu können, braucht er deine Hilfe.

– In diese Finsternis und in das Chaos!! rief das Kind voller Angst.

– Sei mutig, meinte der Engel, denk nicht zu lange nach, tauche einfach in die ganze Misere ein, und der Erzengel Michael wird dir beistehen. Habe Mut!

Das Mitternachtslicht erfüllte das himmlische Kind, und es schöpfte Mut; dann trat es seine Reise an.

Mitten in der Favela, in einer armseligen Hütte, wurde ein Kind geboren. Es hieß Sergio. Seine Mutter war sehr glücklich, als sie ihr Kind sah. Fast erschien es ihr, als ob ein Lichtschein seinen Kopf umstrahlte. Doch als Sergio seine Augen etwas öffnete, sah er etwas Häßliches. Was es war, wußte er nicht. Dann fing sein Körper an zu schmerzen, er hatte Bauchweh.

– Wo ist das Licht, wo ist die Wärme, die mich im Himmel umgaben? Um ihn herum war alles häßlich und laut, die Luft war schwer, um ihn schwirrten Mücken und am Boden huschten Ratten. Sergio fing an, bitterlich zu weinen. – Was wird aus mir werden? – Dann kam seine Mutter und umarmte ihn; da fühlte er sich geborgen. Und so wuchs er heran.

Eines Tages wurde ihm etwas Schreckliches bewußt. Seine Mutter verschwand stundenlang. Er wartete und wartete; langsam fing er an, die Hoffnung zu verlieren, daß sie jemals wiederkommen würde. Da begriff er, daß sie den ganzen Tag arbeiten mußte, um für die Kinder Milch und Essen kaufen zu können. Niemand hatte Zeit, sich um ihn zu kümmern. Langsam wurde er böse, bitterböse wurde er, daß seine Mutter den ganzen Tag arbeiten mußte, nur um abends etwas Reis und Bohnen essen zu können. Manchmal kam ihm die Erinnerung an die herrliche Zeit im Himmel. Doch den Erzengel Michael hatte er vollkommen vergessen.

Eines Tages aber sagte ihm ein Junge aus der Nachbarhütte:

– Weißt du, was ich heute gesehen habe? Wir feierten ein Michaelsfest. Der Heilige Michael war dort, und er trug die Waage des Guten und des Bösen. Jedes Kind nahm ein Kristallstückchen und legte es auf die Schale des Guten. Am Ende nahm der Erzengel Michael einen großen Amethysten, den er auch in die Schale des Guten legte. Und weißt du, was passiert ist? Die Waagschale des Guten wurde ganz schwer, viel schwerer als die Seite des Bösen. Das haben wir Kinder aus dem Kindergarten fertiggekriegt, zusammen mit dem Erzengel Michael.

Sergio wurde ganz still, als er dem Jungen zuhörte. In seinem Gedächtnis erwachte eine Erinnerung, und sofort spürte er: In dieser Schule möchte ich auch lernen. Gleich am nächsten Tag sprach er mit der Lehrerin; seitdem ging er jeden Tag zur Schule. Vieles, was von seiner himmlischen Vergangenheit ins Vergessen geraten war, wurde wieder wachgerufen. Sergio wurde jeden Tag fröhlicher und ausgeglichener. Um sein Haupt fing das Licht wieder an zu strahlen.

Doch außerhalb der Schule sah er viel Böses.

Es gab Tage, an denen er nur Licht und Liebe war. Es gab aber auch andere Tage, an denen Sergio wie ein wilder Stier wurde. Was machte Sergio so wütend? Er wußte es selbst nicht genau. Wir aber wußten es. Was er sah und hörte, war nicht so, wie in seiner Vergangenheit. Er sah Menschen sterben, er sah, wie Menschen ihre Mitmenschen töteten oder mißhandelten, er hörte Menschen fluchen oder Unsinn reden, er sah, wie sie sich in Kneipen betranken. Plötzlich erschien ein Dieb bei ihm zu Hause, der durch ein Loch in der Wand kroch, um Essen zu stehlen, und trat dabei auf seine Schwester. Auf der Straße sah er Unfälle, Autos, die Feuer fingen, und im Fernsehen sah er Gewalt.

War es dies, was das Kind sich von der Welt erhofft hatte? Oft erlosch das himmlische Licht, und sein Gesicht wurde finster.

Beim nächsten Michaelsfest sagte er der Lehrerin:

– Ich möchte den Prinzen spielen und gegen den Drachen kämpfen.

– Warum denn, Sergio?

– Weil ich das Böse besiegen möchte. Wenn ich groß werde, will ich gegen das Böse kämpfen.

Als er das sagte, erhellte ein Lichtstrahl sein Gesicht. Und blitzschnell kam ihm die Erinnerung: Ja, so ist es. Deshalb bin ich auf der Erde, um gegen all das zu kämpfen, was ich als häßlich und falsch empfinde.

Nachdem er das gedacht hatte, machte Sergio eine wunderschöne Zeichnung vom Erzengel Michael, der mit einem goldenen Schwert den Drachen besiegte.

So vergingen die Jahre. Als Sergio neun Jahre alt war, wurde das Leben in der Favela zusehends schlechter. Die Frauen hungerten, die Kinder ebenfalls; viele von ihnen starben an Krankheiten wie Masern, Lungenentzündung und Brechdurchfall. Und wieder kam die Zeit des Michaelsfestes, und die Lehrerin bereitete das Fest vor. Dies aber war ein ganz besonderes Fest. Zum allererstenmal in der ganzen Welt fand die Feier mitten in einer Favela statt, mitten zwischen den armseligen Hütten. In dem Saal jedoch, für die Feier gerichtet, war es wunderschön. Blumen schmückten spiralenförmig den Holzboden, Kerzen erhellten den Saal, und hoch oben strahlte der Erzengel. Viele, viele Kinder aller Altersgruppen, ihre Mütter und Väter bestaunten die Blumen und das Kerzenlicht. Die Lehrerinnen sangen, die Kinder, immer zu zweit, hielten sich an den Händen, gingen in die Blumenspirale hinein, holten einen Kristall, kamen aus der Blumenspirale heraus und legten die Kristallstücke auf die Waagschale des Guten. – Wie ist das schön, dachte ich.

Plötzlich hörte man draußen einen Schuß. Es war ein Verbrecher, der in der Favela lebte. Dann aber wurde es wieder still, die Musik erklang, die Kinder legten weiter ihre Kristallstückchen auf die Waage. Und der Erzengel legte den Amethyst auf die Schale des Guten, damit es siege.

Die Feier war zu Ende. Alle gingen fort. Sergio aber kam zurück in den Saal, blickte hinauf zu dem Platz des Erzengels und fragte verwundert:

– Wo ist er?

– Er ist fortgegangen.

– Wohin? In die Favela?

– Ja, in die Favela. Erst ging er in die Favela, und später stieg er hinauf in den Himmel.

Bei der Feier bitten wir den Erzengel Michael um Stärke und Licht. Wir brauchen diese Insel des Friedens und des Lichtes, um die Welt des Elends zu ertragen.

Sergio wuchs, er wurde älter, er tauchte in die Welt hinein, er fiel tief in den Abgrund, er verirrte sich im Wald, er forderte einen wilden Stier heraus, ohne den Mut zu verlieren, er bestieg die höchsten Berggipfel. Wo kam der Mut bloß her? Manchmal schien es, als ob er das Leben herausfordern wollte, weil er es nicht liebte; es war für ihn, der doch aus dem Himmel gekommen war, zu schlecht, zu häßlich. Manchmal jedoch hatte man den Eindruck, daß der Heilige Michael selbst ihm Mut zusprach: Prüfe deine Stärke, dein Können, sei guten Mutes! Manchmal wiederum war es so, als würde er sich in dem Wirbel des Lebens verirren, so als ob er niemals aus dieser Hölle hinaus könne. Doch als er aus dem Abgrund den Weg zurückfand, strahlte wieder das reine Licht.

Viele Jahre später, als Sergio schon erwachsen war, kehrte er zu den Favela-Hütten zurück, wo er das Tageslicht erblickt hatte. Er begann, für die Menschen der Favela schöne Häuschen zu bauen, er zeigte ihnen, wie die Häuser ausgestattet und verschönert werden sollten; und er lehrte sie zu lieben. Ganz besonders nahm er sich derjenigen an, die die anderen vergessen hatten: der Alten, der Krüppel, aber auch der Halbstarken, der Drogensüchtigen, der Verbrecher und Taschendiebe.

Eines Tages starb Sergio und kehrte zum Himmel zurück. Der Schutzengel fragte ihn:
– Was hast du uns von der Erde mitgebracht?
– Ich habe für den Erzengel Michael ein Geschenk, war die Antwort.
– Was ist es denn?
– Eine kleine Schüssel, mit Kristallstückchen gefüllt, für die Waagschale des Guten.
– Und wie hast du sie erworben?
– Ich habe stets versucht, die Menschen zu verstehen, zu lieben und nicht zu mißhandeln. Ich habe niemals einen Menschen verurteilt, fügte Sergio hinzu.

Sergio überreichte dem Erzengel Michael die Schüssel.

Hast du niemals jemanden verwundet und nie falsch gehandelt?

Doch, gab Sergio zu, aber verzeih mir. Durch meine eigenen Fehler habe ich gelernt, die Menschen besser zu verstehen, zu lieben und nicht zu verurteilen.

Da segnete der Erzengel Michael ihn, und legte die Kristallstücke auf die Seite des Guten.

Ute Craemer – Lebenslauf

25.2.1938	in Weimar geboren.
1940–1948	Graz / Österreich
1948–1949	Belgrad / Jugoslavien
1949–1953	Alexandria / Ägypten
1953–1955	Lahore / Pakistan
1955–1965	Deutschland

Die Kindheit verbrachte ich im Ausland. Die Schulbesuche verliefen dadurch etwas turbulent und vielsprachig (serbo-kroatisch, englisch, französisch). In Deutschland machte ich 1958 das Abitur, studierte anschließend Sprachen (Französisch und Russisch) an den Universitäten Marburg, Heidelberg und Mainz. 1963 legte ich das Diplom für akademisch geprüfte Übersetzer ab.

Anschließend arbeitete ich als Fremdsprachenkorrespondentin und Übersetzerin im Verlag «Dokumente» und bei Ford.

1965 meldete ich mich beim DED und fuhr Ende des Jahres nach Brasilien zusammen mit anderen Entwicklungshelfern. Dort arbeiteten wir zwei Jahre in einem Slumsanierungsprojekt. (Paraná)

1967 kehrte ich nach Deutschland zurück, verdiente meinen Lebensunterhalt mit Übersetzungsarbeiten und Klassenvertretungen. Hierbei lernte ich die Waldorfschulbewegung kennen und entschloß mich, das Seminar für Waldorfpädagogik in Stuttgart zu absolvieren (1968–1969). Anschließend unterrichtete ich Sprachen an der Waldorfschule in Paris (1969–1970).

1970 bekam ich eine Anfrage von der Waldorfschule in São Paulo, ob ich eine Klasse übernehmen wollte. Ende 1970 zog ich nach Brasilien um und führte eine Klasse bis zum 8. Schuljahr hinauf. Außerdem gab ich Deutschunterricht.

Zusammen mit den Schülern der Waldorfschule begann ich die

Arbeit in der Favela Monte Azul (1975). Einige Jahre darauf wurde der Trägerverein Associação Comunitária Monte Azul gegründet (1979), und die durch eine Privatinitiative entstandene Arbeit wurde von diesem Zeitpunkt an von einer ständig wachsenden Mitarbeitergruppe getragen. Mein Hauptaufgabengebiet liegt jetzt nicht mehr im pädagogischen Bereich, sondern in der sozialen, finanziellen und außerdem in der ideellen Gestaltung einer auf der physisch, seelisch-geistigen Natur des Menschen basierenden Entwicklungshilfe.

Das Tagebuch der Ute Craemer

Favela-Kinder

Sozialarbeit am Rande der Gesellschaft. Vorwort von Erhard Fucke. 3. Auflage, 230 S. mit zahlr. Abbildungen, kartoniert.

«Man ist hier so nah am Leben wie nie in Europa. Geburt, Tod, Hochzeit, Krankheit, Verkrüppelung, Idiotie – man ist mitten drin, nicht von allen lebendigen, wesentlichen menschlichen Ereignissen abgesperrt durch Häusermauern wie in Europa, wo man Kranke hinter Krankenhausmauern, Verrückte hinter Anstaltsmauern, Gebärende hinter Kreißsaalwänden versteckt.»

«Die Armen schwimmen zwischen zwei Welten, losgelöst von der einen, noch nicht aufgenommen in die andere, nicht nur physischen – auch geistigen Hunger leidend.»

Ute Craemer in ihrem Buch «Favela-Kinder»

«Das ist das Neue an Ute Craemers Konzept einer zukünftigen Entwicklungshilfe: Veränderung der Situation in den armen Ländern bedeutet nicht utopische Forderungen an den Staat, die Gesellschaft zu stellen, sondern Wandlung des einzelnen, der sich seiner schöpferischen Fähigkeiten bewußt wird und sie zunehmend anzuwenden lernt.»

Reutlinger Generalanzeiger

«Nicht mit flammenden Worten klagt sie die oft unglaublichen Verhältnisse an, sondern denunziert sie durch ihre Folgen. Psychologisches Feingefühl und Menschlichkeit vermitteln nachhaltige Eindrücke, die Gelassenheit der Darstellung macht die Lektüre eher leicht.»

Einkaufszentrale für öffentliche Büchereien, Reutlingen

Zeichen der Zeit

3 Friedensfähigkeit durch Anthroposophie

Aus dem Inhalt: Vom inneren Kampffeld / Aggression und Frieden / Bewußtseinsstufen zum Frieden / Vom Geschichtsdrama des 20. Jahrhunderts / Die Idee der Wiederverkörperung.

4 Arbeitslosigkeit

Aus dem Inhalt: Konkurrenzkampf und Arbeitslosigkeit / Die Akkumulation des Kapitals und der Arbeitswillige ohne Aufgabe / Arbeitslosigkeit und technischer Fortschritt / Jugendarbeitslosigkeit / Arbeitslosigkeit – Freiheit zur Arbeit.

5 Assoziative Wirtschaft

Ein Weg zur sozialen Neugestaltung. Von Wolfgang Latrille

Aus dem Inhalt: Von der Einheit zur Dreigliederung / Das soziale Hauptgesetz / Ein neuer Begriff des Eigentums an den Produktionsmitteln und am Kapital / Die Ersetzung des Lohn- und Gehaltssystems durch ein Teilungsverhältnis / Die Assoziationen der Wirtschaft / Das Problem der Arbeitslosigkeit / Ein gesundes Geldwesen.

6 Bildschirmtechnik und Bewußtseinsmanipulation

Von Rainer Patzlaff

Aus dem Inhalt: Bewußtsein im Umbruch / Menschliche und unmenschliche Intelligenz / Bildersehnsucht und ihre Perversion / Die Wirkungen des Bildschirms / Fernsehen und Meditation / Der Mensch als Kathodenstrahl-Marionette / Der Angriff auf das Ich. Die geheime Mission des Bösen.

7 Mitteleuropa im Spannungsfeld der Gegenwart

Dokumentation des Wittener Kongresses vom November 1985

Aus dem Inhalt: Die Dreigliederung des sozialen Organismus / Bewußtseinswandel der modernen Menschheit / Völker und ihre Mission / Podiumsdiskussion / Mitteleuropas therapeutischer Auftrag / Von der Menschenwürde im Wirtschaftsleben / Der plastische Umstülpungsvorgang / Freies Geistesleben als Grundlage für eine soziale Erneuerung.

8 Das Schicksal manipulieren?

Über die Technisierung von Geburt und Tod

Aus dem Inhalt: Die Embryonalentwicklung des Menschen als Ausdruck seiner Individualität / Manipulierte Fruchtbarkeit / Manipulation mit dem Leben / Genetik und die Gefährdung der Menschwerdung / Offene und verborgene Manipulationen um Geburt und Tod / Sterben und Geborenwerden – Grundlagen einer geistgemäßen Ethik.

VERLAG FREIES GEISTESLEBEN

Landschaft und Lebensformen in Südamerika

Der Kontinent der Kolibris

Landschaften und Lebensformen in den Tropen Südamerikas.
Von Andreas Suchantke, 456 S. mit 265 Zeichnungen und 16 Farbtafeln, Leinen.

Das Buch beschreibt Stationen einer biologischen Wanderung, die von West nach Ost, vom Pazifik zum Atlantik führt, ausgehend von den fisch- und vogelreichen, an Leben überquellenden Gewässern des Peru-Stromes, durch die Weiten der Wüste und Kakteensteppe am Andenfuß, über die endlosen Hochflächen der Puna und durch den geheimnisvollen, nebelverhüllten «Elfenwald» an den Osthängen der Kordilleren hinunter in die Wald- und Wasserlandschaften des Amazonas-Tieflandes, durch die Monotonie des Cerrado, der Savanengebiete Innerbrasiliens bis hin zu den dichtbesiedelten Regionen an der Atlantikküste.

Nicht nur die faszinierende Schönheit, auch die große Zerbrechlichkeit des tropischen Lebensgefüges wird dabei stets aufs neue zum Erlebnis, und die katastrophale Wirkung der Zerstörungen, die immer größere Ausmaße annehmen. Aber es gibt auch hoffnungsvolle neue Ansätze zu einem pflegenden, weiterentwickelnden Zusammenarbeiten mit der Natur. Diese setzen jedoch Kenntnisse und Bereitwilligkeit voraus, auf die Besonderheiten der fremdartigen Natur einzugehen. Dazu möchte der Autor durch seine ebenso lebendigen, wie im Detail kenntnisreichen und genauen Schilderungen beitragen: Er möchte diesem großartigen, bislang so vernachlässigten und mißhandelten Kontinent neue Freunde gewinnen.

Andreas Suchantke, geboren 1933 in Basel. Besuch der Waldorfschule, Studium der Zoologie. Seit 1963 Lehrer für Naturwissenschaften und Geographie an der Rudolf-Steiner-Schule Zürich, in den letzten Jahren mit zunehmendem Schwerpunkt in der Lehrerbildung.
«Meine wissenschaftlichen Arbeiten gehen fast alle auf Anregungen zurück, die dem Unterricht entstammen. Neben allgemein pädagogischen und menschenkundlichen Themen sind es vor allem Fragen der Gestaltbildung bei Tier und Pflanze, allerdings nicht im Sinne der klassischen Morphologie, sondern eher im Hinblick darauf, wie weit die Gestalt des Lebewesens Ausdruck der Kräftequalitäten ist, die in seinem Lebensraum, in seiner Umwelt anwesend sind. Es geht mir um die Suche nach übergreifenden Formbildungstendenzen, die eine Landschaft als Ökosystem ebenso gestalten wie seine einzelnen Bewohner, denn diese verhalten sich zu ihm wie die einzelnen Organe zum übergeordneten, die Teile bestimmenden Organismus. Fragen dieser Art können nicht in der Studierstube, sondern nur im Gelände bearbeitet werden.»